MUJERES LIBRES

MUJERES LIBRES

Primera edición: diciembre de 2013
© Isabella Larusso, 2013
© del prólogo: Beatriz Gimeno
© foto cubierta Felix Cossolo. Isla Capo Rizzuto. Italia.
© de esta edición: Ediciones de La Tempestad SL, 2013

Ediciones La Tempestad®
c/ Pujades, 6 - Local 2
08005 Barcelona
Tel: 932 250 439
E-mail: info@llibresindex.com
www.edicionestempestad.com

ISBN: 978-84-7948-128-5
Depósito legal: B-29.777-2013
Impreso en la Unión Europea

MUJERES LIBRES

Isabella Lorusso

*Para todas las mujeres que luchan, han luchado y
siempre lucharán por un mundo mejor.*

Este libro es un viaje que dura quince años, empieza en Barcelona en 1997 y acaba en Moscú en el 2012. Se trata de un conjunto de entrevistas realizadas a mujeres que han vivido la guerra civil española y que pertenecen a grupos políticos diferentes: anárquicas, marxistas, antifascistas o libertarias. Unidas en la diferencia y antagónicas en los ideales, estas mujeres han intentado dejar este mundo mejor de cómo lo han encontrado. Es un libro pensado, realizado y escrito por mujeres; mujeres que me han acompañado durante las entrevistas, que me han sugerido métodos de investigación y que me han hospedado en sus casas. Mujeres con un fusil en el hombro, un megáfono en la mano y un bisturí entre los dedos; mujeres en trinchera y mujeres encerradas en casa, mujeres enfermeras, mujeres escritoras, mujeres milicianas y mujeres obreras… Mujeres acechadas en cada rincón de casa, en cada latido de lucha, en cada trinchera de vida.

Moscú, 22 de diciembre de 2011.

Índice

Mujeres de otro tiempo… que son de este

Isabella Lorusso nos regaló hace poco su libro *Voces del POUM*. En él recogía la memoria de hombres y mujeres que militaron en este partido marxista fundado en 1935, partido del que la mayoría no ha oído hablar y que tuvo un papel clave tanto en la llamada «revolución española», como en la guerra civil. Los militantes y las militantes del POUM pagaron caro el no rendirse al estalinismo y denunciar, junto con los anarcosindicalistas, los crímenes de Stalin; también el hacerlo, además, en un momento en el que Rusia parecía ser la única potencia capaz de derrotar al fascismo.

En esta ocasión, Isabella recupera otras voces, otras memorias, pero esta vez de mujeres. Las mujeres españolas que militaron tanto en el POUM como en el anarquismo de los años treinta tienen mucho que contarnos. Si alguien rompió barreras que parecían de hierro forjado, si alguien en aquellos años vertiginosos militó en la revolución, también en la revolución interior, fueron ellas; ellas fueron activistas de una revolución mucho más profunda que aquella en la que militaban sus compañeros obreros. Ellas eran también obreras, pero estaban destinadas a ser novias, esposas y madres, a acudir a la iglesia, a cuidar de su casa y de sus familias. Y, sin embargo, se rebelaron radicalmente, se deconstruyeron y volvieron a construirse para ser capaces de enfrentarse, no solo a los patronos o a la iglesia como sus compañeros de lucha, sino también —y siempre resulta doloroso— a sus propias familias. Tuvieron que hacer dos revoluciones, o muchas más.

Para que nos hagamos una idea de la importancia que llegaron a tener las organizaciones de mujeres en los años del Frente Popular basta decir que la organización anarquista Mujeres Libres llegó a contar con casi veintinueve mil asociadas en un momento en el que el Partido Comunista tenía veinticinco mil asociados. Estas activistas, anarquistas y comunistas, tuvieron primero que cambiarse a sí mismas, liberarse del yugo familiar, del yugo de una educación católica especialmente represiva con las mujeres y del yugo de una cultura tradicional. Lo hicieron aprendiendo a leer por su cuenta, aprovechando cada minuto libre del día para formarse, para ir a clase después de salir de agotadoras jornadas en la fábrica, para acudir a debates políticos en los que tenían que desaprender tanta impotencia aprendida como mujeres. Tenían hambre de aprendizaje. Se formaron y enseguida se organizaron políticamente; después fueron al frente, estuvieron en las cárceles franquistas y en los campos de concentración franceses, fueron al exilio mexicano, vivieron vidas extraordinarias para las mujeres de su época, tan diferentes en cualquier caso de las que se vieron obligadas a vivir las españolas que se quedaron aquí, donde el franquismo lo cubrió todo de gris. Se suele hablar de lo que supuso el franquismo en términos de derechos políticos, pero pocas veces se habla de lo que supuso para esas mujeres, convertidas en sombras por el régimen, a las que se les expropió su propia vida.

Las mujeres republicanas lucharon por sus vidas y finalmente perdieron, pero antes de la derrota vivieron un momento luminoso. Un instante que una de ellas explica así: «Es como cuando llega la primavera y los árboles están esperando para explotar. ¿Sabes? Y cuando abren las hojas dicen: "¡Ah! ¡Ya estoy aquí!"». Bueno, esta es la imagen que yo he tenido cuando he visitado a esas las mujeres a las que se veía con un un corsé puesto apretándoles y, cuando lo soltaban, bueno, no sabes las reivindicaciones que pedían… Tantas que los hombres se asustaban. Empezaban asustándose sus propios compañeros». Estas mujeres lo cuestionaron todo, y sus voces aun nos sorprenden y nos emocionan.

La historia de los militantes revolucionarios de los primeros años treinta del siglo xx en España nos muestra cómo de luminosa llegó a ser la esperanza de los oprimidos y todo lo que pusieron en juego para conseguir las vidas dignas que desde siempre les habían sido negadas. Lucharon en su patria y después extendieron su lucha contra el fascismo por toda Europa. Pero esa historia ya se ha contado. La que no se ha contado es la historia de las luchadoras. Por eso, cuando leemos o escuchamos sus testimonios, no podemos sino sobrecogernos al comprobar lo absolutamente actuales que son sus voces. Emocionan y sorprenden las palabras de ancianas de más de ochenta años porque suenan exactamente igual a mucho de lo que nosotras, más jóvenes, diríamos. Y también nos confirman que hay cuestiones en las que las mujeres parecemos estar siempre en el punto de partida.

Ellas, como nosotras, tenían dos batallas que librar: una de ellas en su propia casa. María Suceso Portales cuenta algo que conocemos muy bien las mujeres de hoy en día, las que militamos en partidos, sindicatos o incluso en los movimientos sociales: «Te podrá parecer raro pero muchos compañeros, también de tradición anárquica, no solo no nos apoyaron, sino que llegaron a obstaculizar nuestro recorrido político.

No lograron entender por qué nos reuníamos solo entre mujeres y a ellos no los necesitábamos. Creyeron que estábamos dividiendo el movimiento anarquista, que no entendíamos quién era nuestro "verdadero" enemigo; quisieron enseñarnos a hacer política justo en el momento en el que nosotras, allí, nos dimos la posibilidad de elegir y construir nuestro futuro».

Todas ellas exponen el peso que supone tener que llevar esta doble lucha, tener que estar en dos frentes de batalla, tener la necesidad de hacer no una, sino dos, revoluciones: la pública y la privada. En ese sentido, las palabras de Manola Rodríguez, una mujer nacida en 1917, también resultan absolutamente actuales: «Era curioso ver cómo estos compañeros que querían cambiar el mundo, en la práctica, no querían, ni siquiera mínimamente, cuestionar su vida privada». Y Eva García reafirma: «¡Los compañeros caen siempre en esa contradicción! Pueden decir lo que quieran del sistema capitalista: que es injusto, cruel, mezquino… pero, a ellos, el sistema patriarcal les hace brillar los ojos, pues los coloca en una posición de privilegio a la cual, obviamente, no quieren renunciar». Manola se permite, con razón, advertir a las mujeres de ahora: «Deberían luchar para reivindicar sus derechos, que son muchos, porque no es verdad que ya no vivimos en una sociedad machista y patriarcal, como nos quieren hacer creer. En cada rincón del mundo, en cada casa, el hombre siempre es el dueño. Y es un dueño aunque fuera de casa sea un explotado y un oprimido. Con respecto a "su" mujer, o con respecto a las mujeres en general, él siempre tiene una relación de poder. Aquello que nosotras, mujeres, hemos de entender es que debemos organizarnos en una lucha feminista para reivindicar nuestros derechos. Los hombres no nos concederán nunca nada que nosotras no consigamos con la lucha. Si somos mujeres y revolucionarias, debemos luchar dos veces. En las plazas también podremos tenerlos a nuestro lado, pero en casa debemos luchar también contra ellos». ¡Y nos lo dice una mujer nacida en 1917! Resulta doloroso lo conocidas que suenan para cualquiera de nosotras estas palabras.

Sorprende también lo lejos que llegaron en algunas cuestiones. Educadas en una moral pública y privada mucho más represiva y desigual con las mujeres que la actual, ellas, sin embargo, fueron capaces de llegar casi al mismo punto en el que nos encontramos nosotras ahora. Atravesaron lo que parecían murallas de hormigón armado, las hicieron pedazos. Discutían de todo, de sexualidad, de prostitución… defendían una sexualidad gozosa para las mujeres, el amor libre, el aborto, la anticoncepción. Las palabras que aquí podemos escuchar, en boca de ancianas de más de noventa años, nos recuerdan de dónde venimos y dónde estamos. No deja de asombranos que sean las mismas luchas, que encontremos las mismas resistencias. Por ejemplo, sobre el aborto, dice Blanca Navarro: «Tienes que pensar que nosotras, las mujeres, nunca hemos necesitado ninguna ley para abortar. Ciertamente, esa ley sobre el aborto fue una gran conquista para el movimiento de las mujeres, fue un gran reconocimiento de nuestro papel social y político. La mujer no era una incubadora dispuesta a hacer hijos; la mujer era una miliciana, una combatiente, una rebelde». Hoy, cuando ese derecho fundamental está siendo cuestionado en todo el mundo, no está de más escuchar sus palabras.

Porque ellas fueron quienes llevaron a su máxima radicalidad la revolución que consiste en cambiarse a sí mismas primero, a sus compañeros después y, a través de esa transformación personal, cambiarlo todo. Ellos y ellas apostaron por un compromiso extremo, desde sus propias vidas a la calle, desde las fábricas a las escuelas, allí donde había un (o una) militante del POUM o anarquista, era la propia vida la que se ponía en juego. Los anarquistas y los militantes del POUM no aceptaron nunca compromisos con el sistema. Se esforzaron al máximo por hacer de cada una de sus vidas un ejemplo de compromiso político y personal: «Para ellos (y ellas) la revolución empezaba en las casas, las fábricas y las plazas. No bautizaban a sus hijos y no les imponían ninguna ideología. Estas cosas os podrán parecer banales, pero no lo son. ¿Cuánta gente está realmente dispuesta a condicionar su vida, y la de sus hijos, para perpetuar la fe y los ideales en los que cree? En contraste con el silencio colectivo y con en el conformismo general, se distinguían por su manera de cuestionar sus vidas privadas, su existencia cotidiana».

Las mujeres cuyas voces rescata este libro no solo estaban en la revolución de cambiarse a sí mismas y a sus compañeros, estaban también en la revolución que pretendió cambiar la correlación de fuerzas en la España de los años 30. Y lo que cuentan ha de servirnos ahora, cuando el neoliberalismo atroz está sumiendo en la pobreza a millones de personas y está lanzando por el sumidero millones de vidas. Estas militantes fueron perseguidas, encarceladas, asesinadas en muchos casos, por quienes se suponía que eran sus camaradas de lucha. Como dice una militante del POUM aquí: «Fue una época terrible porque teníamos a todo el mundo encima: gobierno, Partido Socialista, Partido Comunista, a todos». Y cuando llegó la guerra quisieron mandar a las mujeres a casa, a cuidar, pero ellas habían probado ya lo que es la libertad y no quisieron irse: «No se dieron cuenta que era algo muy importante y lo dejaron de lado. Pensaron: "La guerra está aquí y hay problemas más importantes que el problema de la mujer". No se dieron cuenta que todo iba unido». Ellas sí que se habían enterado de que todo iba unido, de que es algo inseparable, y pelearon por su libertad hasta el final.

Quiero terminar con una anécdota que cuenta una de estas mujeres anarquistas y que para mí resume perfectamente el espíritu no solo de este libro, sino sobre todo del espíritu que animaba a estas luchadoras «contra todo», un espíritu que las trasciende y que está hecho de sed de justicia y de no conformidad, pero que está hecho también de la voluntad de no abdicar nunca del propio pensamiento ni de la propia humanidad; de no dejarla nunca en otras manos:

«Cuando era niña tenía un amigo de infancia que era del grupo de jóvenes con el cual nos reuníamos. Luego, cuando me fui a vivir a Hostafrancs lo perdí de vista, y me lo encontré durante la revolución en la plaza Culuya cuando salía del trabajo, y nos abrazamos muy fuerte: "¿Cómo estás? Qué haces?", le pregunté. "Pues nada, estoy en el Partido Comunista", me dice. Y yo me siento mal y lo veo tan obcecado que me dice: "Si a mí el Partido Comunista me manda a matarte a ti que eres mi amiga, lo hago". Me quedé sorprendida porque lo vi verdaderamente convencido. Yo le dije: "Si a mí me dicen los de la CNT que te tengo que matar a ti, yo no lo hago. Primero, porque no veo por qué la CNT tiene que pedirme que te mate y, segundo, porque tengo suficientemente juicio para no matarte. ¿No tienes vergüenza?" (…) Lo que te cuento es la verdad, es un caso que me ha pasado a mí personalmente».

El trabajo que Isabella Lorousso está haciendo para traernos las voces, las vidas, de estas mujeres y de estos hombres, para no dejar que se pierdan, para rescatar y conservar su memoria, es impagable porque ahora necesitamos estas voces más que nunca.

Beatriz Gimeno[*]

---

[*] Beatriz Gimeno, escritora y activista feminista y por los derechos LGTB. Ha publicado más de diez libros sobre feminismo, lesbianismo y sexualidad, pero también novelas, poesía y relatos. Bajo su dirección el movimiento LGTB en España consiguió el matrimonio igualitario. En la actualidad, escribe y colabora con varios medios de comunicación.

Introducción

Quien se ocupa de historia oral tiene siempre que entrar «de puntillas» en la vida de la gente dado que, sin quererlo, puede herir la sensibilidad del entrevistado con preguntas inútiles o impertinentes. Hace falta tener empatía y saber luego elegir, volviendo a casa, lo que es oportuno transcribir y lo que es mejor dejar sobre cinta. La discreción es fundamental porque, cuando se comunica en un entorno informal, se «resbala» sobre argumentos que te llevan lejos y, a menudo, se dice lo que no se quería decir. Pero, incluso queriendo, sobre el «papel» no se logra trasladarlo todo. El entorno, la situación, la simpatía y la perspicacia de quien hace las preguntas y de quien escucha, el color de las paredes, el teléfono que suena, todo marca importantes matices. Cuando nos relacionamos con personas que han vivido acontecimientos extraordinarios como la guerra, el hambre, la represión o el destierro, nos sentimos pequeños porque nosotros estamos allí con nuestras miserias cotidianas frente a gente que realmente ha querido cambiar el mundo. Este libro de entrevistas recoge emociones llenas de memoria histórica; hay una visión de género, transversal y directa, hay una necesidad urgente de entender, hay un deseo increíble de comunicar. Como libro de historia oral tiene muchos puntos débiles, pero su punto fuerte es el entusiasmo de hacer investigación con la palabra, la mirada y la empatía; o sea, la capacidad de meterse en el sitio del «otro» sabiendo que no se está ni se estará nunca en el sitio de ningún otro.

Prólogo

Deberíamos ser cirujanos para lograr separar la historia de las mujeres del Partido Obrero de Unificación Marxista (POUM) de la de los hombres del partido. Aunque a las historiadoras les guste abstraer y analizar la lucha de las mujeres en todas las épocas históricas, esta operación resulta complicada cuando se habla del POUM y de las mujeres que hicieron parte de ello.

La sección femenina del POUM se formó en plena guerra civil, y se ocupó de cursos de alfabetización, de la lucha contra la prostitución, de guarderías infantiles y de comedores populares. Estas tareas no eran fáciles, sobre todo porque se luchaba contra el hambre, la guerra y el fascismo, pero también contra padres, maridos, hermanos y compañeros de partido.

Muchas fueron las mujeres que eligieron arriesgar sus propias vidas por la revolución. Recordemos a Mika Etchébère, joven capitana de origen ruso que se estableció en París después de la guerra; a la austríaca Katia Landau, que en la cárcel promovió una huelga de hambre; a Pilar Santiago, que en México se dedicó a la pintura; a Teresa Rebull, que fue una cantante de fama internacional; a Teresa Carbó, que con sus ciento dos años comentaba: «Los estalinistas me torturaron porque vi a Andreu Nin y le hablé. ¿Arrepentirme? ¿Y de qué debería arrepentirme?». Junto a ellas lucharon también las anarquistas del grupo feminista Mujeres Libres, veinte mil mujeres organizadas que invadieron cada rincón del país para desarraigar cada tipo de discriminación de género, raza y clase.

Para lograr entrevistarlas, durante varios años y por varios medios, me he movido entre Cataluña, Francia e Italia; he sido acogida en sus casas y he compartido con ellas interminables días de luchas. Tres fueron las fundadoras de este extraordinario grupo feminista: Lucía Sánchez Sarornil, Mercedes Comaposada y Amparo Poch y Gascón.

Sobre ellas escribe la historiadora irlandesa Mary Nash en la introducción a su libro *Mujeres Libres*: «Las mujeres libres, como anarquistas, no se limitaron a reivindicar sus derechos como mujeres y lucharon tanto

Lucía Sánchez Sarornil.

por su emancipación de género cuánto por la revolución social; es decir, por la libertad, la igualdad y el mutuo apoyo de todos los seres humanos». Muchas mujeres eligieron el frente, otras se quedaron a trabajar en las fábricas, otras se dedicaron a la propaganda en la ciudad. Perdida la guerra, con el destierro, tanta memoria histórica se ha perdido, pero mucha, por suerte, se ha podido recuperar. He tenido la posibilidad de conocer a las anárquicas fundadoras del grupo, como Suceso Portales y Pepita Carpena, pero también a mujeres que eligieron coger un fusil y disparar al enemigo, como Manola Rodríguez, que hizo parte de los maquis, de los grupos guerrilleros que lucharon durante los cuarenta terribles años de dictadura franquista. Sobre los Pirineos he dialogado con Cristina Simó, la nieta de Andreu Nin, y en Bolonia mi vida se ha cruzado con la de Alicia, una mujer cubana que ha vivido la primera y la segunda revolución castrista. Y con ella, hija de una revolución victoriosa, he decidido acabar mi ciclo de entrevistas. Mucho, todavía, se tendría que decir y mucho, se espera, dirá de nosotras la historia. Después de diecisiete años he decidido poner un punto final a este libro de entrevistas con la esperanza de que mi fin sea un nuevo inicio y de que el inicio nunca tenga fin…

Isabella Lorusso.
Lisboa, 5 de enero de 2013.

Agradecimientos

Muchas son las mujeres que me han estimulado a realizar este trabajo de investigación. Entre las tantas, quiero mencionar a la artista Maca'n, que me ha animado a colorear de rojo las páginas en blanco; a Marta Vegunyos, que me ha acompañado durante algunas de las entrevistas realizadas; a Marta Alier Fabregó, que me ha hospedado en su espléndido ático de Barcelona, y a Noemi Santarella, que ha traducido al italiano el vídeo-documentario *De toda el vida* sobre las mujeres anárquicas presentes en este libro. A todas ellas, un agradecimiento sincero y profundo.

Blanca Navarro

Bezier. Marzo de 1997.

En Radio Contrabandea de Barcelona conocí a Marta Vergunyos y, en autostop, nos dirigimos hasta Bezier, donde encontramos a Sara Berenguer, a Rosa Laviña, a Dolores Prat, a Blanca Navarro y a otras mujeres del grupo feminista Mujeres Libres. Nuestro primer encuentro es con Blanca, que nos acoge en la puerta de su casa con sus ochenta maravillosos años de luchas sociales.

⌘

—Hola, Blanca, quería que me hablaras de cuándo empezaste a hacer política.
—Durante la guerra civil, tenía dieciocho años. En las calles había manifestaciones, huelgas, gente que luchaba.
—¿Y también mujeres?
—Sí. Nosotras éramos muchas, y muchas marcharon al frente.
—¿Tú también fuiste allí?
—Sí, pero no de inmediato porque, cuando empezó la guerra, fui al hospital San Pablo para ayudar a los milicianos heridos.
—Y el 18 y el 19 de julio, ¿cómo lo viviste?
—Estaba en un curso de teatro y me sorprendió no ver a ninguno de nuestros chicos por ahí; de repente, las sirenas anunciaron la revuelta y fue el caos. Se levantaron barricadas, se disparó desde cada rincón de la calle.
—En Cataluña, ¿el movimiento más fuerte era el anarquista?
—Sí. El movimiento comunista no estaba muy organizado. Para que te hagas una idea, puedo decirte que en aquella época el Partido Comunista contaba con cerca de veinticinco mil asociados, mientras que la misma organización de Mujeres Libres tenía veintiocho mil.
—Y tú, ¿cuándo decidiste ir a la frente?

—Me quedé en Barcelona hasta el mayo del 37, en agosto me casé con Navarro y luego fui al frente.

—¿Cómo viviste los días de mayo de 1937?

—Ayudé a los compañeros a recobrar las armas. El gobierno tuvo la infeliz idea de no darnos fusiles, demostrando de esta manera que nos temía más a nosotros que a los fascistas. Durante aquellos días, así como durante toda la revolución, faltaron armas, faltaron víveres y nos faltó una organización eficiente. Se «volcaron» sobre todo contra los militantes del POUM, pero también nosotros, los anarquistas, fuimos perseguidos. Militarizaron las milicias, destruyeron las colectivizaciones, redujeron la gestión de base y, a las mujeres, les impidieron disparar. Nos llamaban traidores, colaboradores franquistas... ¡Estaban locos! En el verano de 1937, Navarro y yo estuvimos en Aragón, en la Columna Durruti, y preparamos la retirada impuesta por el gobierno central. Navarro fue uno de los responsables de la organización y custodia documentos e informaciones ocultas; cuando nos encontramos nos fuimos juntos al frente.

—¿Cómo era la vida en un campo de batalla?

—No era ni fácil ni bonita, pero fue soportable. Yo curaba a los heridos, probaba los fusiles, vigilaba el depósito de armas, preparaba la comida. Las armas rusas tenían que ser probadas; el gobierno, a nosotros, nos dio las peores armas. Yo disparaba en el aire y, si los fusiles no funcionaban, los compañeros los arreglaban. También buscamos medios para transportar las armas de un depósito a otro y utilizábamos los camiones para los heridos. Recorrimos decenas de kilómetros a pie, pero no recuerdo este como un período feo de mi vida; quizás porque tenía veinte años y era una entusiasta de la vida, será por eso. Estábamos en guerra, pero nosotros luchábamos por una guerra justa. Cuando parábamos, yo me dormía de golpe, en cambio los compañeros no descansaban ni siquiera de noche.

—Después del mayo de 1937, el gobierno ordenó que las mujeres se apartaran del frente.

—Sí, porque se dijo que los soldados se estaban infectando. ¡Vaya! Pero yo me negué a abandonar el frente y me quedé en las trincheras combatiendo.

—A parte de ti, de todos modos, en el frente se quedaron pocas mujeres.

—Fuimos muy obstaculizadas.

—¿Crees que hubo machismo entre los compañeros?

—Hubo y no hubo. Ellos trataron de comportarse como mejor pudieron, pero estaban condicionados por todo. Yo, más que me discriminada, me sentía protegida.

—¿En qué sentido?

—Para darte un ejemplo: la comida escaseaba, y ellos conseguían que no me faltara nada.

—Tú, allí en frente, ¿fuiste Blanca o fuiste «la compañera» de Navarro?

—Allí no era la compañera de nadie, fui Blanca, y basta. Blanca es mi nombre de batalla, mi verdadero nombre es Dolores. Siempre digo que he tenido suerte en la desdicha por haber compartido una experiencia dramática con gente extraordinaria. Te podía ocurrir que, mientras estabas en un camión, los fascistas lo bombardeasen y tenías que protegerte para no morir; un horror indescriptible.

—Las mujeres, en el frente, ¿cómo vivieron la cuestión del aborto o la contracepción?

—Cuando una miliciana estaba en estado dejaba el frente e iba a la ciudad a hacer lo que deseara hacer. A veces volvía, otras veces no, según los casos.

—En el diciembre de 1936, en Cataluña se aprobó una ley para la liberalización del aborto, y fue una gran conquista para las mujeres de todo el mundo.

—Sí, fue una gran cosa, pero tienes que pensar que nosotras, las mujeres, nunca hemos necesitado ninguna ley para abortar. Ciertamente, esa ley sobre el aborto fue una gran conquista para el movivimiento de las mujeres, fue un gran reconocimiento de nuestro papel social y político. La mujer no era una incubadora disponible para hacer hijos; la mujer era una miliciana, una combatiente, una rebelde.

—¿Qué puedes decirme del grupo de mujeres que se organizó en Mujeres Libres? ¿Conoces a alguien de ellas?

—Mujeres Libres fue un grupo político de mujeres que se organizó poco antes del principio de la guerra civil y que agrupó, en su momento más alto de militancia, cerca de treinta mil mujeres en toda la España republicana. Fueron mujeres muy atrevidas y muy listas. El núcleo central se formó a Madrid, pero también se extendieron hasta la Cataluña. La mayor parte de ellas venía del movimiento anárquico, pero muchas otras no habían militado nunca en ningún grupo político. Muchas se volvieron anarquistas después de haber conocido Mujeres Libres. En cualquier caso, como organización política quedó muy vinculada a la CNT, a la FAI, al SIA… al movimiento anarquista. Entonces, sí: a algunas de ellas las conocí personalmente, de otras solo conocía su nombre.

—Pero ¿no te has planteado participar nunca en algún grupo, separatista, de mujeres?

—No. Subrayo la importancia que tuvo en aquel período el grupo Mujeres Libres, pero yo, personalmente, había decidido participar en grupos mixtos y compartir mi vida con los hombres. Siempre he luchado para que estuviéramos unidos; esto me parecía justo, imprescindible.

—¿Qué te sucedió cuando acabó la guerra?

—El 7 febrero de 1939 llegamos muy cerca de la frontera francesa.

—¿A pie?

—En parte a pie, en parte con un camión del grupo de Solidaridad Internacional. Recuerdo haberme quedado cinco o seis días en un pueblecito de la frontera para esconder armas dentro de algunos bidones de aluminio, pero lo terrible era que ni siquiera sabíamos si los franceses nos acogerían o no. Por una parte, teníamos a los franquistas que seguían bombardeándonos; por otra, las autoridades francesas negociaban con una lentitud de tortuga. Teníamos hambre, estábamos destrozados por el dolor y el desaliento. Perdimos una guerra que habríamos tenido que vencer; caminábamos a pie, desnudos, desesperados, desnutridos, buscando refugio ante el bombardeo enemigo.

—¿Cómo fue la acogida que, finalmente, tuvisteis?

—Fue pésima y tuvimos que dejar en la frontera todo lo que teníamos. Por suerte, yo solo no tenía lo indispensable: muy poco dinero y una pulsera pequeña, he aquí toda mi fortuna. Al cambio, me dieron diecisiete francos, como podréis imaginaros: ¿qué podía hacer yo con diecisiete francos en un país extranjero?

—¿Qué sucedió después?

—Fuimos divididos: los hombres, por una parte; las mujeres y los niños, por otra. Llegamos a Le Puy, un sitio terrible, lleno de iglesias y conventos… tipo Lourdes o Burgos. Se paró el tren, y una persona nos dijo que estábamos a salvo, que allí no llegarían bombardeos. Nosotras, las mujeres, fuimos recibidas por una delegación de la Prefectura y de las altas autoridades eclesiásticas. Nos quedamos en una especie de convento durante una noche, y a la mañana siguiente nos llevaron a un pueblecito, donde nos hospedamos en un asilo. Allí estuvimos durante once meses, rodeadas de religiosas que nos obligaban a ir a misa todas las semanas.

»Cuando se acercaba la Pascua decidieron mandarnos a un cura para la confesión. Nosotras, para oponernos, dijimos que no hablábamos francés, y nos «consolaron» diciéndonos que el cura era español. Cuando vino el cura, vimos que tenía con nosotras una actitud paternalista, que nos consideraba víctimas de la guerra, y cuando le dijimos que habíamos hecho lo que habíamos hecho porque creíamos que era lo justo, nos atacó porque «aquellos como nosotros» incendiaban las iglesias y mataban a los eclesiásticos. Le contestamos que en guerra quienquiera que se alía con los fascistas es un enemigo, sea cura o no. Cuando nos habló de amor, le pedimos que nos dejase ver a nuestros compañeros;

pero él dijo que era «pedir demasiado». Era un cura joven, y no nos olvidamos de él, porque desde aquel día las monjas dejaron de darnos dulces: «Os habéis comportado mal con el cura y no los merecéis». Así fue. ¡Paz a su alma!

—Una crueldad.

—Sí, sobre todo porque a mí los dulces me gustan muchísimo.

—¿Cómo solucionasteis la cuestión?

—Para ahorrar poníamos jabón sobre los sellos y los reutilizábamos; luego, con el dinero ahorrado hacíamos colectas. Un día entramos en una pastelería y allí encontramos a la mujer de un consejero socialista; le dijimos lo del cura. Ella se quedó horrorizada y, desde entonces, ¡los dulces nos los compraba ella! Después, pasaron los meses, y el gobierno francés y español empezaron a buscar acuerdos. Franco dijo que todas las personas que no tenían las manos manchadas de delitos de sangre podían volver a España. Obvio que habrían perdonado principalmente a las mujeres y a los niños. Desde el ayuntamiento nos mandaron a unos encargados para que firmáramos documentos en los que teníamos que pedir al gobierno español que nos acogiera, pero no los queríamos firmar sin primero haber hablado con nuestros compañeros. Sabíamos que Franco los debía de haber encarcelado y fusilado; por algo éramos revolucionarios. Mientras tanto, siguieron mandándonos delegados del ayuntamiento: socialistas, comunistas, republicanos; pero nosotras no firmábamos. Éramos muy determinadas. Desde otros campos, muchas mujeres decidieron ir a España y, cuando llegaban a Perpiñán y veían los horrores del franquismo, se volvían atrás.

—¿Hasta cuándo te quedaste allí?

—En diciembre de 1939 fui una de las primeras en irme de allí. En Cordes, el 2 de enero, encontré a mi compañero.

—¿Decidisteis quedaros en Francia o pensasteis en volver a España?

—Quedarnos en Francia, porque en España Franco fusiló a la mitad de los antifascistas y a la otra mitad los encerró en la cárcel. Para nosotros, no había posibilidad de supervivencia en un régimen como aquel.

—¿Continuasteis vuestra actividad política aquí en Francia?

—Claro que sí, nunca hemos parado. En Cordes hospedamos a varias personas, reorganizamos un mínimo de estructura sanitaria y revitalizamos nuestra organización política. Cada domingo, con un grupo de mujeres, en bicicleta nos íbamos de Cordes a otro pueblo para visitar a los enfermos al hospital, les llevamos algo para comer, les dábamos asistencia. Quizá parezcan pequeñas cosas, pero te aseguro que durante una guerra todo adquiere un sentido más amplio. Como grupo de mujeres, también organizamos cursos de alfabetización y teatro.

—¿Que sucedió cuando la ciudad fue invadida por los nazis?

—Fuimos perseguidos. Tuvimos que escondernos y me obligaron, entre otras cosas, a quemar la correspondencia de mi compañero. Yo tenía un documento francés. Llevaron a Navarro a un campo de trabajo alemán. Allí arreglaban barcos de guerra. Fue horrible, porque estaban obligados a pasar todo el día en el agua, con el grave riesgo que conlleva para la salud. Un día vino a casa con un permiso especial que habíamos logrado falsificar, y se escapó. Así que salíamos con documentos falsos, franceses y alemanes; yo, que no hablaba francés, y él, que no hablaba alemán, ¡vaya par! Cuando nos paraban los alemanes presentábamos los documentos franceses y cuando nos paraban los franceses enseñábamos los alemanes; logramos así sobrevivir hasta al final del Segunda Guerra Mundial.

—¿Participasteis en alguna acción específica de la resistencia?

—Con los grupos armados de la resistencia, no; pero hemos escondido a bastantes personas y hemos ayudado a muchas a huir. Recuerdo que un día escondimos a un motorista en casa y olvidamos su casco sobre la mesa; de particularidades insignificantes como esta podía depender nuestra vida.

—Pero ¿cómo fue posible que los nazis no lograran identificaros?

—Nos dimos cuenta en seguida de que teníamos el apoyo del alcalde. Cuando necesitamos algo, él nos ayudaba. Creíamos, al comienzo, que él era sencillamente «una buena persona», luego entendimos que era un verdadero antifascista. Durante un tiempo hospedamos en casa a una familia entera: padre, madre y cuatro hijos, y el alcalde, Mousier Morel, vino a solidarizarse con nosotros.

—Antes me contabas que cuando fuiste detenida…

—Sí, eso fue en 1946. En aquel período, Navarro estaba en la cárcel modelo de Barcelona porque había organizado, junto a otros anarquistas, un atentado contra Franco. A mí, la organización me había enviado a tomar contacto con los militantes de Barcelona para coordinar la lucha clandestina. Llegué a la ciudad el 9 diciembre de 1946 y volví a Tolosa el 7 enero de 1947. Me detuvieron cuando pasé la frontera francesa, pero solo durante un par de días, nada más. Creo que por hoy ya basta; podríamos encontrarnos otro día, si os parece.

—Claro que sí, Blanca. Hasta pronto, y que pases un buen día.

Pepita Carpena

Marsella. Marzo de 1997.

Desde Bezier, Marta Vergunyos y yo alcanzamos Marsella para entrevistar a Pepita, la responsable de la propaganda del grupo feminista Mujeres Libres, y nos quedamos tan entusiasmadas por nuestro encuentro que durante años no pudimos hablar de otra cosa que no fuera sobre ella. Después de Marsella, yo regresé a Italia, y Marta a Cataluña... y guardamos celosamente aquel maravilloso sueño de amor y libertad que Pepita nos ha dejado.

⌘

—Hola, Pepita, quisiera preguntarte cuándo empezaste a dedicarte a la política.

—Era muy joven. Mi abuela fue importante para mí, era una republicana ferviente en la época en la cual había monarquía. Era una revolucionaria, aunque para otras cosas también era muy tradicional, era una mujer de su época, tenía sus contradicciones.

—La defines como revolucionaria, pero no estaba metida en política.

—De eso nada, era una «espontánea».

»Yo era una niña que no aceptaba las injusticias, era muy rebelde. Cuando empecé a ir a la iglesia, me di cuenta de que ellos tampoco eran justos. La Iglesia española es muy fanática. ¿Sabes? Este ha sido el país en el que más iglesias se han quemado porque la gente, cuando se rebela, lo primero que ataca es lo que les ha hecho daño. Yo ya no aceptaba esto de rezar y rezar. Estuve en una escuela de monjas, en Barcelona, El Surtidor se llama, en la Calle Blasco de Ramay, que todavía existe. Sé que existe porque un grupo de franceses nos está haciendo un documental y me han entrevistado justo delante de la escuela. Allí nos obligaban a recitar rosarios y el ¡Ave María Purísima! Allí aprendí bastante, pero

Pepita Carpena.

a mí las escuelas católicas nunca me han gustado. Luego me fui a otra escuela, pero allí también nos obligaban a ir a la iglesia los domingos. Para averiguarlo nos preguntaban de qué color era el vestido del cura (casulla), podía ser rojo, blanco, amarillo o morado, pero los chiquitos somos todos muy vivos: entonces enviábamos a uno para que nos dijera el color del traje del cura. Así nos turnábamos porque ir a misa era obligatorio y no nos gustaba.

—¿En qué año naciste?

—En el 1919. Empecé a trabajar desde muy joven, y esto tiene una explicación: eran los años 30, yo tenía unos diez o doce años, y había muchas huelgas; mi padre era paleta, albañil; mi madre tenía que trabajar para poder ir adelante y, como yo tenía un espíritu rebelde, no soportaba que la casa no funcionara, que pasásemos hambre, etcétera. Un día me decidí y fui a una fábrica que se llamaba El Tigre, en la plaza Letamendi cerca de la Universidad, en la que hacían impermeables. Buscaban a obreras. No tenía ni catorce años, por ley estaba prohibido, y me fui sin decir nada a mis padres. Una amiga y yo empezamos a trabajar allí como aprendices, nos enseñaban a cortar el hilo, a coser. En la escuela no estaba tan controlada la cosa. Un día incluso me fui a la escuela de una amiga sin estar yo apuntada, y nadie se dio cuenta. Esto para deciros cómo iban las cosas entonces. A final de la semana, cuando nos pagaron y nos dieron la «semanada», me fui a casa y le di el dinero a mi madre, le dije: «Tome». Mi madre se asustó. «¿De dónde sacas este dinero?». «Mamá, no se asuste, ¡es que ahora trabajo!». «¿Cómo que trabajas?». «He dejado la escuela y voy a trabajar porque no puedo soportar la situación de la familia». La mujer, emocionada, se puso a llorar y tuvo un gesto muy bonito que yo nunca olvidaré, me dijo: «Si quieres trabajar, yo no te obligo, pero por lo menos aprendes un oficio, ¿eh?». Ella sabía que a mí me gustaba mucho la costura, desde pequeña hacía vestidos a las muñecas, los cortaba. Así que empecé como aprendiz, yo digo a los doce pero creo que incluso fue antes porque en el abril de 1931, cuando estaba la república, yo ya trabajaba en la calle Cucuruya, donde está Puerta Ferrisa. Trabajaba con un hermano y una hermana, catalanistas, que se llamaban Fontbernat, el hijo mayor era mi patrón, y era sastre, la hija mayor era modista de alta costura. Tenían un hermano que fue el primer violinista del Liceu, que además fue diputado, se llamaba Josep Fontbernat. Una familia muy catalanista pero muy correcta, muy liberal. Me gustó mucho trabajar con esta gente. Tenía once años y medio, doce años, y empecé a aprender el oficio.

—¿Abandonaste la escuela?

—Completamente. Solamente sabía leer y escribir, ni contar ni nada. Escribir, sí, me gustaba mucho.

—¿Con las monjas hasta que año estuviste?

—Estuve pocos años porque cada vez que «avanzabas» tenías que pagar más. Yo era la mayor, luego tuvo que estudiar mi hermano y nos fuimos de la calle Blai, en el Paralelo, a Poble Sec, a la calle donde nací. No había dinero para todos, así que tuve que abandonar los estudios. El cura de la iglesia, cuando hubo la guerra civil tiraba con un fusil desde arriba, luego lo mataron con un tiro, pero él ya había matado a otros. Cuando mis padres se casaron, mi madre no tenía un vestido, pero su familia le compró uno para que se arreglara y se pusiera decente. El cura dijo: «Si se casan y no tienen dinero, vestido de seda no llevará su hija, y tampoco la flor de azahar en el altar». En aquella época, todo aquello quería decir que la mujer no era virgen. Fíjate. La que no llevaba flor de azahar ya no era pura, se había acostado con alguien. Mi abuela puso verde al cura, y le dijo: «Mi hija se pondrá la flor de azahar porque es pura». Él tampoco podía saberlo, ¿no? «Y también se pondrá el vestido de seda. Usted no es un cura, si vinieran los fariseos no lo echarían del templo a latigazos, sino con un fusil». Fíjate, así murió años después. Mi abuela tenía mucho genio. En esta iglesia, mi madre se casó; nosotros, todos hemos sido bautizados allí, y yo hice la primera comunión. Ha sido la iglesia de la familia.

»Donde me di cuenta de las injusticias fue trabajando. Estábamos explotados, aunque fuesen buena gente, porque la aprendiza hacía de todo, también de criada, me trataban bien pero me pagaban a medias. Los hombres de la CNT hacían mucho proselitismo. Empecé a interesarme por lo que me había dicho mi padre. Él me dijo que estos hombres lo daban todo por el pueblo y que eran ellos los que daban la cara, hasta iban a la cárcel, aunque tuviesen una vida familiar muy precaria. Una cosa que he reflexionado después es que, cuando se llega a militar de esta forma, no se puede tener familia… a ver si me entiendes: no puedes permitirte hacer hijos que paguen las consecuencias, ¿no crees?

»Yo tenía una tía menor, la hermana de mi madre; en aquella época, la juventud no tenía otra diversión que ir al baile. Había bailes de toda clase, a veces había bailes de sociedad que eran muy familiares. Yo acompañaba a mi tía y, como me gustaba mucho bailar y me gusta aún ahora a pesar de la edad, me impacientaba. Tenía doce años pero físicamente parecía que tuviera más. Las que bailaban se ponían en la primera fila, y las acompañantes, en la segunda o tercera fila, no sé si habéis conocido esto. ¿No? Ahora vais a la discoteca. Luego me di cuenta que esto no me gustaba, porque las mujeres tenían que esperar a que el niño se decidiera a escoger a la que más le gustara. Cuando participé al movimiento feminista, me di cuenta de esto: nosotras las mujeres estábamos como esclavas esperando a que viniese uno a pedirte un baile.

—¡Como en un escaparate! —exclamó Marta en ese momento.

—Sí, sí, como en un escaparate. Era casi prostitución, a ver si me entendéis. Estás allí y esperas a que venga el chico que se está dando una vuelta con todo su orgullo de macho: esta me gusta, esta no me gusta… Yo no he tenido problemas en este aspecto, esto lo he relacionado después. No he tenido problemas porque he sido una buena bailadora y, cuando una baila bien, no cuenta el físico, cuenta que una sabe bailar bien. Una de estas veces fui acompañando, no a mi tía que ya se había casado, sino a una cuñada suya que era soltera y dijeron: «Pepita, acompáñala tú porque, si no, no la dejan salir». Así lo hice. Ella se puso adelante y yo me puse detrás, estaba en la segunda fila pero de golpe viene uno y me dice: «¿Bailas?». Yo le respondí: «No sé». Le dije «no sé» porque era jovencita y aun no me atrevía. Continué: «No he salido nunca a bailar con un chico, a ver qué va a pasar». Él insistió tanto que me convenció: «¡Venga, ven a bailar!». Y cuando bailábamos me dice: «¿No sabes bailar? Si tú me vas a enseñar a mí». Total, que empecé a bailar a los doce años e hice un grupo de amigas, de chicos con los que nos veíamos siempre en el baile…

»Una de las veces, ya tenía catorce años, una mocosa ¿eh?… Bueno, había un baile muy importante el sábado por la noche, cuando había gente decente. Era en el Nuevo Mundo del Paralelo, que ahora es un cine, cerca del puerto; este sitio tenía muy mala fama porque las chicas se acostaban con los tíos, pero el sábado por la noche había gente decente. A veces paraban la música, y el chico con el que estabas bailando estaba obligado a darte un regalo, un presente. Yo me llevé una cantidad de tazas, de cucharas, hasta de cosas de porcelana, de imágenes estas. Era un regalo. Se llamaba «baile de ramos». Luego había una especie de lotería, la «tolla», y el chico que ganaba el premio se lo ofrecía a la chica que más le convenía. Esta era la animación de lo que era el baile.

»Hago incisos para que veáis las tradiciones de la época. Era en 1933, estaba cerca de los catorce pero aún no los tenía porque yo he nacido a finales de año. Al baile vinieron estos hombres de la CNT a hacer proselitismo, empezaron a coger a la juventud y le decían: «Sabéis que hay un sindicato y que tenéis que defenderos si os explotan». En una ocasión, yo respondí: «A mí me interesa saber de qué discutís». Fui allí y pregunté: «Bueno, ¿de qué habláis?». «No sé si te interesa, son cuestiones sociales». «Sí, a mí las cuestiones sociales me interesan»… y me quedé.

—¿Todo esto fue durante el baile? —pregunté intrigada.

—Sí, pero durante el descanso. Estos de la CNT iban donde estaba la juventud, para captarlos iban al baile, a las bibliotecas, a las playas donde los chicos se bañaban, a todas partes. Han hecho un trabajo extraordinario.

»En aquellos bailes las chicas no pagaban, y eso era lo que nos salvaba, porque no teníamos dinero. Los chicos obreros pagaban por los dos. Y luego he pensado: «¿Por qué si nos divertíamos los dos tenía que pagarlo todo uno? Ellos consideraban que la mujer era, como te diría yo, una vitrina, un escaparate, para que los chicos fueran allí. Cuantas más chicas guapas había, más éxito tenía el baile. ¿Comprendes? Su presencia hacía que fueran los muchachos, que eran quienes pagaban. Todo esto está incluido en las tradiciones de lo que son los años 30. Aquel día me acerqué a ellos y les dije: «Yo también quiero saber». Fueron muy convincentes, y dijeron: «Tal día hay una asamblea, si os interesa venís», y sí, sí, yo también fui a la asamblea. Lo que entonces no me imaginaba era que un sindicato podía tener diferentes ramas, lo que es lógico y natural. Yo, dentro de mi mente, ¿cómo me iba a imaginar, a la edad que tenía, que todo eso sería más importante de lo que me pensaba?

—¿Tu padre también era anarquista?

—Mi padre no, me hablaba de los hombres de la CNT como muchos del pueblo… los apreciaban porque aquellos hombres habían dado el ejemplo, y de eso me acuerdo bien, en el 36. Durante los primeros días de la revolución no había más que CNT.

En este momento, Marta hizo una puntualización:

—En tu familia, ¿el referente político era tu abuelo?

—No, referente político ninguno.

—¿Ni tu abuela?

—Mi abuela no era un referente político. Era una mujer rebelde, eso sí. Una mujer que se vio viuda joven, que tuvo que hacer frente con las hijas que tenía, pero a pesar de todo era conservadora, tradicionalista. Mi madre igual. Un día dejé de ir a la iglesia porque el cura te hacía confesar y me había preguntado si conocía a chicos. Le respondí: «Bueno, yo tengo amigos en la calle, los chicos con los que jugamos juntos». «¿Y qué haces con los chicos?». Fíjate lo que me preguntaba el tío. Yo me quedé asustada porque en mi mente jamás me había planteado nada de eso. Le dije: «No hago nada con los chicos». Y él insistía e insistía. Me di cuenta de que él era un vicioso. Y dije a mi madre: «Yo ya no voy más a la iglesia». «¿Y por qué?». «No voy más y ¡no voy más!». Aquello me disgustó y yo no fui más. Fue una decisión mía.

—¿Cuántos hermanos erais?

—Yo era la mayor. Luego nació un hermano con el que me llevaba dos años, Pascual, yo siempre iba con él. Después vino una hermanita, que se llamaba Anita, como mi madre, y murió de meningitis. Los hijos de los obreros se morían de enfermedades que no se curaban. Más tarde nació otro hermano que se llevaba diez años de diferencia conmigo, pero esto ya fue en otro barrio porque cambiamos de sitio.

»Cuando empecé en el sindicato vivía en la calle Blay, al principio. Luego fuimos a vivir a Hostafrancs, en la calle Sangría.

»Fui a aquella reunión y me gustó, porque ellos hablaban de lo que yo sentía. O sea, sin saberlo, porque a mí nadie me había hablado de la cuestión social, que existía esto, con este fin, no lo esperaba yo, ¿sabes? Fue en el 34, cuando tenía catorce años. Me aficioné allí, iba, tomaba la palabra sin saber que había normas. Un compañero me dijo: «Pequeña —me llamaban pequeña—, está muy bien que hables y que expliques todo esto, todas las cuestiones sociales, pero en un sindicato hay normas, hay un orden del día. Hay esto, hay lo otro…». Y entonces empecé a comprender.

»Gracias a aquel baile conecté con el sindicato, me di cuenta de que las injusticias eran inmensas en todos los aspectos de la vida social española. Ya tuve conciencia, a los catorce años, de que no todo era justo. ¿Comprendes? Estando con ellos, todo esto fue evolucionando. Iba al sindicato pero no tenía ningún cargo ni nada, pero me gustaba tanto el ambiente que, cuando salía del trabajo, iba. Además, el sindicato estaba cerca de mi trabajo y no tenía que hacer muchos kilómetros para ir. Un día que estaba por allí, vino un viejo compañero, se ve que le intrigaba que hacía esa chica, porque era raro que hubiesen mujeres, sobre todo en el sindicato del metal, y tan jóvenes como yo. A lo mejor ellos se pensaban que era la hija o la hermana de algún compañero o algo.

—Como siempre… —afirmó Marta.

—Como siempre: eso es —reafirmó Pepita—. Él me preguntó: «Nena, ¿tú trabajas o qué?». Le respondí muy convencida: «Hombre, si estoy aquí es porque trabajo». «Pero, bueno, ¿qué es lo que haces?». «Soy modista y "sastrera"». «¿Y qué haces aquí en el Sindicato de la Metalurgia? Aquí hay mecánicos, mujeres que están en los despachos, ¿qué haces aquí?». «Estoy porque me interesa la CNT, la lucha social…». Y él me dijo: «Tú estás aquí de más, tienes que ir a tu sindicato, que estás haciendo faltas». Mi sindicato, el de la costura, tampoco estaba lejos. Se encontraba en la calle del Carmen, número 30, más cerca aun. Me hizo un aval diciendo: «Esta compañera viene aquí, de este sindicato, os la traigo para ver qué podéis hacer con ella». Caí en buen sitio, porque hacía falta. Entonces emergían las grandes luchas de los textiles; las mujeres estaban explotadas de una manera fenomenal, había una cantidad de mujeres en las asambleas, y caí bien. Fue allí dónde hice mis primeros pasos de militante, militante. Los compañeros me llevaban consigo, a pesar de mi corta edad. No es como ahora, los sindicatos reformistas, que tienen unos comité de impresa que discuten con el patrón y el patrón hace de dueño. El patrón es el que manda, los sindicatos ahora están vendidos completamente. Un sindicato con un comité de empresa no es un sindicato de trabajadores. Nada, ni hablar. Me acuerdo de sus normas, iba una comisión nombrada por los obreros a parlamentar con el patrón. Le decían: «Venimos en nombre de los obreros para parlamentar sobre esto y esto y esto… Los salarios son injustos, las condiciones del trabajo son abusivas… Aquí hay que cambiar todo esto…», explicaba lo que ellos reivindicaban. Yo los acompañaba. Y allí aprendí, no veas, viendo como hablaban a los patronos. Eran duros, ¿eh? Eran duros. Los patronos tenían una soberbia que no veas. «Venimos a parlamentar y a hablar como personas pero, si las cosas se ponen malas, también cambiaremos nuestras modalidades». Si el tío no se avenía a condiciones y explotaba más y más, se le hacía saltar un pedazo de fábrica y, no veas, al día siguiente daba todo lo que tú querías. ¿Comprendes? No somos violentos por naturaleza, es la violencia la que nos hace ser violentos. Es obligado. Cuando ves que el tío abusa, ¿qué haces? ¿No hay nadie que defienda a los trabajadores? ¡No! Yo, la lucha esta la he vivido en mi época y no la cambio. Ahora no trabajo, no puedo discutir; si estuviera en el paro, tal vez haría otras concesiones, tal vez, no es mi carácter pero puede serlo. Allí empecé a ser militante. Eran los años del 34 al 36. En aquel momento salía con un chico que después fue mi compañero. Tengo una vida, no digo aventurera, sino normal. Era normal que yo tuviera un novio, y este chico también se hizo un excelente militante de la CNT.

Me intrigó ese personaje y le lancé la pregunta:

—¿Cómo se llamaba?

—Pedro Pérez Mir. Estaba en el Sindicato de la Metalurgia, era mecánico. En el 35 estaba metido en el comité de huelga y todo. Él militaba por un lado, y yo militaba por el otro.

—¿Qué hacías, concretamente, en el Sindicato del Textil? —preguntó Marta retomando el hilo de la historia.

—Empecé haciendo las cotizaciones y luego me ocupé de ir a comisiones con los compañeros y de hacer la labor que se tiene que hacer en un sindicato. ¿Comprendes? Militante quiere decir hacer algo. No tenía cargos de responsabilidad porque era muy joven. Asistía a las reuniones del comité.

—¿Se hablaba de la represión de los mineros asturianos del 34?

—Lo que pasa es que yo era muy joven, y muchas cosas las aprendí después. «¿Por qué no hablas?», me decían. Yo no podía hablar de eso porque en aquella época estaba metida en la cuestión de la militancia en la CNT; lo que sí que sabía es que la mayoría de compañeros estaban presos. Cuando empezamos a militar ya habían abierto las cárceles y habían salido los militantes que estaban presos.

—En el 31, durante la Primera República…

—Sí. Fue entonces cuando dijeron: «No podemos quedarnos así, tenemos que captar a la juventud para hacer un sindicato fuerte». Un compañero me dijo: «Ay, Pepita, no te puedes imaginar la ilusión que nos hizo cuando salimos de la cárcel y fuimos al sindicato del metal y vimos aquellos pasillos llenos de juventud». La impresión que tuve en aquel momento es que íbamos a ser amigos siempre.

—Durante aquella época, ¿también había militantes del Partido Comunista?

—Yo no los conocía. Yo, del Partido Comunista, nada. Lo conocí en la guerra. Pero antes no sabía ni que existía dicho partido. Lo digo tal y como fue mi militancia en aquellos momentos. Continué militando en este sindicato, pero mi sindicato de corazón era el del metal, allí estaba mi compañerito… además me apunté a la Juventud Libertaria del Metal. El sindicato sabía que el golpe de Estado estaba preparado. Lo que no estaba planificado era el gobierno, porqué Azaña ni dio armas ni dio nada, ni quiso hacerlo porque estaban vendidos. ¿Sabes? Iban a darle el pan comido a Franco y, si el pueblo no se levanta, no tres años, no... Inmediatamente, estuvimos atados de pies y manos. Los compañeros nos decían: «Cuidado, que habrá un golpe de Estado. Los sindicatos, durante una semana, en el 36, antes del 19 de julio, estaban llenos de juventud pensando que iba a suceder algo. Yo dormía en el sindicato del metal. Dormíamos allí de cualquier manera. Yo decía: «Si pasa algo, tengo que estar presente y haré lo que sea preciso, lo que haga falta». Ayudaba a los que caían, daba café a los que estaban, seguía reuniones... lo que hiciera falta. Es decir, se sabía que iba a pasar algo. El Sindicato de la Metalurgia estaba en la rambla de Santa Mónica, en frente del cuartel donde estaban todos los militares.

»Cuando empezó el acto, los compañeros salieron inmediatamente a la calle. Los soldados estaban haciendo el servicio militar, y muchos de ellos no tenían nada en contra de sus hermanos. Los verdaderos militares, sí, tiraban como bestias, pero los otros a veces se entregaban y decían: «¿Cómo voy yo a matar a un hermano de lucha?». ¿Comprendes? Esto fue durante los días 19, 20, 21 y 22. Cuando se sofocó el golpe que dieron en Cataluña, a los tres días empezaron a salir los que cogían el tren en marcha, empezando por los socialistas y los mismos catalanistas. Los catalanes hicieron una revuelta con los *escamots* y querían declarar el Estado catalán dentro del Estado español. Eran más modestos que hoy, que quieren un Estado propio. Entonces, lo proponían dentro del conglomerado de España. Cuando en el 36 ocurrió aquello, aun no tenía dieciséis años, iba a cumplirlos en diciembre. Así he llevado la lucha, hasta que murió Ascaso; me dio mucha pena porque lo conocía, así como a Durruti.

»En aquellos momentos, por el simple hecho de llevar un carné de la CNT podían meterte en la cárcel. Se reunían en la calle San Pablo, en el Paralelo; había un bar que se llamaba El Pai-Pai, con una sala de baile en la planta de arriba. En aquel café se reunían todos los compañeros de la CNT del metal. Entraron y los pusieron en la cárcel a todos. Mi compañero estuvo en la cárcel nueve meses por el solo hecho de llevar sellos de la CNT. Para que te imagines en qué Estado vivíamos. Y no quería hacer política, pero las cosas iban de esta manera.

»Luego había elecciones, la CNT, que siempre sugería no votar, esta vez no dijo nada, a ver si algo podía cambiar, porque tenía a muchos presos en la cárcel. A ver si se conseguía que entrara la izquierda y que los soltara a la calle. Que fue lo que sucedió, pero por poco tiempo. Durante el bienio negro hubo mucha represión. Aplicaban a los presos la «ley de fuga», les decían: «¡Sal que estás libre!», y los mataban de espaldas alegando que querían escaparse. Se han hecho películas sobre la ley de fuga.

»A mí me gusta contar lo que he vivido, y no lo que he aprendido después, cuando hubo la revolución española. Yo digo revolución española y no guerra de España porque la revolución ha sido un hecho palpable. En el 36 hubo un congreso en Zaragoza y se establecieron las normas de lo que teníamos que hacer en caso de revolución. Cuando entré en este sindicado me di cuenta de que la cultura era muy necesaria: ¿tú has dejado la escuela?, ¿trabajas? No pierdas de vista que la cultura ayuda a liberarse. Si desconoces las cosas, te toman por una idiota; si sabes, puedes defenderte mejor culturalmente. Los hombres de la CNT, paralelamente a las luchas sociales, impartían también cultura. En las Juventudes Libertarias había debates y clases, siempre había alguien que sabía más que otros y enseñaba; sobre todo, debates. Es lo que más me ha gustado. De repente, en una reunión se decía: «Vais a leer tales libros. Todos, ¿eh?». En aquellos momentos se leían todos los libros de los grandes de Francia: Roussou, Zola, Balzac y todos los demás. Cuando íbamos a la siguiente reunión, cada uno de nosotros daba su opinión sobre el libro que se había leído. No os podéis imaginar, vosotras que hacéis escuela y que ya lo habéis vivido así, lo que eso es como cultura. Gente que se podría llamar analfabeta éramos semianalfabeta, porque saber leer y escribir no es suficiente. ¿Verdad? Primero, teníamos una cultura social que se fue creando en el sindicato y, segundo, intelectualmente íbamos poniéndonos al corriente de la vida de los escritores, de los libros que se iban escribiendo, de la vida social, porque no leíamos solo a autores de novelas, leíamos de todo. A mí eso me ha enseñado muchísimo. Por eso siempre digo que, a pesar de las críticas que he podido hacer a los hombres de la CNT en el plan de la liberación de la mujer, eso es un capítulo aparte, ellos han sido los que han motivado a mucha juventud para que se cultivara, y les tenemos que dar las gracias por eso. Hay una chica que sale en el vídeo, la habéis visto, Eutensia Torres, y cuenta que su padre era director y explica cómo hacían en las escuelas, que los obligaban a mentir y a ella esto no le gustaba. Nos hemos conocido, está muerta ahora. Así ha ido formándose mi vida de militante, mi vida normal, siempre en la lucha.

»Esta es mi vida de militante y mi vida «normal», que ha sido, como dicen los franceses, *tout coeur*, siempre en la lucha.

»En el 36 vivimos cosas muy fuertes, es un trago muy amargo. La contrarrevolución que hicieron los comunistas el 3 de mayo ha sido un golpe inmenso que hemos soportado. Se hizo un gobierno. Hoy en día se discute mucho sobre eso, porque se hizo un gobierno que los anarquistas no queríamos; nosotros, los jóvenes, estábamos en contra, pero es verdad que en las circunstancias de la época o «dimisionábamos» completamente o ¿qué se podía hacer? Porque, cuando hoy en día se

34

discute por qué entramos en el gobierno, yo misma me lo cuestiono, porque no lo sé. Es decir, los que estaban a la cabeza sabían bien que tenían a la gente presionando por detrás. No creo que haya sido una buena cosa, porque quizás habrían tenido que romper de golpe con todo. Que era lo que querían muchos: ir a por el todo. Pero, si vamos a por el todo, ¿qué hacemos? ¿Una dictadura? Tampoco es una dictadura la que el anarquismo tiene que hacer; para eso ya están los «estalinianos». ¿De acuerdo? Hoy nos dirían: «Habéis sido tan "estalinianos" como los "estalinistas"».

—Pero eso es algo diferente: entrar en un gobierno y comportarse como estalinistas…

—Ya sé que es diferente.

—Estamos hablando de la contradicción de la política parlamentaria…

—Ahí está. Bueno, ha sido un problema que se discutió mucho.

—La contradicción llevó a que cuatro anarquistas formasen el gobierno catalán: Federica Montseny, ministra de Salud; García Oliver, ¿cómo pudo un anarquista ser ministro de Justicia?

—García Oliver también dio un resultado nefasto. Murió en América, escribió un libro, *El eco de los pasos*, y yo he escrito un artículo sobre su eco de «los pasos», lo pongo verde al tío, lo pongo verde…

—¿En qué lo criticas?

—Lo he atacado porque él es un «egocentrista» y, cuando lees su libro, te transmite que nadie más que él habría hecho la revolución. Es decir, sin García Oliver la revolución no existiría. ¿Comprendes? Y luego se permite criticar a sus amigos sin motivo alguno; entre otros, a Durruti. Si encuentro el artículo, os los enseñaré. Me parece que me voy alejando de lo que os estaba diciendo…

—No. Para ti, ¿qué era concretamente la revolución? Te lo pregunto porque antes has dicho que se vivió una revolución…

—Yo reivindico la revolución española porque hay que tener en cuenta que quienes estaban a la cabeza de la organización y se reunieron en Zaragoza han sabido llevar a cabo, coherentemente, lo que habían previsto. Menos mal que se hizo esto, que es lo que ha quedado, y la gente ha procurado olvidarlo, borrar y guardar otras cosas. Se puso la economía en marcha en Cataluña, toda la economía con los obreros solamente. En España, los obreros cualificados sabían tanto como los ingenieros, hablo por mi oficio: la modista que había sido modista era una modista al cien por cien, quiero decir que podía enseñar a otra. Y los mecánicos eran tan mecánicos como los ingenieros. Durante la revolución, las colectividades funcionaban perfectamente, en manos de los obreros y cada obrero ganaba lo mismo. Se practicó lo que se había previsto. ¿Y cómo querías tú que los gobiernos que venían detrás aceptaran un avance semejante? Esto era imposible. Claro que nosotros, llevados por la ilusión, pensábamos que iba a durar toda la vida. Hablo desde la juventud.

—¿También las fábricas estaban en autogestión?

—También las fábricas. Las de la madera, las de los tejidos… todas. Las colectivizaron; mejor dicho, la socializaron. Se colectivizaron hasta los barberos, se puso en marcha la economía del país. Muchos se quedaron con la boca abierta al ver que el pueblo había podido coger con sus manos la economía. Eso les dio miedo. Luego, hubo excesos en lo de quemar las iglesias; pero, bueno, esto se comprende también porque la gente estaba tan harta de la Iglesia que lo primero que hacía era meterles fuego. ¿Sabes? Yo creo que muchas veces tendrían que desaparecer y punto. Dentro de lo que es la democracia, hay que respetar, pero yo no sé hasta qué punto, ¿eh? Por ejemplo, ahora ha salido una película sobre la vida de Cristo, y estos querían quitar su proyección porque ofende la imagen de la Iglesia… ¡Vaya!

—Durante la guerra civil, ¿te quedaste en Barcelona?

—Sí. Estuve militando en los sindicatos, luego me mandaron a una fábrica de guerra porque hacía falta organizar una fábrica que hacía bombas de mano y todo. Una compañera y yo nos fuimos un tiempo a una fábrica explicando y trabajando, no mandando, ¿eh?, trabajando.

—¿Haciendo bombas de mano?

—Bombas de mano y otras cosas. Yo dejé mi trabajo de modista porque mi patrono, que era el sastre, emigró a Venezuela, y yo tuve que dejar el empleo. No veas la faena que tuve para encontrar otro trabajo. Había un anuncio en el periódico, acudías a la cita y te encontrabas con colas kilométricas. Luego, me fui a otra modista y me cogió en seguida; me puso a cortar mangas y notó que yo sí que sabía. Esto es un trabajo de compostura y, si no sabes dónde te pones, se nota enseguida la que es buena y la que no lo es. Yo conocía el método porque lo había hecho.

—¿Esto en qué año fue?

—Esto ya fue en el año 36.

—Entonces, durante la guerra civil, ¿te quedaste en Barcelona?

—Sí, sí. Lo que pasa es que los compañeros, entre una cosa y otra, me dieron mucho trabajo: trabajaba, no dormía, iba acá, allá, lo hacía todo: los bombardeos, íbamos al trabajo, a las reuniones…

»Fue entonces cuando empezaron las mujeres socialistas y las mujeres comunistas, porque los comunistas de esto saben mucho… las antifascistas, las de aquí, las de allá; en fin, todo el mundo. No habían estado en ningún sitio pero fueron las primeras que se hicieron ver por todas partes. Bueno, las Mujeres Libres también existían en el 36. Pero lo que hay que aclarar es que ellas se organizaron tres meses antes de que estallara la revolución española. Y ya tenían un trabajo de años atrás, habían hecho un sondeo, que este movimiento cogería. Esto me lo dijo una de las fundadoras. Lo que quiere decir que la mujer española ya estaba harta de estar esclavizada. En Madrid se reunieron Suceso Portales, Lucía Sánchez Saornil (una excelente persona, inteligentísima) y Amparo Poch, catalana. Pero, en fin, lo fundaron ellas. Y, luego, en Cataluña se organizaron las catalanas con Soledad Estorach y con Concha Liaño; ellas fueron la fundadoras, yo entré después. Lo de Mujeres Libres merece un capítulo aparte, a ver si me entienden.

»Les estaba contando que los del sindicato me mandaron a la fábrica de guerra y allí vinieron ellas, las de Mujeres Libres, a buscarme para que ingresara con ellas. Yo tenía la opinión de que la revolución la teníamos que hacer juntos, hombres y mujeres, y no consideraba oportuno otro tipo de enfoque. Y, lógicamente, debería ser así porque, si analizamos bien el movimiento anarquista, no hay segregación de sexo, de clase ni de nada. Pero la teoría es una cosa y la práctica es otra. ¿No? Y, como los seres humanos somos todos falibles, pues la teoría va muy bien debatirla, pero el llevarla a la práctica ya es más difícil. Esto lo digo en cuanto a la mentalidad de todos los hombres, ya sean anarquistas o no anarquistas, da igual. Bueno, pues yo no había entrado todavía en Mujeres Libres, y así estaba, y luchaba y trabajaba y ganaba mi dinero; y mi compañero estaba en el frente, en la Columna Durruti, naturalmente. De vez en cuando, «bajaba» porque aquí en Barcelona hicieron un comité en un garage, en una cochera, llamada después Garage Durruti, en la calle Sepúlveda; y en ese comité estaba mi compañero, porque era necesario arreglar los camiones cuando llegaban del frente. Además, sensibilizaron a compañeros y compañeras, porque, si otro coge el camión, no veas… Lo que quería decir es que Durruti dijo que hacía falta que la gente se quedara en la retaguardia, y no tardó mucho en ser necesario que los compañeros estuviesen en los puestos oportunos. Bueno, pues entré en Mujeres Libres cuando los de Juventudes Libertarias me delegaron como su representante a la federación local. Estando allí incluso firmé acuerdos en los que yo personalmente no estaba de acuerdo, parece que mienta pero así es, porque llegábamos a acuerdos globales. Lo que no os he dicho es que yo trabajaba en el número 20 del Paseo de Gracia, allí sigue estando ahora un primer piso muy bonito. Y, cuando vino la revolución, lo cogió el comité nacional de la SIA, y allí estaban Varuta, Lucía Sánchez Saornil y una secretaria que tenía Lucía que se llamaba Mary; trabajaban allí y hacían un trabajo que parecía inmenso. Luego se fueron. Todo esto lo he visto porque yo trabajaba abajo y frecuentaba a Lucía antes de estar en Mujeres Libres.

»Después de la SIA ingresaron las Juventudes de distribución que son los del Mercantil, y allí estaba el secretario general, Fidel Miroa. Habéis oído hablar de él, ¿no? Fidel Miroa ahora está en México, y recientemente lo he visto en casa de Sara (Berenguer) y, después de tantos años, sigue siendo un reformista. Nosotros, que éramos jóvenes, lo llamábamos El Bombero, y cuando lo vi en el 93 se lo dije: «Tú quizá no te acuerdes de mí, pero recuerda que eras el «bombero» de la época.

—¿Por qué bombero?

—Porque apagaba fuegos. Apagaba revueltas, lo apagaba todo. En fin, hicieron un pleno regional, y había una orden del día en la que decidían que formarían un secretariado femenino. A mí eso me puso negra porque yo tenía la opinión de estar todos juntos. ¿Por qué en las Juventudes vamos a tener un secretariado femenino? ¿Qué razón tiene este secretariado femenino, de hablar con las mujeres solo? ¿Para qué si la lucha social que teníamos en las Juventudes era común? Es decir, yo pienso que fue un sin sentido, que no tenía razón de ser.

—¿Había mucho machismo?

—Sí, claro. Considero que existía mucho machismo. Incluso hubo una época, cuando vino la revolución y todo, en la que muchas chicas, y con mucha razón, dijeron que no querían vivir más como esclavas, y es que nunca habían tenido derecho a vivir la misma vida sexual que los hombres. Lógico, ¿no? Yo pienso que, en el sexo, uno tiene que poder hacer lo mismo que le hacen. En el sentido de que, si tengo un compañero, he de respetarlo en el sentido de que somos «uno», los dos somos uno. De todos modos puede ocurrir que tengas una aventura, puede ocurrir, pero yo personalmente, mientras tenga un compañero, no tengo ninguna necesidad de hacer el amor con quien que sea. Me entendéis, ¿no? Esta es mi opinión. Pero había chicas que entonces tenían varios… Ahora les cuento una anécdota. Una vez, un chico de las Juventudes me dijo: «Tú, muy anarquista y libertaria pero, si te digo que vengas a dormir conmigo, tú no vienes». Menos mal que tengo la respuesta rápida y le respondí: «Esta es mi libertad, justamente. La libertad de hacer lo que uno quiere. ¿Por qué tengo que acostarme contigo si no me interesas? Primero, no eres mi tipo, y ¿tengo que acostarme contigo para ser más libertaria? Yo me siento más libertaria si me acuesto con un hombre que me interese. Pero tú no me interesas en absoluto». Además, lo ofendí porque le dije: «No besaría tu boca por nada del mundo». Se molestó porque yo no lo aceptaba. Casos como este ha habido muchos.

»Fue cuando se decidió hacer el secretariado femenino cuando me fui, y dije: «Me habéis nombrado secretaria local, pero no quiero serlo porque no estoy de acuerdo con mis principios, así que lo dejo. A partir de ahora voy a juntarme con las compañeras, a ver qué trabajo hacen». Entonces dejé las Juventudes y me fui a ver a las compañeras. Y es cuando estuve con ellas. Estaba Mercedes Comaposada, que murió en París, que en aquella época fue una gran maestra. Yo le tenía un cariño muy grande porque para nosotras no solo fue una maestra, sino una fantástica pedagoga. ¿Sabes?

»Allí empezaron con estos liberatorios de prostitución; al principio hacían trabajar a las prostitutas para quitarles este vicio. Han hecho un trabajo fantástico. Yo entré cuando ya estaba hecho todo esto. Y, cuando entré, me nombraron en el comité regional al servicio de propaganda. Allí me delegaron a hacer inmediatamente propaganda por la región. Y éramos dos: la otra se llamaba Águeda Abatio. Fue otra experiencia personal que me abrió un horizonte fantástico. Pues, con la mentalidad que había en España, con ocho siglos de influencia árabe, con un machismo permanente, donde los hombres se creían los dueños de todo, donde la mujer era sumisa y solamente servía para hacer hijos, para llevar la familia, en ocasiones quedaba a parte el movimiento libertario porque tenían unas ideas pero, cuando entraban en el hogar, hacían lo mismo. ¿Comprendes?

»En el sindicato del metal, había asambleas y no había mujeres. Yo les decía a los que conocía: «¿No tienes una compañera, tú?». Entonces, no sabía si era del ramo y si a la compañera le pertenecía aquel sindicato, pero para mí en el sindicato era lo mismo la mujer que el hombre. «Sí», me contestaban. «¿Y por qué no viene a la asamblea?». «Porque mi compañera tiene que ocuparse de los niños y etcétera, etcétera». A lo que yo respondía: «Pero, bueno, esto es fácil de arreglar, ¿no? En esta asamblea estás tú, en la próxima tú te encargas de tus hijos y que venga ella, y al menos lleváis el contacto entre los dos». «¡Ahhh, vas demasiado lejos, tú!». «No, no, no voy demasiado lejos, ¿eh? Si somos libertarios, tenemos que serlo todos, el compañero y la compañera». También me ha ocurrido lo siguiente, es otra anécdota. Uno que me decía: «¿Te das cuenta? Tengo hijos, mi compañera, cuando me junté con ella era católica, y yo pensé: "la voy a formar". ¿Y sabes qué ha hecho? Ha bautizado a mis hijos contra mi voluntad». Esta discusión la llevábamos entre varios y le dije: «Vamos a discutir este problema: cuando te uniste con tu compañera, ella era católica, tú lo sabías, podías esperar que sucediera esto, porque tanto derecho tiene ella como tú a hacer con vuestros hijos lo que os dé la gana. Si ella cree en Dios, les va a hacer creer en Dios. Tú eres un anarquista y no deberías haberte juntado con una católica. Tendrías que haberte unido con una compañera y, así, no tendrías este tipo de problemas. Así que yo a tu compañera la respecto porque ha hecho lo que ella cree que es lo suyo. Y tú no eres quien para decirle qué tiene que hacer. Además, ¿quién eres tú para formar a quién? La formación viene de uno mismo. Si la formación viene de un ejemplo, si tus ideas son buenas, ella vendrá por sí misma a lo tuyo. ¿Comprendes? Es esta tu formación, pero que tú quieras imponer tu formación con la fuerza, ¡NO! Esto yo no lo acepto. Como anarquista no lo acepto. Uno puede decir que es anarquista, aunque para ello se necesita mucho, a ver si me entiendes». Yo, la idea la había asimilado bien. Bueno pues, fui con Mujeres con esto de la fila de la propaganda. Hemos ido a pueblos de la región catalana que pensábamos que eran pueblos atrasados, y hay que ver la cantidad de mujeres que hemos encontrado.

—¿En las provincias? —inquirió Marta.

—En las provincias, empezando desde arriba… San Vicente y todo aquello de Cataluña.

—¿Cómo os recibían las mujeres del pueblo?

—Ya las preparábamos de antemano, les decíamos que se iba a organizar una reunión con un grupo de Mujeres Libres, a ver si querían escuchar. Estas mujeres me han enseñado muchísimo, porque han dicho cosas terriblemente sensatas. Es como cuando llega la primavera y los árboles están esperando para explotar. ¿Sabes? Y cuando abren las hojas dicen: «¡Ah! Ya estoy aquí!» Bueno, esta es la imagen que yo he tenido cuando he visitado a esas las mujeres a las que se veía con un corsé puesto apretándoles y, cuando lo soltaban, bueno, no sabes las reivindicaciones que pedían… Tantas que los hombres se asustaban. Empezaban por asustarse sus propios compañeros. Pero, claro, esto fue en un momento en el que se vivía la guerra, y lo paso de largo porque el mes de mayo fue una tragedia. Lo paso de largo porque hablo del militantismo. Y ha sido, ¿como te diría yo?, una época terrible porque teníamos a todo el mundo encima: gobierno, Partido Socialista, el Partido Comunista, todos. Se juntaron porque lo de la Telefónica fue esto.

—¿Cómo te viviste todo aquello? —pregunté.

—La Telefónica de mayo del 37 fue que lo tenía la CNT colectivizado, como tenía todas las otras fábricas. ¿Cómo quieres tú que la Telefónica, una empresa importante que marchaba muy bien, la tuviera la CNT? Era imposible. El Partido Comunista, que es el lo que ha hecho todo, incentivó el asalto y fueron ellos quienes la asaltaron. Hay quien ha dicho que fue la CNT que se rebeló, y es mentira. Esta es una falsedad, porque fueron los comunistas quienes la asaltaron. Pero esto se fue comunicando, comunicando, y enseguida fuimos levantando barricadas. Yo estaba en una en la calle San Pablo, en las Ramblas, y tiraban desde la iglesia de la plaza del Pino; tiraban los comunistas, los soldados y todos los que tiraban. Hubo muertos, hubo de todo, fue una vergüenza que, durante una revolución, se produjera semejante contrarrevolución.

—Más de quinientos muertos...

—Hubo muertos... Mataron a Bernieri. ¿Sabes? Porque oyó un ruido y no pudo escaparse a tiempo. Lo cogieron y lo asesinaron. Estaba un amigo con él, no recuerdo su nombre. En fin, asesinaron a bastante gente.

—Según tú, ¿por qué hicieron esto los estalinistas?

—¡Porque traían órdenes desde Moscú! Les pagaron políticamente y con dinero, ¡se llevaron todo el oro de España! Se llevaron el oro de España a Rusia. Decían que les iban a dar armas, y las armas que les dieron (mi compañero os lo puede afirmar, que fue combatiente), cuando llegaban a una confederal que era anarquista, llegaban saboteadas y se podía disparar. Luego han dicho que los anarquistas no han sabido combatir, y es porque no les daban armas. Iban todas para los comunistas. Los comunistas guardaban las armas, y lo que iba para los confederales iba todo saboteado. Por esto, en las fábricas de guerra que controlaba la CNT, empezaron a hacer armas y todo lo que pudieron, pero ya era demasiado tarde. ¿No? En Rusia había un cónsul que no veas. Stalin metió la mano allí, y fue la coalición para la destrucción del anarquismo. No podían con nosotros porque éramos una mayoría, así que se juntaron ellos: comunistas, socialistas y estalinistas. Querían una dictadura del proletariado, y nosotros no queríamos esto. Estábamos todos en desacuerdo. ¿Entiendes?

—Resulta que también Largo Caballero echó de su despacho al cónsul ruso de Barcelona. Esto fue tras los sucesos de mayo.

—Pero luego también lo echaron a él. Es decir, en parte él era un socialista sincero, a pesar de que algo se lió con los otros para echarnos abajo pero, en fin, era un hombre que no aceptaba a los comunistas, y metieron a Negrín. A Largo Caballero no lo aniquilaron, pero lo «inutilizaron». Quiero decir que esta fue una campaña política, y hay que discutirlo en el plano político y en el histórico. Claro que, dentro de lo que son las vivencias de cada uno, son cosas que conocíamos pero nuestra manera de trabajar era diferente. Era una evolución constante que hacíamos los jóvenes, nosotros mismos. Seguíamos las órdenes y, cuando nos dijeron «alto al fuego», con todo el dolor que teníamos, lo hicimos. Pero, cuando nos enteramos de las muertes que había habido, no veas. Era un momento en el que, si los jóvenes se hubiesen dado cuenta del alcance que tenía esto, habría habido una tragedia. Porque cogieron a muchos presos y, entre ellos, a un amigo nuestro del sindicato del metal que desapareció, no sabíamos dónde estaba, y a mí me llamaron los compañeros del metal y me dijeron: «Pepita, nos da la impresión de que los comunistas lo han atrapado. Habría que averiguar si se encuentra en algún sitio de estos que tienen ellos». Yo era una militante conocida en algunos círculos y bastante anónima en otros, conocida en el mundo libertario sin llegar a ser famosa; a ver si me explico, no quiero darme más pisto del que tengo, ¿eh? Hice lo que tenía que hacer, paseándome por todos los sitios donde tenían a los comunistas, y aproveché el ser mujer haciéndome un poco la coqueta. Como había mucha gente, entraba y decía: «¡Oh, qué bien, sois los comunistas, ¿no? Este lugar que habéis escogido está perfecto». Y uno me dice: «Sí, ven, te acompaño y te hago ver». Y me enseñaba los lugares. Cogieron La Pedrera, ocuparon los mejores espacios, querían lo mejor para ellos… Nosotros también teníamos un buen comité regional, pero no nos fuimos al más burgués, elegíamos lo más práctico, donde había despachos. El lujo de los mármoles no nos interesaba. Y sí, sí, pasó y de golpe, miro a la derecha y en un sitio veo, no en una cárcel pero había rejas, a alguien dentro y conocí a mi amigo. El otro lo comprendió y no dijo nada, ¡menos mal! En fin, salí, di las gracias al que me había acompañado, avisé de dónde se encontraba e inmediatamente fueron a buscarlo.

—Según tu opinión, ¿por qué la represión de los estalinistas se dirigió más a los militantes del POUM que a los anarquistas?

—Hicieron más con el POUM porqué también había problemas políticos con Trotsky. Y fue entonces cuando los *poumistas* se acercaron a nosotros, venían al sindicato y todo. Ellos estaban dejando ya de ser trotskistas. ¿Me explico? Se percataron de que no era aquello lo que ellos buscaban. La mayoría se volvieron anarquistas pero, en fin, la verdad es que fueron el POUM y los anarquistas quienes fueron atacados. Hicieron lo que hacían en Rusia: atacar el anarquismo y atacar el trotskismo, una coalición de Stalin.

—Mataron también a Andres Nin.

—Sí, a Nin, que era del POUM.

—Federica Montseny y García Oliver desempeñaron un papel muy importante para acabar con la revuelta de mayo.

—Fue lo que hicieron, pero lo hicieron para apaciguar. Es verdad que, si hubiera continuado, habría sido una masacre, porque estábamos los jóvenes en un estado que, si cogíamos a los comunistas, yo misma que no soy violenta los mato a todos, te juro.

»Os cuento otra anécdota. Cuando era niña tenía un amigo de la infancia que era del grupo de jóvenes con el cual nos reuníamos. Luego, cuando me fui a vivir a Hostafrancs lo perdí de vista, y me lo encontré durante la revolución en la plaza Culuya cuando salía del trabajo, y nos abrazamos muy fuerte. «¿Cómo estás? Qué haces?», le pregunté. «Pues nada, estoy en el Partido Comunista», me dice. Y yo me siento mal y lo veo tan obcecado que me dice: «Si a mí el Partido Comunista me manda a matarte a ti que eres mi amiga, lo hago». Me quedé sorprendida porque lo vi verdaderamente convencido. Yo le dije: «Si a mí me dicen los de la CNT que te tengo que matar a ti, yo no lo hago. Primero, porque no veo por qué la CNT tiene que pedirme que te mate y, segundo, porque tengo suficientemente juicio para no matarte. ¿No tienes vergüenza? ¿Y aún me lo dices así?». No lo volví a verlo más, pero esto solo te da una idea de cómo captaron a los jóvenes, de cómo les mandaban y de cómo lograron hacer de esta juventud unos asesinos. Asesinos, porque este era amigo de la infancia. Se llamaba José. Lo que te cuento es la verdad, es un caso que me ha pasado a mí personalmente. Estas cosas me han servido mucho para mi evolución personal. A mí no me ha interesado tanto la política como mi evolución y, cuando entré en Mujeres Libres, me interesó la evolución de la mujer. Allí es cuando me entregué de lleno a la lucha, aunque casi siempre estaba fuera, cuando no en un pueblo, cuando no en otro. ¿Sabes? A veces hemos ido juntos en un coche, con compañeros de la CNT que nos han dado una plaza, unos hablaban por la CNT, había otro que hablaba por la FAI, otro por Juventudes y yo por Mujeres Libres. Quiero decirte que nos han ayudado. Hemos hecho causa común en las diferentes conferencias que hemos impartido en la región; me he conocido Cataluña a fondo, si no fuera por ello no la conocería. Sería muy largo de explicar nuestro trabajo, porque a veces querían meternos en aprietos y no llegaron a conseguirlo porque teníamos la suficiente preparación, que os he explicado, a través de la pedagoga Mercedes Comaposada, entre otros. Es decir, antes habíamos hecho unos cursillos en el los que nos preparaba bien, tratando diversos temas; por ejemplo, la mujer en tanto que mujer, en tanto que compañera, en tanto que madre, en tanto que obrera trabajadora, en tanto que esto, en tanto que el otro… Estábamos muy bien formadas, más entonces que hoy, sobre la respuesta a lo que es la evolución de la mujer. El que no se acepte que un tío sea más que tú, ¿por qué? Siempre que voy a los debates digo que a mí no me interesa remplazar al hombre, no tengo ninguna necesidad de remplazar a ningún hombre, me siento muy satisfecha de ser mujer. En ocasiones, este es el problema. ¿Sabes? Pues hay algunas mujeres que quieren remplazarlos: «Quiero ser ingeniera porque una mujer también puede serlo». ¡NO! «Soy ingeniera porque quiero serlo!» Yo soy mujer y me gusta ser mujer y me gusta que un chico me mire, no quiero ser un espantapájaros, a ver si me entiendes, y es así como yo he entendido la emancipación de la mujer: hacerse respetar con estos detalles que os he contado de no dejar pasar ni una. No porque seas una acérrima, sino porque la emancipación se consigue día a día, con el ejemplo. Y el ejemplo es este: no dejarte pisotear en lo más mínimo. Bueno, total que con Mujeres Libres fui militando, fui al frente varias veces a visitar a los milicianos.

—¿En el frente de Aragón?

—Sí, allí. Y un día llegue al frente buscando a mi compañero, pero no estaba. No sabes cómo me puse. Llevaba meses sin verlo. Pero, de repente, esperé un poco y Pere vino a verme; es que le habían avisado de que llegaba un camión desde Barcelona, y en él estaba yo. Cuando nos vimos nos pusimos muy contentos. Luego, Pere me preguntó: «¿Por qué no te quedas?». Y los otros también me dijeron: «¡Pepita, quédate! Nosotros después te llevaremos a Barcelona». Conmigo también había venido otra compañera a ver al suyo, éramos dos. «Aquí hay un lugar tranquilo; antes de que nos maten, podéis aprovechar». Yo vacilé bastante. Vacilé bastante porque no tenía permiso para quedarme. Pero luego respondí: «Me da igual. Si quieren hacerme un proceso, que me lo hagan». Y menos mal. Allí estuve ocho días. Y luego vino la batalla del Segre, la batalla del Ebro, y me lo mataron. Nunca más he sabido de él. Bueno, sí, supe que lo habían matado en la batalla del Segre, pero no he sabido dónde estaba enterrado ni nada, porque los papeles que tenía me los traje al exilio y, en el camino, los he ido perdiendo todos. Sé que era un pueblo de Cataluña llamado Monclav; no sé si existe o no existe. Primero me explicaron que había caído herido de metralla en el vientre, así que lo busqué en todos los hospitales, los compañeros me llevaron, y luego uno me dijo: «Vamos a ir al Manresa, donde estan todos los que han muerto». Allí lo encontró inscrito como muerto. Para mí fue una tragedia muy grande el perder a un compañero a quien había conocido muy jovencita y nos habíamos casado. Nos habíamos casado porque mi compañero quería mucho a mis padres, yo no quería ni casarme. Fíjate cómo estaba ya de preparada, ¿no? No quiero y no quiero. Y él me argumentó: «Escucha, tu padre es un buen hombre y, si tú te casas, se va a quedar satisfecho. ¿Qué más da que estés inscrita en el estado civil o no? Para nosotros no cambia nuestra manera de ser, continuaremos siempre haciendo lo mismo, pero quiero hacerlo por tu padre y por tu madre». Era él quien quería satisfacer a mis padres. Bueno, total que los compañeros de la 121 me pagaron la comida, me hicieron la boda y bajaron unos cuantos de permiso; luego vino mi hermano, el pequeñito, que tenía diez años menos que yo, y vino con un primo mío. A veces me decía: «Cada vez que me acuerdo de tu boda, veo los cintos colgados y las pistolas, y a unos milicianos». Y es verdad, como éramos del grupo nos querían mucho y me hicieron la fiesta en Casa Juan, en las Ramblas. Y existe aún. Está en la plaza Santa Mónica, cerca del puerto. Prepararon una fiesta y todo, y luego dije: «Bueno, nos hemos casado pero es igual».

—¿Te casaste en el 37?

—No, fue en el 36 mismo. Tras salir de los sindicatos, antes de que se fuera al frente. Cogió el camión y dijo: «Bueno, ahora vamos a casarnos. No te dejo así». No, no… no era en el 36, era a principios del 37. Y murió en el 1938. Fíjate el poco tiempo que estuvimos, y para mí fue una tragedia.

—¿Había mujeres en el frente?

—Las mujeres en el frente no hacíamos nada de extraordinario, discutíamos con ellos, les llevábamos cosas: jabón, plumas, papeles, discutíamos bastante con ellos, estábamos bastante rato juntos, los animábamos un poco. Y los milicianos estaban contentos de que las mujeres les hiciéramos una visita.

—Pero no había muchas mujeres…

—Hombre, para la época éramos bastantes, ¿eh?

—¿Y hubo algunas que lucharan en el frente? ¿Conociste a alguna? —insistió Marta.

—No. La única que he conocido ha sido a Concha Pérez. Yo iba a ir pero no me gustaban las armas; así que cogía el camión y anda, iba a visitar a mi compañero y a los otros. Desde luego, si se hubiera enterado Durruti, me habría dicho: «Pequeña (así me llamaba), ¿qué haces aquí que nos vas a estorbar?». Pero luego, con Mujeres Libres, hicimos comedores para los milicianos, nos ocupábamos de ellos; en fin, he hecho tantas cosas que ya no les puedo poner por número.

—¿Qué opinas de que Durruti no quisiera las mujeres al frente? —insistí yo.

—Cuidado, ¡Durruti era un hombre excelente!

—¿Era de Barcelona?

—Había nacido en León, pero estaba militando en el sindicato de metal de Barcelona. Yo lo conocí cuando tenía catorce años. Además, estuvo preso al mismo tiempo que mi compañero, en la misma cárcel y todo. Y después me dije: «Tiene razón en lo de no ir al frente. ¿Qué voy a hacer allí? Tengo miedo de los tiros, me dan pánico; pánico no… miedo, mucho miedo». NO soportaba que una bala pudiera matar a alguien. Y, sin embargo, comprendo que a veces hay que hacerlo, ¿no?

—Pero muchas mujeres quisieron ir al frente, y Durruti se lo impidió.

—Esta es la leyenda. Lo que pasa que es que se agregaron algunas prostitutas dentro del camión, esa es la verdad.

—Cuando Durruti dijo que las mujeres se tenían que ir del frente porque estaban contagiando a los hombres con las enfermedades…

—Sí, es verdad. Hombre, no todas, claro. Pero no vas a distinguir. Para cortar por lo sano, como cuando vas al quirófano, ¿no? Él sacándolas a todas evitaba el peligro. No está bien hecho.

Marta, dio aquí otra perspectiva:

—Blanca Navarro también nos sugirió que, a veces, eran los hombres los que tenían enfermedades y las estaban contagiando.

—Bueno, eso también es posible. Pero de algunas cosas no puedo hablar porque no las he vivido. Por ejemplo, en la película que ha salido sobre Mujeres Libres, o en la de *Tierra y libertad*, se nota la miliciana que luchaba. Yo, si hubiese ido al frente, habría cumplido con mi deber. ¿Entiendes? Si voy, asumo. Y a mí no me podían poner ni en el plan de prostituta ni de nada pero, la verdad, no me consideraba capaz de luchar en el frente.

—¿Y qué opinas sobre que Durruti impidiera que lucharan las mujeres? —insistió Marta.

—Hombre, me sentó mal porque era una especie de segregación que hacían. Y no sabía lo que había de verdad allí. Como hubo todo ese liberatorio de prostitutas que salieron y muchas no sabían qué hacer, quizás llevadas por el entusiasmo, se lanzaron al ruedo; además, cuando estás en un sitio así, esto es difícil de evitar. En el frente, siempre hay momentos en los que no se lucha, momentos de tranquilidad. Y los hombres tienen que acostumbrarse a «aguantarse», ¿no? Quizás no todos ellos fueron capaces de ser responsables. No lo sé, no lo juzgo porque no he vivido lo del frente. Claro que la manera que tuvo Durruti de echarlas fue como si les hubiese hecho un desprecio. Pero, conociendo a Durruti, no creo que fuera un desprecio, debió de ser una reacción bien reflexionada. Habría que ver el contexto de la época, el sitio y todo para poder opinar.

»Lo que sí sé, respecto a lo del secretariado femenino, es que he visto a compañeras que estaban conmigo y que luego no se acordaban o no se querían acordar de su militancia en grupos de mujeres. Y te doy un nombre, la secretaria de la organización que era una tal Encarna Jiménez, la segunda detrás de mí y que luego cogió el cargo. Me la encontré un día y le hablaba de lo que hacíamos, y resulta que no se acordaba de nada... Oye, fui pensando y llegué al extremo de decirme: «Aquí nadie se acuerda de nada. ¡¡¡A ver si estoy loca!!!». Hasta que salió un trabajo hecho en Salamanca, la *Trinidad Libertaria*, donde se explica el problema del secretariado femenino y la lucha entre la CNT y las mujeres, que los compañeros de la CNT no aceptaban un grupo autónomo e independiente de mujeres.

—Pepita, ¿qué opinas de *Tierra y libertad*, de Ken Loach?

—Me gustó muchísimo, aunque casi no habla de anarquismo. Él es poumista, pero es un hombre muy interesante, muy sincero. Además, todas las películas que hace tratan temas sociales. Vi luego otra suya que habla de la familia y que me emocionó de tal forma que lamenté que se hubiese ido para felicitarlo. Se presentaron unas películas suyas aquí en Francia, pero no pusieron *Tierra y libertad*, así que cuando hubo el debate, tomé la palabra y dije que como testimonio de la guerra civil quería hacerle a Ken Loach un homenaje por la película que había realizado. Los que estáis aquí ignoráis qué ha sucedido durante la guerra de España, y el retrato que está fotografiado por Ken Loach del militar que llega a matar a la miliciana es el retrato exacto de lo que los comunistas hicieron en España. Y es verdad, ¿eh? Y es que los veías y no podías negar que eran comunistas. Le hice este homenaje. Y esto que muchos compañeros decían: «¡Ohhh!, habla poco del anarquismo». Da igual, es como si hubiese hablado de nosotros. Su trinchera y la anarquista, las mismas. Exactamente el mismo caso. Así que me da igual que me diga POUM o que diga otra cosa. Pero la película, no veas; yo lloré todo el rato, desde el principio hasta el final. Muy emocionante.

—Y en Francia, ¿cómo han recibido esta película?

—Los franceses, muy bien. Ha tenido un éxito fantástico. Yo creo que aquí en Francia esta película ha hecho una revolución en el sentido de las opiniones. Han descubierto una España diferente. Ha hecho un gran trabajo. Nosotros también hemos hecho otros trabajos, pero no han sido para el gran público, porque es un documental.

—¿Y qué te contestó Ken Loach?

—Me dijo: «No tengo que recibir el homenaje de Pepita, porque el homenaje se lo devuelvo yo, porque es a todos aquellos que han vivido esta historia de la guerra de España y que la han sufrido en sus propias carnes a quienes tengo que rendir homenaje. Yo, solamente he sido uno que ha trascrito en película lo que ha ocurrido». Exactamente esto dijo.

—Para volver sobre el tema de Mujeres Libres…

—Cuando tú entraste, ¿ya había empezado todo el trabajo del liberatorio de la prostitución? —retomó el hilo Marta.

—Sí, ya había empezado.

—¿Recuerdas anécdotas en las que tú participaras?

—No, de los liberatorios, no. Esto ya lo habían hecho.

—¿Y te acuerdas de cómo funcionaba?

—Justamente habían hecho una escuela de capacitación, las prostitutas aprendían a ser enfermeras, a otras las alfabetizaban. Yo conocí a una que se salió del prostíbulo y se unió con un compañero; fue una compañera excelente…

—O sea, que dio resultados.

—Claro. Hay que decir que Mujeres Libres se formó antes de la guerra, ya lo he dicho. Lo iniciaron las madrileñas Conchita Liaño y Soledad Estoral, y fue un grupo que llegó a tener tanta amplitud que luego tuvimos que hacer un congreso nacional para formarnos como organización. Ya fue una organización, no un grupo de mujeres libres. Esto fue en el 36, cuando la revolución.

—¿El congreso fue en Valencia?

—Sí, fue en Valencia. Se constituyó la organización Mujeres Libres y entonces se formaron en Cataluña y por todas partes Mujeres libres.

—¿Por qué se formó este grupo de Mujeres Libres?

—Hay que decirlo. Estas mujeres pretendían luchar para las mujeres, y por esto nos chocó que la CNT no aceptara esto. Y fue el primer grupo. Porque ha habido otros grupos feministas, pero era el primer grupo dedicado a la mujer trabajadora. Es decir, era para captar a mujeres a las que no les habían dado conocimiento, para que ellas comprendieran su situación personal, para ponerlas al alcance de la lucha social. Esto ha estado en sus estatutos. Dirigido directamente a la clase trabajadora. Aunque, claro, todo el mundo podía pertenecer a Mujeres Libres. Teníamos a Amparo Poch y Gascón, que era médica y pediatra. Casi todas eran intelectuales, las que lo organizaron; menos las de Cataluña, mujeres muy capacitadas pero que no tenían ningún cargo, ni de periodista ni de nada de esto. Yo estaba en el grupo de propaganda y, cuando les hablábamos, ellas no conocían este lenguaje. En lugar de hablar nosotras, les proponíamos el tema y luego las invitábamos a manifestarse y, claro, a través de lo que ellas decían, nosotras continuábamos. No veas, tenían muy bien asentado que ya estaban hartas de ser las mujeres españolas completamente acaparadas por el machismo.

—¿Y crees que esto se puede definir como «feminismo obrero»? —preguntó Marta.

—Yo sí creo que se puede hablar de feminismo obrero. No era lo mismo lo que decían las inglesas, las «sufragistas»; estaban a otro nivel, eran gente que tenía dinero y tenía de todo, su problema era diferente. Se han hecho muchos grupos femeninos, pero con la condición de estar dirigido a la mujer obrera es el único...

—Hablando con otras mujeres del grupo a las que hemos entrevistado, ellas marcaban una diferencia. Se definen como un grupo femenino y no feminista —Marta aportó este matiz.

—Ah, bueno, sí, es verdad, porque feministas son las que llegan al extremo de querer hacer la separación del hombre; femenino en el sentido de que ella lucha por su emancipación personal sin que por ello lleve queja de crearse un grupo solamente. Porque las feministas, atención ¿eh?, ha habido casos de abusos también.

—Sí, pero hay muchos feminismos.

—Ya lo sé, hay que hacer la diferencia. Fue justo en Lión, una vez que participamos en un encuentro, cuando empezamos a hacer la diferencia entre femenino y feminismo. Había italianas, francesas, españolas... y analizamos la diferencia que había entre estos grupos y nosotras.

»Ahora, tengo la cabeza un poco cansada, ¿sabes?

—Yo pienso que tenemos ideas diferentes del feminismo. Marta y yo hemos vivido parte del movimiento feminista de los años 70, y ahora todo el mundo habla de feminismo, más que de movimientos femeninos. Por esto, nosotras nos llamamos feministas.

—Una vez, una amiga me llamó y me dijo: «Hay una reunión entre mujeres. Te invito. Pero no traigas a Moreno porque no queremos hombres». «Ah, entonces no cuentes conmigo», le dije yo.

—Claro, pero esto en Mujeres Libres también se dio. Solo hubo trabajo entre mujeres —puntualizó Marta.

—No, no. Nosotras aceptábamos a los compañeros. Al contrario, nuestro placer era que los compañeros estuvieran presentes.

—¿También escribían artículos?

—Sí, sí, claro. Se podían manifestar, y ojalá se manifestaran todos.

—¿Y qué reacción recuerdas tú, por parte de los hombres, frente a lo que fue Mujeres Libres? Es que de golpe las mujeres se organizan y empiezan a tomar conciencia…

—Bueno, a mí me parece que tuvieron un susto. Me da la impresión de que no nos entendían y nos tomaban el pelo. A veces, en lugar de llamarnos «mujeres libres», nos llamaban «mujeres liebres», que es muy peyorativo…

—¿En qué sentido?

—¿Qué es lo que hace un liebre? Correr, ¿no? Y, por ejemplo, puedes pensar que mujeres liebres son mujeres liberadas, casi putas… vamos, una visión un poco fea. Pero también hay que decir que este movimiento tenía que haber salido antes de que comenzase la revolución, para formar este ambiente que se habría visto durante la revolución. Y salir tan de pronto y con estas ideas tan avanzadas, la mayor parte de los compañeros que estaban en el frente estaban asustados y se preguntaban: ¿Adónde vamos? No se dieron cuenta de que era algo muy importante y lo dejaron de lado. Pensaron: «La guerra está aquí y hay problemas más importantes que el problema de la mujer». No se dieron cuenta de que todo iba unido.

—Claro, porque en cambio Mujeres Libre organizó guarderías, comedores…

—Sí, sí. Incluso trabajaron como conductoras de coches, hicieron de todo. Son ellas quienes organizaron todo esto, y las primeras que dieron la cara en este asunto. Las que cogieron el tren en marcha son las que fueron alzando la bandera. ¿Y nosotras qué? Pues en España hicimos lo más importante con respecto a la mujer. Con este movimiento me di cuenta del valor que estas mujeres habían tenido. Las que fundaron el movimiento.

—Pero para ti la lucha era de los hombres y las mujeres juntos. Entonces, ¿por qué era importante crear un movimiento solo de mujeres?

—Era importante porque, a pesar de todo, en España la situación no estaba avanzada respecto a la liberación de las mujeres. En casa, por ejemplo, el macho tenía todos los derechos, la mujer hacía todos los trabajos de la casa, y él no hacía nada. No es como hacen ahora, que los chicos y las chicas lo hacen juntos, y también cuesta. ¿No? Que los dos tenían que participar juntos en la vida social, en la vida íntima, todo junto. No se veía considerada la mujer como un ente, como un individuo. Sino como una «mujer», con desprecio. Menos cuando la necesitaban en la cama. Allí, ya no, allí era lo mismo. ¿Ves? Y es que, si solamente sirves como objeto sexual, no vale la pena. Allí está el problema.

—¿Qué diferencia notabas tú entre Mujeres Libres y los otros grupos femeninos, como el secretariado femenino?

—La diferencia es que cuando estás en una juventud libertaria, están hombres y mujeres juntos con el mismo fin, y ya está bien especificado en los estatutos y todo. Pero, si muchas mujeres decidieron hacer un movimiento específico femenino, es porque muchas mujeres no entraban si había hombres, porque tenían miedo de hablar. Este es un problema que nos hemos encontrado. Cuando veían que estaban los hombres, se sentían menospreciadas y hablaban más a gusto cuando estaban solas. No en el plan de separarse, sino en el plan de poder manifestar abiertamente sus ideas y pensamientos.

—Hablando de feminismo, esto es lo que se está reivindicando. Reivindicar espacios de mujeres para que no pase esto. Donde la mujer tenga ganas de tomar la palabra.

—Y poder manifestarse, y poco a poco se va cultivando hasta que llega el momento en que no importe que haya hombres, te da lo mismo. Lo que me pasó a mí. Pero había muchas que frente a los hombres no se atrevían a hablar. Y con respecto a la CNT ha habido un mal entendido. Cuando vino Emma Goldman a Barcelona, se quedó sorprendida de esta actitud de los compañeros cenetistas hacia las mujeres. Ella dijo: «No puedo concebir el antediluviano concepto que los hombres de la CNT tienen frente a las mujeres libertarias».

—¿Por qué dijo esto? ¿Qué hacían los hombres?

—Porque se dio cuenta de que estaban atrasados. Ella vino con mucha ilusión, la revolución y todo, y vió que a las compañeras les hablaban un lenguaje, y decía: «¿Cómo puede ser que los compañeros de la CNT no se den cuenta de que están haciendo "el indio"?».

—Nos han comentado varias veces que en Juventudes y en la CNT no reconocían, muchas veces, a Mujeres Libres.

—No, te lo estoy diciendo. Reconocer sí. No se trata de que no nos reconocieran; teníamos amistad y todo. Pero el reconocimiento político era otra cosa. Es decir, que si hacíamos octavillas o hacíamos otra cosa, siempre ponía en los manifiestos, CNT-FAI, y nunca Mujeres Libres. Y nosotras decíamos: «Somos también una rama libertaria». Esto jamás llegamos a conseguir que lo hicieran. No nos concebían como grupo hermano.

—Pero políticamente era un movimiento fuerte, tenía más de veinte mil afiliadas.

—Fue fuerte después. ¡Ahí está! Teníamos fuerza y nuestro estatuto dice, al final, que si alguna vez desaparece la organización Mujeres Libres, todo lo que pertenece a Mujeres Libres pasará a la CNT. Más claro que el agua. Más claro que estamos con ellos no puede haber.

—A nivel concreto, ¿en qué más se notaba esta falta de reconocimiento? A parte esto, que en las octavillas no reconocieran el grupo, pero a nivel concreto, de organizar actividad y pedir apoyo.

—¡Ah, no! Esto nos lo daban. El apoyo nos lo daban. Pero una cosa es una concesión que haces a un hijo, a ver si me entiendes, pero no se trata de una concesión, se trata de un reconocimiento. Y allí está el tener una posición firme o no. No ha sido un problema de rechazo: nos daban máquinas, nos daban todo lo que pedíamos. Rechazo no. Pero lo que nosotras queríamos es que se dieran cuenta de que éramos mayores de edad y de que sabíamos adónde íbamos y lo que éramos. Y este plan no ha sido concebido netamente. Y, como teníamos a Federica que era igual, la voz cantante del sexo femenino en la organización, pues fíjate…

—¿Qué opinión tenía Federica Montseny de Mujeres Libres?

—Yo creo que también nos tomó por medio locas. Tengo esa impresión. Ella dice que sí, pero no la he visto capaz de hacer un gesto para el movimiento. Yo no lo he visto. Y me extrañaba, porque pienso que una mujer como ella, que ha sido una feminista antes de la época y que ha escrito libros en los cuales manifiesta sus ideas… Pero, en fin, también ha dicho cosas que no valen, ¿eh? Como que una mujer que no tiene hijos es como un árbol sin fruto. ¡Hombre, esto no se le puede permitir a una mujer como ella! Ella ha hecho tres hijos, ¿¿y qué?? De un hijo no sabemos qué ha sido de él. Tampoco es culpa de ella, pues los hijos no están obligados a seguir a sus padres. Este es un tema que también debemos tener presente. A veces, en algunas reuniones escucho a unos compañeros que dicen: «¡¡Yo he mamado sangre anarquista!!», como queriendo marcar que su anarquismo viene de lejos. ¡¡Qué va!! Esto lo sientes tú. Yo soy anarquista y en mi familia no ha habido ningún anarquista. El anarquismo no te viene ni por raza espontánea, ni por herencia, ni por generaciones, ni mucho menos; esto viene si lo sientes tú, porque tienes tu sentimiento revolucionario, un sentimiento ante la injusticia. Esto es ser anarquista, porque lo has escogido. ¿No? No porque tu padre ha sido anarquista. Es posible que un hijo de una anarquista sea un verdadero anarquista, también los hay, y uno suele ser anarquista porque su padre lo era. Puede influenciar más o menos. Ha habido casos en los que el padre era anarquista y el hijo fascista. Me parece que no se ha hecho bastante estudio sobre esto: sobre la influencia de la educación libertaria en la vida de los hijos. Y tampoco se ha estudiado mucho cómo las mujeres, en esta sociedad, estamos injustificadamente segregadas.

—Esto pasa en cualquier parte del mundo.

—En cualquier parte del mundo. Yo cuando estuve en Venecia me llevé una gran sorpresa, porque estuve allí en unos debates sobre anarquismo, y tomaba la palabra cuando se trataba de ver el problema de la mujer. Tengo una foto en la que salimos con una gran bandera, que dice «concentración anarquista». Éramos anarquistas todos. Allí no había antifascistas ni nada, solo anarquismo, hay que hacer la diferencia. Era específico. Y teníamos dos locales, y por las noches los debates empezaban aún más fuerte. Resulta que estábamos hablando en la plaza Santa Margarita, y viene una chica joven que no hablaba ni español ni francés, y si dirige a mí. Yo le dije: «Chica, si no me hablas en francés, español o catalán, no sé qué me dices». Era sueca y me estaba preguntando si yo hablaba inglés. «Lo siento —le dije—, no hablo inglés». Y resulta que a nuestro lado había un chico y una chica portugueses, que hablaban en inglés y en español. Y dijo el chico: «La chica quiere hablar contigo porque te ha oído en el debate de mujeres, y quisiera preguntarte varias cosas». «¿Y cómo vamos a hacerlo?» El muchacho respondió: «Ella habla en inglés, y yo te voy a traducir al español». Y montamos un debate que no veas, se armó espontáneamente, y la chica me contaba que era una idea errónea que teníamos de pensar que en Suecia estaban tan avanzados en el tema de las mujeres. Y se quedaba maravillada, con la edad que tenía yo, de cómo hablaba sobre el tema. Ella decía: «Todo el mundo cree que en Suecia todo marcha igual, y tenemos problemas con los hombres. No está tan avanzado como la gente se cree. Es mentira». Yo le dije: «Yo tampoco estoy sola, porque mis antepasadas también han hecho esta liberación de la mujer. Yo soy una de tantas. Lo que ha dado la casualidad es que ha sido durante la guerra de España, y que ha tenido más eco, ¿no? Pero hay otras que lo han hecho antes que nosotras, por ejemplo Flora Tristán fue una que avanzó en el sindicalismo y todo. Esta mujer también hizo mucho para que la mujer avanzara…». Así empezó un debate fantástico, uno hablaba, el otro hablaba y fue más válido que los que habíamos hecho en el local de la Arquitectura.

—Más informal y más bonito.

—Más informal y más íntimo. Ella me abrazó y me dijo: «Estoy contenta, por la edad que tienes, por la manera en que concibes el problema de la mujer». Bueno, me hizo ilusión. Yo también tenía la idea de que en Suecia estaban más avanzados en este aspecto. No, no: igual.

—Nos contabas que, en un debate, te encontraste con Federica Montseny.

—Sí, fue en un debate en el que se trataba el problema de la mujer. Algunas mujeres se quejaban porque decían que no se sentían bien atendidas como mujeres, y ella dijo que no estaba de acuerdo con la separación de la lucha de las mujeres. Esto ella lo ha dicho siempre. Que es juntos como tenemos que combatir. Ella dijo que no había encontrado nunca una discriminación tan fuerte hacia las mujeres para que justificara este separatismo. Y ¿cómo haces para combatir si están anclados unos prejuicios que no se van? Tienes que buscar el medio. ¿No? Y el medio era, justamente, defendernos a nosotras. Y entonces le dije: «Tú hablas muy bien porque vienes de una familia en la que te han criado a ti como a una líder. Los compañeros te respetan como líder por tus capacidades, de acuerdo, pero respecto a la mujer estás equivocada, porque una cosa es la práctica y otra cosa es la teoría. Tú no has tenido problemas y nunca los tendrás, porque todos te respetan». Cuando hablaba Federica, ningún compañero militante se habría atrevido a contradecirla, a ver si me explico. «Pero las demás, no. Las demás también somos militantes y tenemos problemas, y es esto lo que se discute aquí —le dije—. Los problemas que tenemos las militantes de la CNT con los compañeros cenetistas no deberíamos tenerlos. Y, si se ha formado el movimiento de Mujeres Libres, ha sido precisamente porque es algo que no se ha solucionado. ¿Comprendes?».

—Y ella, ¿cómo reaccionó?

—Bueno, no le hizo mucha gracia, pero esto, en fin, era la verdad.

—Es muy curioso que ella, siendo anarquista, llegara a ser ministra de Sanidad. ¿Fue estando ella cuando salió un decreto para el aborto?

—Sí, fue cuando estaba ella, pero ella no impulsó nada. Fueron Mujeres Libres quienes casi se lo impusieron. Lo hizo a gusto, atención, pero no vino de ella. No fue su idea, fuimos nosotras. Fueron las Mujeres Libres quienes lo propusieron. Y el aborto fue libre y gratuito.

—¿Esto fue aprobado en el 36?

—En el 36, sí.

—¿Nos puedes contar algún caso concreto, de alguna compañera, que recurriera a este decreto para abortar?

—El de esta que se vino conmigo a Francia, acababa de tener un aborto. Y fue libre y gratuito. Se quedó embarazada y, como estábamos en guerra y no quería ni chiquillo ni nada, se le práctico el aborto en la clínica, gratuito y libre, sin ningún problema. Sí, sí, en el 36 se hicieron varios. Bastantes, sí, sí.

—Antes, ¿dónde iban a abortar, las mujeres?

—Antes, esto estaba condenado. Si se enteraban, las mujeres iban a la cárcel. Es que son unos falsos, porque pagando se hacían y no decían nada. Si tenías dinero, podías abortar; si no tenías, no podías hacerlo... como está pasando ahora. En lugar de ir *pa'lante*, hemos ido *pa'atrás*.

»Ahora os enseño un artículo que escribí en el 77, cuando ya se había muerto Franco. Que el Parlamento está estudiando una nueva ley por la libertad de confesión: libertad por el divorcio, libre constitución de movimientos políticos, nada sin embargo estaba saliendo contra la ley de adulterio, que habían hecho una ley contra el adulterio, grave, ¿eh? Esperemos, sin embargo, que a pesar de todo y a pequeños pasos, la libertad cogerá el paso sobre la reacción. Esto escribí yo.

»También escribí algo sobre una fábrica. Ahora os cuento. Resulta que unas cuantas mujeres habían sido despedidas y, por la presión de los sindicatos —presumo que fue por eso—, ellas fueron reintegradas. En la fábrica, el patrón no encontró nada mejor que castigarlas por haber conseguido su reintegro en la fábrica. Lo hizo de la manera siguiente: todas, cara al muro, sentadas, y durante quince días. Las castigó de cara a la pared. Esto está escrito en un periódico de España, no es un cuento. Y aquellas chicas fueron a Radio Barcelona a expresar sus quejas, por lo que les pasaba, y estaban impactadas. No me imaginaba hasta qué punto se debía trabajar en España, ni en qué condiciones la mujer estaba sometida. Este hecho aclara la situación de las mujeres, allí. Es de gran importancia entender esto, para emprender la lucha. En la España democrática, después de Franco, en el 77 estábamos en el mismo lugar.

»Ahora os leo un texto que me pidieron para un periódico:

«El texto que ha sido escrito aquí por Pepita Carpena, que fue una militante del grupo Mujeres Libres desde el 36 hasta el 39, para contribuir a un debate sobre el problema de la mujer y de la relación entre militantes. La militante Pepita Carpena en el exilio, desde hace 40 años, no ha cesado ni un momento el combate que ella había empezado en las filas de Mujeres Libres. La España no ha evolucionado mucho en el curso de los 40 últimos años, así como no ha evolucionado la relación entre hombres y mujeres militantes, entre padres e hijos. El texto que sigue es a la vez un testimonio histórico, inédito, en el combate de una mujer libre».

Y aquí explico:

«La necesidad de un momento específico femenino se ha hecho sentir con tal fuerza, durante la guerra del 36, por la gran efervescencia de actividad que reinaba en plena guerra civil. Sin embargo, muchas de nuestras amigas que habían tomado conciencia muy temprano de su condición de doble esclava en tanto que obrera y en tanto que mujer, sobre todo, estaban integradas al movimiento sindicalista CNT, que reunía las mejores condiciones de ideolo-

gía para estas mujeres libres de todo prejuicio. Cosa rara en la época para las mujeres. Nuestra lucha sindical ha seguido en la FIL, donde discutíamos de todos nuestros problemas concernientes también a nuestra condición de mujer, tanto los problemas sexuales, cuanto los problemas sociales. La cultura tomaba una gran parte en nuestras actividades, para no olvidar que en la época eran raras las que podían hacer estudios, y la mayor parte de nuestros compañeros y compañeras habían simplemente aprendido a leer y a escribir. Casi todos, a los doce años, teníamos que irnos a trabajar. La condición obrera era lamentable, así que, solas y autodidactas, hemos adquirido los conocimientos elementales que nos faltaban. La mayor parte de nosotras se formó en el movimiento femenino de Mujeres Libres, y consideramos que la lucha tiene que ser de hombres y de mujeres. Primero la lucha obrera, la que más urgía, y en seguida cada uno de nosotros en nuestro entorno mismo, en los hogares, en la vida de todos los días. Teníamos que extirpar los prejuicios que daban de tantos años de costumbre y de educación cristiana. Esto es lo que muchos de nuestros camaradas han procurado hacer. Nosotros hemos conseguido, en los sindicatos, imponernos un poco en cuanto militantes, pero imponer la emancipación total del individuo, esto era otra historia. Es lamentable constatar que estos mismos compañeros que eran tan buenos militantes, dejaban de lado el problema de las mujeres, considerando que ellas no eran lo suficientemente capaces de comprender los problemas. Cuando, a veces, se dirigían a ellas, era siempre con un aire condescendiente, casi como un favor. Esto se ha sentido profundamente a medida que las discusiones se tenían en nuestros centros, y los compañeros tomaban más y más conciencia y que se percibía entonces la separación que existía entre los dos sexos, debido al prejuicio difícil de hacer desaparecer. Y esto incluso en nuestros más jóvenes compañeros libertarios, yo tendría muchas anécdotas que contar de mi periodo pasado en la Juventud Libertaria, anterior a la guerra del 36, y al principio de esta. No es este mi propósito de hacerlo en estas críticas, porque también muchos han mal comprendido y asimilado esto también del amor libre. Las jóvenes mujeres, cansadas ya de todas las cadenas que las reprimían, respiraron fuerte, por la liberación. Los ateneos se llenaron, los sindicatos también. Un gran trabajo comenzaba para todos nosotros en la plenitud de nuestra revolución. En el 37, en un congreso de la FIL, se decidió crear un grupo femenino, y muchos de nosotros no estábamos de acuerdo, tanto más que existía un movimiento femenino de Mujeres Libres, con las camaradas Lucía Sánchez Saornil, Mercedes Comaposada, eran las fundadoras del movimiento habiendo sentido la necesidad de su creación. Muchas mujeres vacilaban todavía a manifestarse, a causa de esta "superioridad masculina" que tenían los compañeros, sin que ellos mismo a veces lo percibieran. A veces, lo hacían sin darse cuenta, que se pensaban superiores. Muchas de nuestras militantes fueron a ingresar en las filas de Mujeres Libres, y yo entre ellas. No era muy partisana de estar entre nosotras, esto me parecía algo peyorativo, pero luego he comprendido el gran trabajo realizado entre nosotras.

»Podíamos darnos cuenta de lo que no iba bien entre nosotras mismas, las compañeras, que nuestra emancipación dependía, sobre todo, de nosotras. Un gran período de emancipación ha seguido un gran período de puesta en cuestión permanente, todo lo que justamente las mujeres del 1977 han pedido y han adquirido a fuerza de voluntad, y nosotros ya en el 36 lo habíamos previsto. No hay que olvidar que el gobierno de la República dio a las mujeres el derecho al aborto libre, cosa que en Francia solamente ha sido concedida en el 76. Y a fuerza de luchas llevadas a cabo por estas mujeres admirables, que lo han dado todo por la causa de las mujeres, muchas veces mal comprendidas, y no siempre admitidas, los compañeros de la CNT nos han tolerado pero no admitido en su seno».

Yo creo que esta época, llevada por todos los problemas con la guerra, con la lucha política, ha dejado de lado lo que ellos consideraban de poca importancia. Sin embargo, nadie puede olvidar el inmenso rol que la mujer pudo aportar en el hogar, en tanto que compañera, en tanto que individuo. Nuestra perseverancia ha hecho que nuestras compañeras hayan empezado a interesarse por nosotras. Muchas han comprendido que su emancipación dependía de sí mismas, un gran paso ha sido hecho en nuestras luchas, lo que ha permitido seguidamente que nuestras jóvenes compañeras de hoy sean más integradas y comprendidas. La nueva generación ha visto luchar juntos a hombres y mujeres, lo que les parecía imposible e incoherente ayer hoy parece normal, y es casi anormal hablar de prejuicios que nosotras hemos encontrado al largo de nuestra vida militante.

Muchas mujeres han dado el paso de "simples mujeres de militantes" a militantes-militantes. Esto que me habéis dicho vosotras, que ha habido mujeres hijas, o mujeres de militantes. Esto también lo señalo, lo digo claro aquí. Ahora me cuesta traducir el artículo del francés, hacer la frase exacta. Yo también lo he aprendido como autodidacta.

Luego cito el mitin del 2 de julio en Barcelona, cuando habló Federica Montseny, pero después habló otra compañera de Mujeres Libres; compañera, sí, aunque nosotros también decimos «camarada».

—En Italia, los camaradas son los fascistas.

—Allí está la equivocación. Nosotros decíamos más «camarada» que «compañero», bueno. Del mitin digo que han hablado mujeres y que han dejado en un lugar muy alto nuestro sexo, y yo estaba orgullosa y contenta de lo que habíamos sembrado. Aunque, en nuestros días, muchos de nuestros camaradas aun no han podido deshacerse del complejo de superioridad que está anclado en sus costumbres. Creo que estas cuatro líneas podrán esclarecer los pasajes de nuestra lucha y que se comprenderá el trabajo realizado por nuestras compañeras que han luchado con perseverancia y tenacidad para que la condición femenina mejore y para que siga una evolución natural. Creo que nuestros compañeros, que han olvidado un poco estos problemas, volverán de nuevo a planteárselos. Ninguna lucha se puede hacer sin todos los elementos juntos. Los partidos políticos lo han comprendido muy bien, ellos, y es porque quieren poner a cualquier precio a la mujer donde puedan. Incluso si se sirven de ellas solo para fines políticos. Las ponen porque les interesa, porque si no tampoco lo harían. Debemos ser lógicos con nosotros mismos, con nuestras concepciones libertarias, estas cuestiones no deberían incluso plantearse en nuestros medios. El hecho de que me las cuestione yo misma quiere decir que algo no funciona muy bien en nosotros. Pongámonos los problemas honestamente, tiremos la enseñanza que esto implica, juntos. Y un gran paso será hecho por la causa de la revolución.

—¡Muy bien! —aplaudió Marta cuando Pepita llegó a este punto.

—Escuchando esto me pregunto si, cuando entraste en Mujeres Libres, dejaste de militar en grupos mixtos o seguías la doble militancia.

—Cuando me dediqué a hacer giras, ya tenía menos contacto con los compañeros, y esto ya casi hasta el momento de la retirada.

—¿Esto fue por falta de tiempo o por otra cosa?

—Fue por falta de tiempo, no por otra cosa. Pero, como os he dicho, esta lucha me guiaba y me entusiasmaba, y me llevé muchas sorpresas de aquellas mujeres que tenían un conocimiento que no me esperaba, y me integré completamente en la lucha de las mujeres, ¡completamente! Pero, como había militado desde muy jovencita, no podía dejar de lado la lucha con los compañeros. Seguía mi amistad con los compañeros. Y en aquella época, del 36 al 37, me pasa como a Federica Montseny, los compañeros que yo conocí militando me han respetado siempre. Personalmente, yo con ellos no tenía ningún problema; ahora bien, también hay que hacer una diferencia: sindicalista y anarcosindicalista no es lo mismo. Hay muchos hombres que eran sindicalistas porque iban por la lucha social, y para ser anarquista hay que tener la boca muy ancha para decirlo; y poder seguir una lucha de militantes anarquistas cuesta mucho, porque son muchos sacrificios y es allí donde cabe esto de justificación. Pero esto no impide que las compañeras que se encarguen de hacer la liberación sean firmes en la lucha.

—Pero había mujeres que solo militaban en Mujeres Libres, sin estar en el movimiento libertario.

—Yo creo que casi todas estábamos en la CNT. Bueno, puede ser que alguna entrara solo por Mujeres Libres. Yo no las he conocido a las veinte mil que entraron en el grupo. Pero todas las que venían estaban bastante entusiasmadas y vieron algo nuevo, y efectivamente era lo que había. Toda la labor que realizamos fue inmensa. Yo entré y me entregué. Pero no he sido yo sola la que ha hecho el trabajo. He sido una de tantas, una anónima que ha ido a ingresar en las filas de Mujeres Libres.

—Antes nos comentabas que las mujeres que ingresaban en el grupo de Mujeres Libres se acercaban al anarquismo y se alejaban del comunismo.

—Sí, claro. Naturalmente, dado que los objetivos de las fundadoras eran integrarse en la lucha social de la CNT.

—Porque también había movimiento femenino de grupos antifascistas.

—Esto sí, pero no tenían nada que ver con nosotras.

—¿En qué sentido? ¿Por qué?

—¡Por qué no! Lo nuestro se creó antes de la guerra, con la posición bien vista de anarquismo. Y esas mujeres se aprovecharon de la situación que se vivía en España durante la revolución. Yo no veía que fueran directamente al fondo de la emancipación total de la mujer. Era como un escaparate que decía: «Nosotras somos feministas y luchamos para la liberación de las mujeres». Yo las he percibido así. Nosotras, lo que hacíamos lo hacíamos convencidas en nuestra buena lucha.

—En Mujeres Libres, ¿había alguna pareja de lesbianas? Nos interesaba saber si se hablaba del tema, si había transparencia.

—Nunca se hablaba de eso.

—¿Pero se sabía?

—Hombre, yo sí que sabía algunos casos. Y tuve la idiotez y la ingenuidad de hablar de esto en el vídeo.

—Sí, lo sabemos.

—A Lisa y a Carol les dije: «Me habéis cogido porque esto a mí me trajo una lucha que no veas, porque dije que había lesbianas, que había una lesbiana». No, dije que Lucía Sánchez Saornil era lesbiana. Que es la verdad. Y a mí, joven, me llamó la atención porque lo asumía ella, lo asumía pertinentemente. Y ellas me cortaron cuando hablé de lesbianismo, porque lo que digo después es que nunca vi a Lucía Sánchez Saornil ni hacer propaganda del lesbianismo ni mucho menos. Jamás, jamás he visto yo a Lucía hacer propaganda del lesbianismo. Ella asumía el suyo, y punto.

—¿Pero se notaba? ¿Se sabía?

—Seguro que se notaba. Yo veía algo distinto y no comprendía. Era joven yo, y veía que ella lo asumía y la aprecié más aun, por la mujer capaz que era, por asumir esto contra los prejuicios que había en aquel entonces en España… y que hay aún, ¿eh? De asumir y ser capaz de hacer estas luchas que llevaba con los compañeros, siempre.

—Y Lucía, ¿también quería que los hombres ingresaran en Mujeres Libres?

—Sí, sí. Ella consideraba que era aparte, pero que todos juntos teníamos que hacer el mismo trabajo. Luego perdimos la guerra y hubo la retirada. Posiblemente, si hubiese durado mucho más tiempo esta libertad, habríamos luchado mucho más. Luego vino el exilio, y todo lo que hemos pasado en el exilio. Esto ya es un capítulo aparte.

—¿Piensas que, si la Lucía Sánchez Saornil hubiese declarado públicamente que era lesbiana, podría haber pasado algo?

—No, no creo. Había un ambiente de tolerancia. Me parece que las mujeres estábamos más avanzada que los compañeros.

—Y, según tú, ¿por qué no lo hizo?

—Tal vez porque era su vida privada, y él que no quiera no tiene por qué hacerlo. Lo asumía, pero nunca dijo públicamente «yo soy lesbiana». Porque finalmente este es un problema sexual, y cada uno vive su sexualidad como mejor le conviene, que es lo que contesté en Bilbao cuando hubo un debate con un inglés que me preguntó: «¿Vosotros que pensáis de los homosexuales?». Quería meterme en un aprieto. Y le dije: «Escucha, yo tengo mi sexualidad personal y no veo por qué en un sindicato tengo que hablar de sexualidad. Yo aquí hablo de lucha social, la sexualidad cada uno la asume a su manera. Ahora bien, si tú me dices que hay uno que está perjudicado por ser homosexual y que vaya a ayudarlo, estoy de acuerdo. Pero no estoy de acuerdo en que tengamos que reivindicar la homosexualidad. Cada uno reivindica la suya». De todos modos, no haré ninguna mala pasada a nadie que sea homosexual ni nada, esto yo lo asumo muy bien; pero no como ahora que quieren unirse en pareja. ¡Qué se unan! ¿Por qué tienen que legalizarlo?

—Pero sin una ley hay discriminación de derechos afectivos, laborales, sociales…

—Esto pasa igual con la unión libre: ¡no tienes derecho a nada! Yo tuve problemas con el nacimiento de mi hija la pequeña, porque no estoy casada con mi compañero, así que fue un problema reconocerla hasta que no cambió la ley. A mí no me importaba. Para mí era mi hija y punto, pero para ella era importante eso. Y a veces venía una psicóloga y cada vez me buscaba un follón, y yo le decía: «No me busques más follón, que nosotros tenemos nuestra manera de vivir. Si buscas la legalidad, no la busques aquí».

—Sara Berenguer nos comentaba que, durante la guerra civil, a veces la gente se casaba de una manera informal, y luego había problemas cuando necesitaba los papeles legales. Si no estás cansada, ¿podrías traducirnos del francés la otra parte de tu artículo?

—Sí. En el otro artículo he hablado de los problemas femeninos de la España del 36 al 39 y de ciertos hechos del movimiento libertario: CNT, FAI, FIL y Mujeres Libres. Cuarenta años después, durante uno de mis viajes, esto me incitó a ser más consciente de la condición femenina actual. Todo el mundo sabe la terrible represión que ha vivido el pueblo español durante la dictadura de Franco, donde el ser humano no valía nada… imposible hablar, imposible protestar. ¿A qué viene, en todo esto, la lucha de las mujeres donde las leyes ancestrales la consideraban un ser inferior? Reminiscencia de la dominación árabe durante siete siglos, las mejoras que habíamos obtenido durante nuestra lucha, y esto antes del 36, estaban completamente abolidas. «*Quiero hablar de la ley del aborto libre, del divorcio y de la independencia de las mujeres. Hoy, en 1977 yo, como española siento vergüenza al decirlo, las mujeres siguen dependiendo de unas leyes establecidas por el régimen franquista y por los hombres. Y hay mucho machismo en España, palabra que se puede traducir con "fallocratismo", en Francia. Las mujeres adúlteras son pasibles de una pena de prisión si el hecho está constatado y si el señor y maestro lleva una denuncia. La inversa no está considerada; es decir, el hombre sí, pero la mujer no. Por esto, os digo que la cuestión de lo femenino la llevo desde ya hace tiempo. Dicho de otra manera, el hombre puede, como le convenga, fornicar con quien quiera y cuando le interese, y la mujer no. Una ley que en 1977 debe de hacer sonreír a algunos, a pesar del cambio del país después de la muerte de Franco, y de la ayuda de los partidos democráticos que se han manifestado en las plazas, comprendido el Partido Comunista, estas leyes no son abolidas. La mujer aún hoy no ha ganado el título de ser un individuo a partes enteras. Parece que esta apertura democrática sea una falsedad, porque parece que todo ha quedado en el mismo lugar, como estaba antes*».

»*Todos los pilares del franquismo están allí para frenar todo lo que pueda parecer un cambio revolucionario. El pilar más sólido es la Iglesia, que tiene una gran influencia sobre la familia, las parejas y las costumbres. Sin dejar ningún derecho a casarte civilmente, antes tenías que pasar por la Iglesia. Esto era aún en el 77. Ahora se puede, pero antes no se podía. El cansancio se ha manifestado inmediatamente, y muchos grupos de diversas confesiones políticas han aparecido. Yo me limito a citar solamente el de Mujeres Libres, en el cual yo he militado anteriormente. Todas las mujeres tienen un rol que desempeñar en la futura España democrática, y hoy no se puede hacer nada importante sin contar con ellas. En 1977, numerosas mujeres aun no trabajaban en España, era el hombre quien llevava el dinero a la casa, al hogar, la mujer quedaba como sirviente; muy amada, quizás, pero sirviente al fin y al cabo. Yo no quiero así entablar el derecho de la mujer al trabajo, teniendo en cuenta los problemas de los niños, etcétera, etcétera. Hay opiniones a favor, y otras en contra. Pero lo que me anima es la libre decisión de la mujer, que sea ella quien evalúe su satisfacción personal. Para sentirse libre hay que trabajar fuera de la esfera familiar, en contacto con otros individuos. Es imprescindible que la mujer se dé cuenta de que no* es una esclava y de que no tiene que estar con un patrón déspota. *Durante mis viajes a Barcelona, pude constatar el gran deseo del despertar femenino. Estas mujeres encontraron en nuestros camaradas masculinos los mismos tabús y prejuicios que no han sido abolidos, la resistencia masculina a darle su identidad.*

»He podido hablar con muchas de estas jóvenes llenas de entusiasmo e ideas, que sintiéndose adultas no quieren de ninguna manera estar sujetas a este paternalismo, venga de donde venga. Ellas necesitan la discusión de igual a igual, pero no los consejos. Y sienten también la falta de una generación intermediaria, esta que tuvo que dejar el país natal y exiliarse, y que se ha dispersado en todo el mundo. Exiliadas y muertas, después de cuarenta años de silencio y represión. La vuelta de los exiliados a su país no ha estado nunca bien vista, y no me explico por qué. Yo creo que estos exilados honradamente pueden dar muchos consejos a los jóvenes, como padres que ven que sus hijos se han hecho grandes. Y después nuestros enemigos están allí, esperando, espiando, temblando, que este pueblo que han sometido no levante de nuevo la cabeza y tire por tierra todo este edificio que han construido. Que ha dejado un gran impacto en todos los países europeos, incluso en América, y esto a pesar de los esfuerzos de la reacción alguna cosa ha filtrado en España. Los esfuerzos de la Iglesia han sido impotentes para ahogar todo esto, a pesar de la represión que se siguió. Esta fuerza a veces explota en todas partes, el deseo de romper con todas las cadenas, y yo lo comprendo. Se debe reflexionar sobre todo esto. Estas mujeres tienen que luchar contra todo y todos, contra estos prejuicios terribles que las quieren esclavas… como en el episodio que os he contado antes del patrón que puso a sus obreras durante quince días de cara a la pared. Ha habido denuncias de estas chicas, para este sinvergüenza, y Radio Barcelona ha dado la información que me ha dejado tiesa, pasmada. He querido contar este hecho que pone en evidencia la situación: que tiene gran importancia la lucha que se ha de sostener en la España democrática posfranquista. Y ahora acabo de escuchar en la radio que el Parlamento quiere aplicar una nueva ley para la libertad de confesión, para el divorcio, y para libres constituciones de movimientos políticos. Nada aun sobre el problema del adulterio; esperemos sin embargo que, a pesar de todo y a pequeños pasos, la libertad tomará el lugar de la represión.

—Este artículo se ha de traducir bien y publicar.

—Sí, porque aquí está explicado todo el movimiento y todo. Además lo han publicado en un periódico francé,s y los compañeros franceses me han dicho: «Tú, que has sido militante allí, a ver si puedes escribir algo para dejar tu testimonio a las nuevas generaciones». Y esto es importante, ¿eh? Porque está dicho por una que ha vivido en los años treinta, y en el 77 aún estaban sometiendo en España a las mujeres en todos los aspectos.

—Después de la guerra y el exilio, ¿ha habido otros grupos de Mujeres Libres? En el 61, creo, se reedita el periódico, desde Londres.

—Sara Berenguer está más al corriente de esto, porque yo en aquellos momentos estaba militando en CNT y, como aquí en Marsella no había compañeras susceptibles, yo estaba sola, las otras eran las que tú dices: compañeras de compañeros, hijas de los otros, y no estaban motivadas como yo. Cuando les hablaba de Mujeres Libres no les interesaba. En aquellos momentos teníamos mucho trabajo aquí, éramos muchas, hacíamos teatro, hacíamos giras, estábamos de lleno en lo que es la militancia de aquí, hacíamos mucho trabajo.

—¿No participaste en ninguna publicación?

—No, nunca. No escribí hasta después.

—Y, ahora, ¿sigues en contacto con Sara y con las otras mujeres?

—Sí, ahora sí. Con las de Madrid, con Concha Serrano; con todas ellas, sí. En el 93, participamos en un debate en Barcelona, y también salío un libro. En el libro hay un capítulo que se llama: «Feminismo y posfeminismo», en el cual participé. Ya te lo enseñaré. Mira, aquí habla de mí:

«La antigua experiencia de Pepita Carpena de un movimiento feminista y del proletariado Mujeres Libres durante la guerra de España parece muy avanzado, si una tal expresión tiene un sentido. Esta manera de poner los problemas necesita una organización femenina independiente, los contactos con los partidos y las organizaciones reclamando una revolución, algo que no se encuentra entre las feministas italianas y francesas. Supone una puesta al día de la familia, una reflexión sobre las ideologías de izquierda, de prácticas exclusivamente masculinas en los dominios políticos y científicos, de mujeres de países que están subdesarrollados. La familia es aun, y a pesar de todo, el refugio contra los efectos destructores de la tentativa de industrialización. Las clases obreras existen aun apenas como fuerzas políticas, y en la mayor parte de casos los partidos únicos quieren controlarlas. A pesar de esto, la inmensa voluntad de cambio de mujeres aparece una fuerza política potencial que intentan utilizar o recuperar en un sentido conservador».

—Está bien que tú no tengas ningún problema en utilizar la palabra feminista, porque ahora mismo está dotada de un significado que no siempre es positivo; aunque, claro, para nosotras lo es así. Lo mismo sucede con las otras personas que hemos entrevistado, incluso de Mujeres Libres, que parecía que tuvieran miedo a la palabra «feminista» y preferían el término «femenino».

—Yo no le doy tanta importancia a esto, porque como está tan claro en mi mente, no veo por qué tengo que insistir.

—La opinión común es que las feministas son las que rechazan a los hombres, pero la cosa no es así —especificó Marta.

—El feminismo es un movimiento enorme —aclaré yo.

—Allí está. Y todo lo que hagan está bien.

»Ahora les enseño un libro que ha sido publicado en el 83, y les digo. Vino un chico americano y preguntó algo sobre el mayo del 37 y, como yo conocía a muchos compañeros aun vivos, le pude conseguir testimonios directos de compañeros que habían vivido el mayo del 37. Le di mi testimonio, y mi compañero, el suyo; en fin, estuvo muy contento de lo que le di y se fue. Este chico vivía en Texas, y resulta que un día recibí una carta suya en la que me decía: «Pepita, a pesar que no te he escrito nunca, tengo un maravilloso recuerdo de ti, etcétera, y tengo la sorpresa inmensa de que ha sido publicado este libro con la entrevista que te hice. Aquí está tu nombre». Bueno, me hizo gracia. Y dado que habéis entrevistado a las otras mujeres de Mujeres libres, ¿a qué conclusión habéis llegado?

—Sara nos remarcó, también como lo has hecho tú, que al principio a ella le costó entrar en el grupo de Mujeres Libres, que hubo un caso concreto de algunos compañeros que se estaban riendo de la reunión que se había convocado. Y que ella, justo a partir de allí, decidió quedarse en el grupo de mujeres.

—Sara dice: «¿Y por qué una mujer ha de opinar igual que un hombre?». Los hombres ya sabían que podíamos opinar, el hecho es que ya no querían. No querían que la mujer avanzara. Ellos consideraban que no era válido este movimiento. Y perdieron la ocasión de hacer un trabajo positivo, no se dieron cuenta.

—En estos días hemos entrevistado a unas diez mujeres, pero la mujer más radical puedo decir que eres tú. La única que ha puesto en discusión su misma vida privada en su lucha política. Se siente que has revolucionado tu vida real y concreta. Tú, como autodidacta, que has cambiado completamente tu vida.

—En mi propia vida he hecho exactamente lo que siempre he teorizado.

—Es que muchas veces las mujeres tienen miedo a decir lo que piensan para no ofender al hombre, para quedar bien.

—Ah, no, yo esto no. Yo con mi compañero he sido clara y siempre le he dicho «yo soy yo y tú eres tú». No voy a cambiar para quedar bien contigo. Y otra cosa, si tengo que pelear con mi compañero, incluso para un pequeño detalle de la vida familiar, lo hago. Mejor así, clara y directa, que llegar a ser una persona que esconde las cosas. Porque esto es importante. No es que lo domine, no, no llego a esto.

—Es que estas plasmando tus propias reflexiones en tu funcionamiento cotidiano, y esto es muy difícil.

—Pero esto lo he obtenido constantemente con nuestras luchas, y ha sido un estímulo para los dos. El cemento que ha hecho que cuajen justamente nuestros diferentes caracteres.

—Se nota que tu compañero parece un hombre que se cuestiona las cosas. Pero, además, se nota que tu forma de ser la tienes con todo el mundo, y no solo con él.

—Yo no hago concesiones.

—No estás autorizando a nadie en ningún momento. Decir lo que le dijiste a Federica, en un momento dado, no creo que lo habría hecho cualquiera. A mí se me ocurre otra cosa: ¿alguna otra mujer miembro o fundadora de Mujeres Libres, que tú recuerdes, tiene esa afinidad de principios?

—Hombre, si te digo la verdad, había una que se llama Jacinta Escudero, que fue la secretaria de la federación local de Mujeres Libres, y era muy «entera» ella. Nos hemos perdido de vista, y no sé si está muerta ni viva ni nada. Luego, otra compañera que sí estaba conmigo en el campo y que después se fue a España, porque estaba aburrida de los sufrimientos y de todo. Escribió que había llegado, y jamás hemos sabido de ella. No sabemos si la mataron, si no la mataron.

—¿Y las fundadoras, como Mercedes Comaposada?

—Es que era mucha la diferencia de edad, y la consideraba una pedagoga, una maestra. Pero no he podido conocerla lo suficiente como para atar cabos. Resulta que Sara ha tenido más contacto con ella, a causa de la revista que han hecho en Londres y todo esto, y yo conservaba de ella una imagen de una mujer muy entera. ¿No? Pero luego me he dado cuenta que no era tan entera como yo me pensaba porque resulta que, cuando yo dije esto en el vídeo sobre la homosexualidad, esto tuvo muchas migas.

—Me lo imagino.

—Y los compañeros de la CNT empezaron con que no debía haberlo dicho. Y yo respondí: «Yo lo he dicho, y yo lo asumo». Y justamente esto lo dije porque me llamó la atención la actitud de aquella mujer que asumía su homosexualidad y que nunca hacía propaganda para que las demás hiciéramos lo mismo. Nunca, nunca se le ocurrió. Y todas, incluso la Antonia Fontanilla, me dijeron lo mismo: «No tenías que haber dicho esto». Escucha, yo lo asumo y basta.

—Hemos visto este vídeo con varias mujeres, en Barcelona. Y todas te han felicitado por el valor que has tenido en asumir una cosa tan importante.

—Lo mismo me dijo la americana: «No hemos llegado a conseguir que nadie diga nada. Y es muy importante, porque hay muchas lesbianas que parece que tengamos miedo». Yo no tengo miedo, a mí me da lo mismo que venga una lesbiana a mi casa o que no venga, me da lo mismo, yo lo asumo. Cuando tuve que hacer un debate, en París, me llamaron los anarquistas franceses, resulta que se enteró Mercedes Comaposada de que iba. También estaba Soledad, la chica que me salvó la vida, y se enteró. Y me llama por teléfono Mercedes, que nunca me había telefoneado ni se había interesado por mí, y empieza a dar rodeos y rodeos. Yo ya vi por dónde venía y entonces le dije: «Mira, Mercedes, ¿de qué quieres hablar? ¿De la homosexualidad de Lucía Sánchez Saornil?». «Ah —dijo— es que nadie lo sabe esto». «¿Cómo que nadie lo sabe? Porque tienes que esconder un hecho que es una realidad. Además, ¿por qué tenemos que esconderlo? Si a nosotras nos da lo mismo. ¡No es ninguna vergüenza! Yo lo asumo, ¿eh? Si me preguntan en París algo sobre el tema, ¡yo lo asumo! Mira, Mercedes, hace tantos años que no nos hemos visto… Cuando tú me conociste, yo era una chiquilla y tú una mujer ya granada, y te he conservado como una maestra que fuiste para mí. Pero ahora no olvides que ya soy abuela. Muchos años han pasado y he tenido tiempo de hacer una evolución en mi vida. Así que, ahora, todo lo que me puedas decir tiene que ser de igual a igual». Esa fue mi contestación. Llegamos a París, yo había quedado en ir a ver a Soledad, y la obligué a que viniera a hablar al debate, porque ella era una de las fundadoras. Y resulta que en el debate dijo unas cosas que me sorprendieron, como que nos llamábamos Mujeres Libres pero que en realidad no éramos tan libres, una cosa que me sorprendió y me molestó.

—¿En qué sentido?

Marta comenzó así la respuesta:

—Creo que en el de siempre. Que erais libres pero no «libertinas», cosas así.

Y la continuó Pepita:

—¡Exacto! ¿Qué quiere decir esto: libres pero no libertinas? Esto es una tontería. Justificarlo, ¿qué vamos a justificar? Y, aunque fuera verdad que éramos libertinas, ¿qué le importa a nadie? A ver si me entiendes, lo que sientes hay que asumirlo. Y un compañero me dijo: «Pepita, estaba enferma tu amiga. Ya teníamos ganas de que acabara el debate porque no hacía otra cosa que justificar». ¿Qué es lo que hay que justificar? Yo, al revés. Cuando hablé, hablé como siempre. Los compañeros franceses me dijeron: «Nos hemos llevado una sorpresa porque normalmente, cuando se termina el debate, se hace un silencio, la gente no quiere hablar, espera a ver quién va a hablar el primero». Oye, es verdad. Cuando terminamos, todas las manos se levantaron para preguntar cosas. Yo no digo que fuera un éxito, yo no hablo del éxito, pero fue por el interés de aclarar ciertas cosas. Fue estupendo. Soledad había organizado que viniera yo con Mercedes. Hombre, después de tantos años mi ilusión era de ir a abrazarla, y resulta que Soledad va y me dice: «Mercedes no podrá recibirnos en su casa porque está ocupada con su compañero». Era un escultor bastante famoso, y yo ya empecé a cabrearme; estas cosas no me gustan. Y continuó: «Mañana, en tal bar, va a venir a vernos». Me la quedé mirando y le dije: «¿En un bar me da una cita a mí?». Yo no quería quedar en un bar, ¿sabes? ¿En un bar me va a recibir? Me sentó muy mal. Y, bueno, finalmente fuimos a ese bar, Soledad y yo. Al cabo de un rato, como Mercedes no venía y ya había pasado una hora, Soledad la llamó por teléfono. Entonces me dijo: «Pepita, baja, que Mercedes quiere hablarte». «Yo no voy al teléfono. O viene o no viene». «Baja, baja», lloraba casi. Así que bajé. Y la conversación fue esta: «Pepita, excúsame...», disculpándose porque no había podido venir. Y le dije: «Mercedes, no justifico nada, tu edad no justifica el desprecio que me estás haciendo». Y de paso mira qué me preguntó y me pidió: «¿Tú sabes escribir a máquina?». «Yo, sí». «¿No querrías quedarte unos días en mi casa y hacerme no sé qué de secretaria?». Le respondí telefónicamente: «Oye, tengo una familia yo, ¿eh? Un compañero, hijos y de todo. ¿Tú crees que puedo venir aquí y hacerte de secretaria?». Estaría ya perdiendo la cabeza, no es posible. Y Sara me contó que ellas fueron allí y que no las recibió, después de haberlas invitado. Le dije a Sara: «¿Y tú aceptas esto? Yo la mando a la mierda enseguida, por muy compañera y por muy fundadora que sea». Es decir, me dejó un mal sabor de boca y ya no quise saber nada de ella.

—¿Y Suceso Portales?

—¡Ah, ella es diferente! Ella vivía en Londres, hacían una revista y en esa revista escribía una amiga mía inglesa, Mary Stevenson; y ella venía a vernos aquí y nos veíamos en los cámpings libertarios, organizados por la FIL; venían de todas partes, hasta de Australia. Hicieron varios cámpings durante años...

—¿En qué sentido era diferente, Suceso Portales?

—Yo la veo más entera. Es una de las que más enteras he visto. Y se ve en el vídeo. Cuando la vi me quedé maravillada y dije: «La que mejor está hablando en el vídeo es ella».

—¿Y a nivel personal?

—No hemos tenido mucha amistad. La única amistad fue cuando hicimos el vídeo, que nos compenetramos, a ver si me entiendes. Teníamos ideas similares, y siento no haber vuelto a verla. No os podéis imaginar la ilusión que me habría dado.

—Por ejemplo, creo que Sara la consideraba un poco autoritaria.

—No creo que fuera autoritaria. Tenía sus ideas, como yo tengo las mías, y las practicaba. Pero a veces, cuando dices lo que piensas y lo dices de manera clara e inequívoca, puedes crearte enemistades. Esto a veces pasa, ¿no?

Teresa Rebull

Banyuls sur la mer. Junio de 2010.

Marta Vegunyos y yo partimos desde Girona y llegamos a una alegre ciudad a la orilla del mar, entre la Francia y la Cataluña. Teresa, militante del POUM y cantante catalana de fama internacional, nos acogió con una guitarra en sus manos y nos ofreció un gustoso café con leche: *«Allez-vous»*, nos dijo; ya estaba lista para empezar…

⌘

—Hola, buenas tardes. Empezamos con la entrevista preguntándote en qué ciudad naciste, Teresa.

—En Sabadell, en 1919.

—Aparte de la política, ¿cuál es tu gran pasión? Sé que cultivas otras, como la pintura…

—Sí, me encanta pintar y pienso en algo que dijo Paul Cézanne: «Yo les quiero decir la verdad sobre la pintura», y era esto: que no hay fin ni verdad en la pintura; la pintura es una búsqueda continua. E incluso cuando has buscado y piensas haber encontrado algo, te das cuenta de que todo es un engaño. También otro pintor, Bonard, dice: «No hay nada más mentiroso que la pintura». Cuando lees esto, dices ¡vaya!

—Y, esta pasión por la pintura, ¿como surgió?

—La he tenido desde niña, pero no he podido hacerlo antes porque tuve que ir a la fábrica a trabajar. A los cuarenta y cinco años empecé a pintar. Y a los cincuenta empecé a cantar. Fui a una escuela de barrio, a una de esas escuela que hay en Francia y, mira, empecé a dibujar con gran pasión. Dibujo mejor que pinto, pero pinto igual; me gusta. He pasado épocas sin pintar mucho y, después de la revolución de mayo del 68, en Francia dije: «Se acabaron las flores, y vamos a hacer una pintura contestataria, *engagé*, comprometida, aunque sea muy difícil». Existe y hay gente que lo puede hacer, que describe la sociedad nuda y cruda, con sus contradicciones. A mí tantas contradicciones me desquician y pienso que los cuadros de pintores *engagés* los compra la gente rica, y esto no está bien. Igual que se construyen coches para mejorar la vida de la gente, y los coches envenenan la tierra... todo está tan podrido y tan desecho.

—Entre el arte, el canto, la política y la pintura cultivas muchas pasiones, Teresa...

—Sí, soy una curiosa de la vida, me gusta todo. Me gustaría incluso escribir, pero me falta técnica, la que se aprende en la escuela, pero no pude ir a la escuela porque tuve que trabajar desde los doce años, durante la república ya trabajaba en una fábrica de tejidos.

—¿Siempre en Sabadell?

—No, durante la república me fui a trabajar a Barcelona y allí me quedé como huésped en la casa de los Rebull. Fue allí que tomé contacto con el POUM.

—¿En qué sentido?

—Ellos eran todos del partido; incluso José, que después ha sido mi marido y mi compañero. En aquella casa también vivía el hermano de Joaquín Maurín, Manolo. Vivían él y José; los quería a los dos y no sabía qué hacer con ellos, me gustaban tanto los dos... Uno tenía lo que no tenía el otro, y al revés. Y sentados en la mesa, yo acercaba un pie a cada uno; ellos me tocaban el pie, y yo les dejaba un pie a cada uno... ¡Cosas de jóvenes!

—¿Qué sucedió entonces?

—Manolo murió a causa de la represión estalinista, estaba muy enfermo y lo pusieron en una ceca; murió en el hospital San Pablo de Barcelona. Pepe y yo nos apretábamos la mano, y él me decía: «Teresita, quieres mucho a Rebull, porque yo también lo quiero mucho». Murió en Barcelona debido al tormento y la represión. ¿Habéis leído mi libro?

—No lo he leído, pero sí sé que has escrito un libro.

—Lo tienes que leer porque estas páginas con Manolo son muy bonitas. Una vez, él estaba preso. ¿Conocéis Barcelona? Estaba preso donde está la estatua del pintor Federico Soler Pitarra, en la calle Escudellers.

—Hoy en día creo que se llama Plaza George Orwell.

—¿De este que estuvo en la guerra? Pero tal vez el lugar del cual te hablo no es este, yo te digo en la misma Rambla, y allí había un hotel, el Hotel Falcón, y cerca de allí Manolo fue detenido en una ceca. Yo pasaba delante de la estatua y nos mirábamos, No podíamos comunicarnos con la palabra, pero entre nosotros, con la mirada, pasaba de todo, incluso la tristeza de haber perdido la revolución. Aquello fue trágico. Y todo por culpa de los estalinistas. Si perdimos la revolución, fue por ellos. Hace poco me han hecho una entrevista en la televisión catalana,

Teresa Rebull.

y digo unas cosas que no sé si un día, yendo por la calle, me darán un trompazo y me tumbarán al suelo.

—Hay mucha gente que necesita oírlo porque no es suficiente leerlo en los libros, hay anécdotas que son importantes para comprender bien los hechos. Los testimonios son importantes.

—Mira, había una chica alemana que estaba en el lado ruso y estaba dolida por todo aquel mal, y no obstante el mal que le han hecho, ella sigue diciendo que todo aquello había que hacerlo.

—No entiendo, ¿ella era alemana?

—Sí, estalinista y alemana. Ella misma vivió la represión, y dice que todo aquello fue justo. Estaba con los comunistas, y ellos sabían manipular a la gente. Es algo que siempre pasa con todas las dictaduras y con todos los dictadores. En España, por ejemplo, la mayoría de los españoles y los catalanes son reformistas, burgueses, fascistas... prefieren al Partido Popular y les gusta la vida tranquila. A todos. No es como en nuestra época, que se olía que éramos una país revolucionario... no para hacer revoluciones en cada instante, no, pero teníamos un sentimiento liberal y progresista muy fuerte. Ahora no, ¿sabes por qué? Porque antes no había el veneno de la sociedad de consumo que ha liquidado todas las fuentes de sentimientos, principios y actitudes, casi todas. Cada día se ven más robos, cómo está la juventud, qué desorden, qué cosas...

—Volvamos a tu vida: llegaste a Barcelona cuando eras adolescente, conociste a la familia Rebull...

—Rebull y Maurín, sí.

—¿Por qué estaba Maurín con la familia?

—Porque era muy amigo de los Rebull y, en aquella época, mi compañero Pepe trabajaba ya, pero Maurin le dijo «te necesito para el partido», porque Pepe era un hombre especial, un gran organizador. Todos los Rebull eran así.

—Entonces, tú también entraste antes en el BOC, en el Bloc Obrero y Campesino, y luego en el POUM, ¿no?

—No, yo entré en el POUM cuando ya se había formado como partido.

—¿Y conociste personalmente también a María Teresa Andrade? Ella fue detenida con Pilar Santiago.

—Sí, pero antes estuvo en una ceca conmigo. También estaban Katia Landau y su compañero, en otra ceca, justo delante de nosotros, siempre en la vía Layetana.

—¿Cuándo fuiste detenida?

—Antes de que asesinaran a Andreu Nin, después de los hechos de mayo, cuando empezó la represión contra el POUM.

—¿Y tú qué hacías entonces?

—Yo estaba trabajando, era funcionaria de la Generalitat; y los «paisanos» venían todos los días a vigilarme… Pepe y toda la gente del POUM estaban perseguidos, Pilar Santiago, todos. Pepe, como tenía experiencia de estas cosas, me dijo: «Cuando salgas de trabajar, tú andas, y cuando llegues a una esquina te paras, así verás si te siguen o no; entonces, si los ves, les sigues tú a ellos». Yo lo hacía así. Me paraba y los tíos pasaban, se iban y yo me iba detrás de ellos; luego, se dispersaban. Otras veces me seguían hasta el tranvía y, cuando ellos se subían, yo saltaba, con el tranvía en marcha… o lo cogía en marcha para engañar a esos tíos, a esos chorizos. Eran chorizos.

—¿Cómo fue que te detuvieron?

—Me detuvieron en el comité de Socorro Rojo del POUM; yo llevaba documentos para los compañeros, para Solano, para Rodas y para otros. Pepe no podía ir porque estaba enfermo y me dio una carta. Aun me acuerdo de que me la puso en el bolso, pasé por la ceca y por todo con aquella carta dentro de mi bolso; y no se dieron cuenta, no. Pero, cuando entré allí, vi que los compañeros me saludan fríamente, como si no me conocieran. Yo los buscaba con los ojos, pero bajaban la mirada y no me hablaban. De repente, uno que no conocía me dice: «A ver sus papeles», y pensé: «¡Qué suerte! He pasado desapercibida y he podido engañarlos». Me dijeron: «¿Qué vienes a hacer aquí?». «Vengo a hablar con estos señores, que me dicen que se ocupan de los chicos que están en el frente». Enredé. Es curioso como a veces, en pleno peligro, las ideas te vienen rápidas, por necesidad. Pero aun así, me llevaron a la ceca, sí. A ellos también se los llevaron: a Gorkin, a Solano… Y allí un día me encontré con María Teresa. Os contaré qué era aquella ceca.

—¿Dónde estaba esta ceca?

—Estaba en la vía Layetana, antes de llegar al Palacio de la Música, frente a la Jefatura de Policía. En aquella ceca había algunas monjas, y a veces oía como les pegaban. Nos llevaban allí y desaparecíamos, ¿eh? No sabía adónde nos metían, y al cabo de ocho días salí. Esto, porque mi padre, que era del Partido Comunista, cuando se enteró de que me habían detenido, vino a buscarme. Cuando estábamos saliendo de allí, mi padre me dijo: «Tienes que darle las gracias a este señor». Yo le hice un gesto que no voy a repetir, pero era un gesto poco simpático. Pensé que me volverían a meter en la cárcel, ¿sabes?

—¿Tu padre era del Partido Comunista?

—¡Sí, sí! Al final mi padre se hizo del Partido Comunista! Teníamos unas peleas en casa horribles. Pero, antes de morir, me dijo: «Si alguien tiene que pedirme perdón por algo, esta persona es Teresa. Porque te insultó mucho por ser del POUM». El Partido Comunista enviaba cartas a mi padre para que me denunciara a la Policía. Como iban en sobres de la Generalitat, yo los abría y leía lo que había dentro; eran amenazas contra a mi padre si él no ejecutaba lo que ellos le pedían que hiciera.

—¡Qué horror!

—¿Sabíais o no que sucedía esto?

—Sí, claro que lo sabemos, pero otra cosa es escucharlo contado por ti.

—Cuando se escribe la historia, siempre se puede filtrar algún «perfume» de las cosas vividas a nivel personal, pero cuando una persona cuenta lo que ha vivido en su propia piel ahí no hay duda.

—Y ahora, ¿cómo te encuentras?

—Psicológicamente estoy muy bien, aunque de salud, no tanto. ¿eh? Me duele la espalda, sufro artrosis, muy mal, muy mal.

—Sigamos con tu historia, encuentras a José, os casáis, vais a vivir juntos…

—¿Qué va? Nos casamos en Francia cuando yo ya tenía a los niños, años después. Pepe, durante la guerra estaba con las milicias, en el Ejército, y se escapó a Francia con documentos falsos porque lo estaban persiguiendo. Un día encontró por la calle unos documentos y pensó «¡estos me los quedo yo!».

—¿Lo hizo para cruzar a Francia?

—Para salvarse de los estalinistas en España, sí, y luego para escaparse a Francia. Allí se quedó con los documentos falsos, porque sabíamos que agentes estalinianos nos perseguían aun. Y, en Francia, Pepe entró en la resistencia con el nombre que llevaba camuflado, pero estando él en con los maquis, lo cogieron los alemanes y a Pepe le preguntaron si era Fulano de Tal, buscaban a un italiano y lo tomaron por aquel italiano, y entonces él declinó y dijo: «Yo llevo papeles falsos, mi verdadero nombre es este...».

—¿Esto fue en Francia?

— En Francia, sí. Durante la resistencia contra los alemanes.

—Cuando cruzasteis los Pirineos, durante la guerra, ¿en qué ciudad os quedasteis? ¿Aquí, en Banyuls sur la mer, o en otra ciudad?

—Nos paramos en Perpiñán para ver qué hacer y luego nos fuimos a París. Hasta Perpiñán salimos con un gran camión donde estaban Andrade y Gironellas; no me acuerdo si estaba Gorkin, no creo; había toda una serie de compañeros del partido en aquel camión hasta París, y en París cada uno se dispersó en casa de compañeros socialistas, y así fue la cosa.

—Gorkin se fue a México, creo.

—Sí, algunos se fueron allí; nosotros podríamos habernos ido a Estados Unidos y no nos fuimos porque yo no quería alejarme de la familia.

—¿Que se quedó en Barcelona?

—Sí, en Barcelona, perseguidos y escondidos. Como te contaba, nosotros nos quedamos en París, y de París a Marsella, y de Marsella al maquis, a la resistencia, y luego cuando vino la liberación yo vi toda la liberación en París. Vi a los alemanes llegar, fue horrible, horrible. Cuando veo películas pienso: «Bueno, pero... si yo estaba allá». Él estaba en otro pueblo y no podía pasar, yo estaba en París porque pasé antes de que saltaran los puentes, hay muchos detalles para escribir muchos libros. Estas vicisitudes las pasó mucha gente, solo que nosotros tuvimos que luchar por nuestra identidad porque éramos gente con papeles falsos, yo también tenía una identidad que era medio falsa.

—Cuando cruzasteis la frontera francesa, ¿ya tenías hijos?

—No, si tenía diecinueve años. Pregúntame cosas más concretas, y no estas de novios no novios, sino no terminaremos nunca. No es que me sepa mal, pero no perdamos el tiempo.

—Es que también tu vida es importante.

—Salimos los dos solteros de España, sí. No nos casamos hasta que mis hijos no eran mayores, vinieron al casamiento.

—Podemos ver partes más políticas, pero lo que también me importa a mí como historiadora son tus vivencias personales. Cómo has vivido la guerra y cómo la guerra ha cambiado tu vida. *Voci dal POUM*, el libro que ha salido en italiano se basa en la represión estalinista, en la historia del POUM, en el asesinato de Nin... pero lo que también importa es la vida de la gente, de los militantes del POUM. Por ejemplo, quisiera preguntarte si tú has conocido personalmente a Nin.

—Claro, y lo conocí antes de que se formara el POUM. Cuando era jovencita venía a Sabadell a dar conferencias en el ambiente anarcosindicalista donde estaban mis padres. Cuando lo conocí tenía yo diez u once años.

—Él se fue diez años a Rusia y luego regreso, ¿no?

—Él hacía conferencias sobre las cosas de Rusia que ya empezaban a salir a la luz. Yo me fui una vez a cantar a Alemania, y los alemanes tienen documentos y fotocopias de todo lo que quieras. A mí me dieron copias de la correspondencia Maurín-Nin. Cartas que Nin enviaba desde Rusia diciendo que aquello no era lo que nos habíamos imaginado. Eso era en el año 1921-1922.

—Esto se ve también en el documental *Operación Nikolai*: cómo poco a poco Nin fue cambiando sus ideas frente a Rusia y, luego, después de diez años allí, intentó regresar.

—De este período no recuerdo mucho, de cuando Nin volvió de Rusia…

—Nin vino conociendo ya la tremenda represión de Stalin.

—Él venía decepcionado de lo que veía en Rusia, y nosotros desde el POUM en los años 30 ya denunciábamos esto.

—Los crímenes del estalinismo…

—Otra cosa que no sabía era que Ángel Pestaña había establecido correspondencia entre ellos y que también había estado allá. También habló de la gran decepción de los obreros que durante semanas y semanas no cobraban su sueldo. No cobraban. Trabajaban sin cobrar. Y lo poco que se lee, porque está muy borrosa la historia, es que no se puede hablar como se quiere. En fin, que se nota en palabras por aquí y por allá el peso de la represión.

»Pues sí, conocí a Nin. No se puede hablar de este pobre hombre, tan buena persona, y da rabia pensar que no se puede saber dónde está, que lo cogieron y lo martirizaron, lo hicieron desaparecer. Una chica me hizo una entrevista y en un momento dado me dice: «Bueno, ¿y qué piensas de la guerra? Si se hubiera ganado, si los comunistas y los anarquistas y los socialistas no se hubiesen peleado». Yo respondí: «No fueron peleas entre nosotros, muy fuerte lo digo, muy indignada. Ni los anarquistas ni los socialistas, fueron los comunistas, y me desahogo y lo digo todo. Todo. Y me peleo con esta ley que tenemos de la transición, por la que no podemos hablar de cosas así… ¿Y quién fue quien quiso la transición? Todo el mundo lo sabe: fue Carrillo quien la quiso». Y yo fui testimonio en París, porque allí vino a cantar una chica, Elisa Serna, muy buena chica, comunista. Nos entendíamos mucho desde el punto de vista artístico, pero políticamente, no, ¿eh? Como yo gritaba más ella, se quedaba bastante tontita. Los comunistas son como los católicos que creen que lo de la Inquisición fue bueno. ¿Sabes? Y fuimos a una gran reunión, esto es histórico, una gran reunión en la universidad, llena de gente que eran todos comunistas, y ella cantaba. Oí cosas tan horribles como que debíamos conciliarnos con la Falange, que si el rey... Al salir, la cabeza me daba vueltas, no sabía qué pasaba. Le dije: «Elisa, ¿qué pasa?». Y ella: «Sí, hay que reconciliarse». Y yo: «¡Pero esto es monstruoso! ¿Están diciendo esto aquí, que hay que perdonar a los falangistas?». Me acuerdo de esto, y luego hemos sabido cómo se han trabajado estos temas...

—El Partido Comunista era reformista.

—Totalmente. Un día cuando hablaban de recuperar a los muertos, envié una carta y decía que, si quieren recuperar a los muertos, que me ayuden a recuperar a Andreu Nin.

—Todavía no se ha encontrado el cuerpo de Nin.

—No, porque nadie se ocupa.

—Se encuentran fosas comunes.

—Nadie lo hará, porque hay miedo, incluso los que no son estalinistas tienen miedo. Mi libro ha sido un fracaso porque hablo de esto. Y porque insulto a un ministro y le doy el nombre y todo, Vieilla. Y lo retiraron ya de la venta. Pero la gente, en España, aun tiene miedo de hablar de lo que sucedió «antes».

—Hay miedo de los conflictos. Parece que esta época se acabó, que hay que ir adelante...

—Miedo, miedo. No se atreven. Lo que hay es miedo. Porque Franco y el fascismo han inculcado una mentalidad... como los estalinianos, como esta mujer y otros. Y una vez, uno de los hermanos Goytisolo, el que no se emborrachaba, dijo: «Para limpiarnos del franquismo que todos llevamos necesitamos varias generaciones». Tienen miedo de hablar claro. Incluso tienen miedo de pronunciar el nombre fascista. No se atreven cuando hablan del PP. Franco era un hombre inteligentísimo. Lo montó todo a la perfección. Y se echó a la calle suponiendo que habría una revolución aquí en España. Lo vio porque había una efervescencia enorme por las burradas que hizo la República. La República hizo tantas burradas, tantas tonterías...

—Por el miedo.

—Por indecisión, por falta de inteligencia, por burgueses.

—Hubo muchos compromisos con la Iglesia católica, con los latifundistas.

—¡Y tanto!... Era gente indecisa, y antes de que viniera el «bienio negro» con la represión, Maurín era diputado en aquella época y advirtió lo que

74

iba a suceder, lo advirtió. Había una efervescencia revolucionaria fantástica, y Franco era un profesional, un militar empleado por la República. La República lo tenía como a un oficial, y ejercían en Marruecos.

—Desde luego fueron los marroquíes los que reprimieron a los mineros en Asturias.

—Lo organizó todo desde allá.

—Durante la guerra, durante este período, ¿con quién tenías más contacto?

—¿Durante la guerra?

—Con María Teresa Andrade me has dicho…

—Sí, el POUM tenía el secretariado femenino y allí nos reuníamos. María Teresa Andrade dirigía todo esto. Era una bellísima persona, de una inteligencia que ni te cuento. Era una mujer que físicamente, mira… pobre María Teresa… es que no puedo decirlo, porque era tan inteligente que esto lo cubría todo. No era nada guapa, era bastante gorda. No daba placer mirarla, pero la querías, era un mundo de inteligencia esta mujer. Y cuando estuve detenida por la checa, te lo cuento antes de que me escape, un día bajo a los sótanos para ir al retrete, y los sótanos de aquella prefectura eran un pasillo con habitaciones pequeñitas de una persona, donde ponían a los presos. Un día pasando por aquel tapiz de madera que estaba lleno de pipí, sucísimo, oigo: pssss, pssss, pssss. Teresita, Teresita… Y pienso «estoy soñando o hay ratones pero me parece que he oído mi nombre». Me quedé helada y me escapé. Arriba había otra compañera y le dije: «Me parece que me han llamado, no sé si estoy loca, he escuchado mi nombre: Teresita, Teresita». Ella fue y no oyó nada; así que luego volví, porque estaba segura de que me habían llamado. Y otra vez: «Psss, Teresita, Teresita». Me acerco y oigo: «Soy María Teresa Andrade». Pobrecita, allí estaba, tan apretada en aquella habitación donde no podía ni moverse, porque era muy gorda. Horrible. Y me dijo: «Estamos aquí encerrados. Delante están Solano, Gorkin y no sé quién más». Luego fuimos a declarar a la policía y me acuerdo de que a Gorkín le pusieron unos focos en la cara para que hablara, y él se reía de ellos. Era un tío muy «saleroso», Gorkin. Se burlaba de ellos… no tenía miedo y sabía lo que le esperaba.

—Durante los interrogatorios, en la checa, ¿hubo torturas?, ¿os pegaban?

—¡Y tanto! ¡Y tanto que pegaban! Y en el frente mataban. No sé si vendrá mi hermana, su marido estaba en el frente. Él también era del POUM, estaba en el frente y allí estaba el que se llamaba «El Campesino».

—Lister, el estalinista…

—Pues un día a mi cuñado le enseñaron un documento y le dijeron: «Hay que firmar esto». Y estaba escrito: «*Declaro que Andrés Nin es un aliado de los nazis*». Y mi cuñado dijo: «No, yo esto no lo firmo, porque esto Nin no lo ha dicho nunca», porque el papel decía que Nin lo había confesado. Y, como se negó, lo enviaron al piquete de ejecución para fusilarlo. ¿Me entiendes? Y, cuando tenían que fusilarlo, cuando dieron la orden, todos los de su grupo de soldados se pusieron delante y dijeron: «Aquí nos pueden matar a todos, si quieren, pero a Eduardo nadie lo toca. Era un combatiente.

—¿Es el marido de tu hermana?

—Sí. Y Pilar Santiago podría contar muchas cosas.

—Sí, la encontré varias veces. Mataron a su marido por la ley de fuga.

—Yo estaba en Barcelona cuando ocurría esto, luego con el exilio todos nos perdimos de vista, pero esto sucedía cuando estábamos en Barcelona.

—¿Existía un comité femenino del POUM?

—Sí, sí, muy interesante.

—¿Quién estaba en el grupo de mujeres? Pilar Santiago, seguro.

—Sí, pero a Pilar Santiago la veíamos menos porque era una persona intelectual, muy linda, muy de relaciones exteriores. Allí, en el secretariado, estábamos las obreras. Esto no tiene importancia, porque cada una tenía su papel, pero María Teresa Andrade nos «educaba» a todas. Nos organizaba con labores que hacíamos para los soldados del frente, se daban clases de artes, de francés, se hablaba de todo, de todo… Era una maravilla, nos enseñaba cómo podíamos hacer artículos. Yo hice un artículo que salió en una revista como ejemplo de cosas de la época, y está firmado por Teresa Sorel, que soy yo. Yo me llamo Teresa Sorel, y Rebull es por mi marido. Un artículo feminista que, cuando lo leo, ahora pienso que no sabría hacerlo, pero antes sí. Y Pepe me decía que una mujer tiene que ser independiente pero mientras que esté con su marido tiene que obedecerlo. Después, él fue un poco autoritario. ¿Sabes?

—¿Tu compañero Pepe Rebull?

—Todos los revolucionarios en casa lo eran, sí. Mi madre, que era una mujer de acción, tremenda, daba mítines y fue encarcelada, y mi padre era anarcosindicalista y activista, pero en casa era un déspota. Un machista, sí.

—Y Pepe, tu compañero, ¿cuando falleció?

—Estábamos hablando de la represión en Barcelona en el 37, luego vino Negrín y aún fue más fuerte la represión. Y echaron a Largo Caballero.

—Lo echaron porque se negó a reprimir a los del POUM. Fue un hombre honesto, ¿no?

—Mucho, a parte de las indecisiones que han tenido los socialistas, porque han tenido muchas vacilaciones para actuar, fuertes, pero Largo Caballero se portó muy dignamente. Hay que recordarlo como un gran hombre.

—¿Estuviste alguna vez en el proceso?

—No, no se podía. Era muy peligroso, yo no podía ir. Tuvimos que ser muy discretos en todo. La policía fue a mi casa, vinieron a buscarme cuando ya existía la checa y querían saber dónde estaba Pepe, y yo les dije que no lo sabía. Ya éramos novios y él se fue al frente. «Yo he venido aquí al comité de rojos para ver si me pueden enviar un paquete», les dije cuando me encontraron en el comité de Socorro Rojo. Así que luego fueron a casa para hacerme un registro y preguntaron a mi madre, mujer con mucha «vista» que ya había pasado mucha represión, y le dijeron: «Usted nos dirá dónde está su hija y qué hace». Ella respondió: «Mi hija es muy independiente y no nos dice lo que hace ni lo que va a hacer». Sí, aunque esto nos extrañe mucho, y le preguntaron: «¿Está casada o es soltera?». Y mi madre: «Tampoco nos ocupamos de esto, que haga lo que quiera». En ello estaban cuando en mi biblioteca vieron un libro gordo: *Mi vida*, de Trotsky. Y dijeron: «Miren su hija, ¡miren! La criminal, ¡esto es criminal!». Entonces, mi padre, que era del partido dijo: «¡Pero si este libro es mío!». Y lo insultaron. «Este libro es mío, es ella quién me lo ha quitado de mi biblioteca». Para que veas cómo iban las cosas.

»Bueno, la represión fue muy dura con Negrín, muy muy dura, y además se pasó mucha hambre porque las latas de leche y la comida consistente se las repartían los funcionarios. Yo comía gatos en vez de conejos, pasamos mucha hambre. Lo pasamos muy mal, y ahora le hacen honores a Negrín. ¿Cómo es posible? ¿Dónde llevó el dinero de España, este hombre? ¿Dónde colocó el oro de España? Descubrieron que de noche, en una cueva, sacaban camiones y se los llevaban. Esto lo leí en una revista hace poco.

—El oro de España se lo llevaron a Rusia…

—Una parte, a Rusia; otra parte se la repartieron ellos… entre Rusia y Franco se lo repartían. Pues sí, históricamente se pasó muy mal el período estaliniano, vale. Para mí es la causa por la cual, con la intervención del estalinismo en España, se ha perdido una posible revolución en el país y en Europa. La prueba está en el pacto que hizo Stalin con Hitler. Son temas que los técnicos pueden explicar de otra manera.

—Claro que el interés de Stalin no era provocar una revolución en España, sino más bien controlarla.

—En España había los comités de milicias que hacían la revolución, había talleres de aquí talleres de allá, funcionaba todo, todo funcionaba muy bien. No había desorden. Cuando llegaron los barcos rusos, impusieron «su» política, y todo esto se fue abajo. Entonces vistieron a los soldados con uniforme, y los soldados uniformados ya no pensaban en hacer la revolución. ¿Comprendes? Esta es una imagen... ¿Has visto la película *Tierra y Libertad*? En la entrevista que me hicieron ponen el trozo ese del tío que se pasa a los comunistas, y su mujer dice «bueno...».

—Cuando le descubre el carné del partido...

—Fue muy triste todo.

—Fue muy triste, pero lo que veo es que todo el grupo del POUM, vosotros a los que he visto y entrevistado, estáis muy unidos, tenéis la unidad ideológica de partido.

—Nosotros, los del POUM, somos gente que nos queremos. Tenemos un amor, tenemos un algo incluso si no nos vemos, porque llevamos dentro esta revolución frustrada por la cual luchábamos, las peripecias que hemos vivido todos y la belleza de aquellas reuniones, la del contacto con los compañeros, con las familias, la instrucción. Era un partido que quería hacer la revolución pero también incrementar la cultura. La «cultura de masa», pero es igual, es cultura. Ahora dicen «de masa», pero a veces es dirigida por burgueses con contratos del Estado que te pagan y no te pagan. *Subventionné*. ¿Os extraña esto que os digo?

—Yo estoy emocionada.

—Expresas tus ideas con tanta lucidez... —insistió Marta.

—Esta mañana nos hemos encontrado con Teresa Carbó —retomé el hilo.

—¿Teresa Carbó vive aún?

—Ciento un años.

—Ciento dos —corrigió Marta.

—¡Ah, tengo que ir a verla! Pensaba que se había muerto. ¡Qué alegría tengo! ¿Quién me había dicho que se había muerto? Entendí mal entonces... Dios, hace diez años que no la veo.

—Le hemos dicho que hoy veníamos aquí, y nos ha mandado recuerdos y un fuerte abrazo para ti.

—Está en la residencia Los laureles rosas.

—Está estupenda Teresa Carbó. Yo la conocí en el 95, cuando le hice una primera entrevista y la he vuelto a ver como y mejor de antes. Con todo lo que contó de Nin...

—Es muy revolucionaria, ¿eh? Salimos de Barcelona con una camioneta muy estropeada. Con nosotros, la gente del POUM, también estaba Teresa. Los estalinistas nos vieron y querían cogernos la camioneta, eran los sicarios de Stalin, y querían dejarnos allá para que no nos pudiésemos escapar. Teresa se dio cuenta y dijo: «¡Me cago en Déu! ¿No veis que esta gente nos meten aquí para irse ellos?». Entonces nos dimos cuenta de lo que pasaba y hubo una lucha para recuperar la camioneta. Con los pies me pisaban las manos para que no subiera, unos puñetazos, una pelea para poder entrar que ni te cuento... Yo pude subir al camión.

—Esto, para salir de Barcelona.

—Cuando estaban entrando las tropas de Franco... y fue una cosa terrible porque en el camión subieron algunas mujeres con niños y a mitad del camino tuvieron que hacerlas bajar. Y nosotros agarradísimos, porque yo quería recuperar a Pepe, que estaba en Vic, y no quería bajar. Los pies ni pisaban el suelo de lo apretadísimos que estábamos. ¿Y a quién más vais a visitar?

—A Elvira Godás, que también tenía un hermano en el POUM.

—La Godás también es una personalidad, ¿eh? ¿La vais a ver? No sé si se acuerda de mí, pero te daré un libro para que se lo lleves.

—Con mucho gusto. La veré pasado mañana.

—El libro está escrito en catalán. Este libro no lo promocionaron.

—Ah, ¿no? Entonces hay que hablar con la Fundación Nin y con Pelai Pagès.

—¡Pelai es un hombre muy inteligente! Él lo sabe todo. Cuando presenté el libro en el Ateneo de Barcelona, él vino y me ayudó. Tienes que decirle que muchas veces he estado a punto de llamarlo pero no me he atrevido. Y lo necesito, necesito hablar con él porque aquí estoy muy perdida políticamente. No tengo a nadie.

—Pues se lo comentaré cuando lo vea. Le dije que venía a verte y le hizo mucha ilusión.

—¿A Pagès?

—Sí, a él. Es una persona de una disponibilidad absoluta.

—Dile también que, si quisiera venir a Banyuls, sería perfecto, me daría una gran alegría. Si vienes de Barcelona, enseguida estás, en dos horas. ¿Y qué proyecto tienes ahora?

—Estoy pensando escribir algo sobre las mujeres del POUM.

—Mi historia también me parece importante. Lo mío es como un cuento... celeste casi. Nos salvamos de un campo de concentración por algo tan extraordinario que ahora os contaré. Mi cuñado, David Rey, se fue a México y estuvo con Trotsky y con Frida Kahlo. Y él advirtió que Trotsky estaba en peligro y, fíjate, fíjate... a los pocos días lo mataron.

—Aunque pienso que él mismo lo sabía, pero quizá nadie habría podido impedir este asesinato porque los estalinistas estaban allí en aguato...

—Él quería vivir sin ningún control ni nada, era un hombre difícil, Trotsky.

—También la relación entre Trotsky y Nin fue complicada.

—Y Trotsky, cuando habla de la revolución española, cita siempre a Rebull. ¿Tú entiendes algo de catalán?

—Poco, prefiero el castellano.

—Yo tenía unos amigos italianos en Marsella, hablábamos en catalán y nos entendíamos muy bien. Si hablas despacio, la gente te entiende muy bien, ¿eh? Si hablas rápido, no se entiende nada. Algunos dicen que no hay ni manera de entendernos. Pero, si encontráis a catalanes que saben hablar castellano, no hay problema.

—Yo entiendo bastante el catalán, pero para una entrevista prefiero que hablemos en castellano porque luego tengo que transcribirlo al italiano.

—Bueno, sigo con lo que te estaba contando... Cuando llegamos a la frontera bajamos la montaña, vimos los camiones que se iban a los campos de Àrgeles. No sabíamos de qué se trataba, pero después sí. Entonces, Pepe me dijo: «No avancemos más, quedémonos al pie de la montaña debajo de la carretera; éramos él, yo y dos chicos anarquistas más. Insistió: «Nos quedamos». Y llegó un gendarme que nos dijo: «Señores, pasen abajo». Pepe, al momento, se inventó una excusa: «No podemos, nos hemos olvidado las maletas arriba. Fíjese, si se nos llevaban... nada. Tenemos que subir otra vez a buscarlas». Y el gendarme emprendió la ruta: «¡Síganme!», y pom-pom-pom, subía como un pájaro. Pero Pepe nos frenaba: «No vayáis deprisa, dejadlo avanzar». Cuando el gendarme ya estaba muy arriba nos pitó y nos dijo: «*Allez, dépêche-vous!*». Y Pepe se despidió de él: «*À la prochaine fois, allez!*». Empezamos a correr hacia abajo a toda pastilla, ja ja ja. Y, mira, en aquel momento pasaba una camioneta de las que circulaban por los pueblos; nos subimos en ella y seguimos bajando la montaña.

—Alejándose del gendarme...

—Fue una oportunidad que aprovechamos. Siempre escondiéndonos y escondiéndonos... pasamos montañas y llegamos abajo. Allí caímos en una masía, donde nos escondieron. ¿Te das cuenta?

—Es una anécdota superimportante.

—Maravillosa... la solidaridad de este pueblo. Luego, nos alojamos en Perpiñán, en una casa donde estaban los Gironellas, Andrade y todo un grupo de gente del POUM. Vivíamos todos en una masía, todos juntos. Un día nos fuimos al mercado y dije: «Me parece que los gendarmes bajarán a la masía», y se lo comenté a los del comité. Pero no me hicieron caso y me contestaron: «Tienes manía persecutoria», ¡eso me dijeron! Cuando volvíamos del mercado tuvimos la noticia: «No avancéis, que ya se los han llevado a todos». ¿A todos? ¿Y mi Pepe?, pensé. Los habían pillado a todos, así que nos dispersamos. Me quedé solita, solita, porque estaba la policía francesa y tenía que esconderse, me quedé sentada en un banco sin un céntimo ni nada, nada... ningún compañero, todo el mundo se había esfumado. Yo lo solucionaba todo llorando. ¿Sabes? Cuando lloraba, todo me salía bien. Lloraba y, así, de pronto, me tocan la espalda y me dicen: «No llores más, chata, ya estoy aquí. Era Pepe, que se había escapado del grupo cuando lo llevaban al campo, y al atravesar una calle tuvieron que parar porque pasaba un tranvía, así que él aprovechó aquel tranvía para romper filas. Es decir, esta cola de gente quedó vacía porque todos hicieron lo mismo. Así nos salvamos para no ir a Àrgeles.

—Increíble...

—Pepe me abrazó y me dijo: «Ya estoy aquí». Aquella noche, dormimos en un sitio horriblemente deprimente, lleno de pipí, de caca de niños, de gente llena de piojos, como nosotros; allí, echados sobre la paja dormimos pies con cabeza, como dos sardinitas. Uno aquí que tosía, otro que era tísico y sacaba sangre, y Pepe y yo. Nos pusimos cara a cara, pero había un tío que dormía con la cabeza abajo y los pies arriba para hacer sitio, como las sardinas enlatadas. ¿Y sabes qué? ¡Nos abrazamos e hicimos el amor!... Fue realmente extraordinario.

—Sí, extraordinario...

—Como un amparo de algo, como un refugio, pero fue muy bueno. Se podría hacer una película sobre todo esto. Si yo conociera a gente, se podría hacer una película en la que se hablara de la revolución, del estalinismo... pero algo bien contado, no hecho de cualquier manera; algo que narre el amor, la lucha y, luego, la canción; sí, la canción. Me han hecho un homenaje en el Palau de la Música Catalana, y esto sin conocer ni una nota musical, ¿eh?

—Todo el mundo te conoce como cantante.

—Es que fui una cantante revolucionaria. Aquí me conocen más como una cantante activista defendiendo los derechos de Cataluña y España. Yo siempre que hablo del país hablo de la península ibérica, porque al final de esto se trata. Para mí, la lengua es la leche de mi madre, y con esto basta. Cuando tú quieres mucho a tu país, a tu tierra, a tu barrio, a tu fuentecita de la calle, eres capaz de amar a todos los otros países del mundo. Como las personas que no se quieren a sí mismas... tampoco quieren a los demás. Cuando llegué a este país, la gente no se atrevía a hablar catalán porque no sé cuándo se había prohibido. Yo les decía que hay que perder los escrúpulos, la timidez, y que hay que empezar a hablar en catalán. Yo no tengo miedo de nadie, ni de los compañeros del partido ni de nadie. Todo lo he hecho sola y de voz en voz. Nadie me ha ayudado, lo puedo decir. Ni el Partido Socialista, del que me ya me he dado de baja, pues estoy harta de su blandura. En vez de plantar cara a los insultos de la derecha, en vez de darles una patada y decirles

«¿quién os creéis que sois», ellos median y median. No. Envié una carta en la que decía que, mientras las cosas sigan así, yo soy socialista, hago mi política, pero no quiero estar en un partido tan moderado. Los quiero mucho, sí, los quiero mucho porque hay gente muy maja. El otro día vi a Montilla y le dije: «Me he ido del grupo pero pienso mucho en los compañeros». Él me dijo: «Lo sabemos, lo sabemos». No quiero tener el carné porque no quiero ser cómplice de tal funcionamiento, de tales debilidades. Es que he vivido los tiempos de la República con sus debilidades, y ahora, con esta crisis mundial que hay, puede llegar un tío cualquiera y con una política populista te instala aquí un semifascismo tranquilamente.

—Es que estamos con la amenaza laboral, la xenofobia, la crisis del capitalismo...

—Yo digo que «esto puede ser peligroso». Tanto en Francia como en España; pero los franceses son más vivos, tienen más perspicacia, son más combativos...

—Sí, cuando montan huelgas, lo paran todo.

—*Voilà!* Gracias a la revolución francesa tienen bien implantados algunos derechos que aun no se han terminado de ejecutar. Y mirad cómo nos escapamos de los campos de concentración. Desde Castellet, donde dormimos con piojos, con gritos y con todo, ¿qué hicimos después? Creo que unos cuantos nos reunimos y nos organizamos en un camión para ir a París. Y vivimos en París. Allí, los compañeros del Partido Socialista nos ayudaron a nosotros, a los del POUM, fueron muy solidarios.

—Y luego, ¿por qué desde París vinisteis a vivir aquí?

—Porque en París teníamos unos amigos que venían aquí de vacaciones y me dijeron que aquí se bailaba mucho la «sardana», y yo soy una *sardanista*, me gusta mucho el baile y ya había empezado la escuela con Pauleta Pañéz en el Liceo de Barcelona cuando tenía dieciséis años, y tenía que debutar en el Liceo con una sardana. Pauleta era una señora que tenía unos ochenta años y nos enseñaba a bailar. Para mí, la sardana es una cosa maravillosa... para mí y para el pueblo catalán, ¿eh? Como el flamenco. Y la pintura, que también me gusta mucho...

—Tienes un amor por la vida que te sale del alma...

—Es verdad, ¿no?

—Quisiera preguntarte cómo fue y cuándo falleció tu compañero.

—Murió en el 99 a los noventa y tres años sin ninguna enfermedad ni nada. Se fue como un pajarito. Se durmió y se fue. Fue en casa, a mi lado. Nunca estuvo enfermo. Lo único es que últimamente perdía la vista, y esto lo desmoralizaba muchísimo; pero ocho días antes de morir hizo una exposición de lo que era el capitalismo que yo estoy rabiosa por no haberla transcrito, porque habría sido un documento extraordinario. Él tenía una posición sobre el FMI muy clara. Para él, la solución de esto eran las cooperativas.

—Tenía toda la razón.

—Me da una rabia que este hombre haya sabido tantas cosas sin haber dejado nada escrito. A veces, no le perdonaba esto. Siempre citaba a Trotsky; es decir, era un verdadero revolucionario. Aunque había diferencias entre los dos.

—Sí, también entre Trotsky y Nin…

—Pepe, cuando ya avanzaban las tropas de Franco, quiso hablar con Bonaventura Durruti para hacer un frente común en Barcelona. Pero ni la CNT ni el POUM quisieron. Pero Durruti y Pepe habían hecho este plan.

—¿Pepe también fue muy amigo de Víctor Alba?

—Claro. Víctor Alba ha estado siempre en casa de los Rebull. El maestro de Víctor Alba fue el mayor de los Rebull. Lo quería mucho a mi cuñado, mucho, mucho. Estaba siempre allí con ellos antes de que yo fuera allí a vivir. Si no, habría tenido yo muchos novios. José, Manolo… eran muy majos los dos.

—¿Y cómo os sustentasteis acá?

—Mira, hicimos de todo. Pepe trabajó en el muelle cargando y descargando, después haciendo de paisano en casa de una mujer. Luego, cuando hicimos la resistencia al volver del pisito de donde vivíamos en el campo, la gente de la resistencia le propuso entrar en la editorial de un diario para que hiciera las cuentas, porque él era un organizador, pero él no quiso aceptar porque dijo que era un puesto demasiado importante y que los franceses iban a estar muy celosos de que un pobre refugiado fuera a arreglar aquello. Le propusieron la gestión del diario, pero un amigo que estaba con nosotros en la resistencia insistió, yo me quedé al pueblo y Pepe se vino a París a trabajar en el diario que se llamaba *El Francotirador*. Yo me quedé en un pueblo cerca de Marsella. Y cuando Pepe encontró un apartamento en París, en el barrio de la revolución francesa, ya fui a vivir a París. Allí vivimos treinta y cinco años hasta que nos vinimos aquí en los 70.

—Nos comentabas que habías vivido el mayo francés…

—Claro que sí, aquello fue maravilloso.

—Y ¿qué opinión tienes de los comunistas, de los estalinistas…?

—Hoy en día, por lo menos, deberían decir «nos equivocamos pero ahora vamos a hacer otra cosa». Hoy en día se debería reunir toda la gente que piensa socialista, que quiere un cambio, y plantear cuáles son las posibilidades de hacer un cambio radical del sistema y cómo hacerlo para no caer otra vez en la trampa del burocratismo. ¿Cómo hacer esto?

Nadie se lo plantea. Todo el mundo se pincha, incluso con los que pidieron la independencia de Cataluña. Empezaron bien, pero cuando ya tenían un veinticinco por ciento empezaron a pelearse. Y con intereses y peleas personales han usado la fuerza y la ilusión de gente que lucha por sus ideales. Esto es lo que está pasando en España, porque somos franquistas... aunque no lo sepan, son franquistas.

—¿En ningún momento has pensado tú en regresar a Barcelona o a Sabadell?

—Sí, hace poco estuve en Barcelona. En el Palacio de la Música hicieron un homenaje a los cantantes, y me llamaron y aproveché para ver a gente, a amigos. Y fue allí dónde vi a Montilla y le dije que no estaba muy contenta con el partido. «Aún estoy cargada de POUM», esto le dije.

—¿Conoces a otros militantes del POUM que estén por aquí?

—Creo que casi todos se han muerto. Tal vez quede algún viejecito, no sé.

—Te lo digo porque ahora van a organizar unas jornadas sobre el POUM en Barcelona, en octubre.

—No lo sabía, no me dicen nada. Y otra cosa, de esta conversación tú saca lo que quieras, pero no quiero que sea otra historia del refugiado que explica sus tonterías. Tienes que hacer ver que soy alguien que piensa algo ahora. No soy una pieza arqueológica da museo, ¿eh? Y quisiera que toda la gente que se denomina revolucionaria y socialista examine cómo está el mundo, que se atrevan a hablar de lo que es el capitalismo, de cómo el capitalismo engaña. Nadie lo dice. No denuncian a la mafia que está dentro de esto, y a la que incluso los capitalistas tienen miedo. ¡Es tan evidente!

—En Italia también se siente mucho esto de la crisis, y hay una crisis de la prensa y los periodistas. Pero cuando he presentado el libro sobre el POUM he visto a tantos jóvenes interesados en el tema...

—Si hablas del POUM, cuenta también lo que queríamos hacer, no cuentes solo que fuimos víctimas del estalinismo. Más bien, lo que representaba el POUM frente al estalinismo. No solo los del POUM, sino la idea de que se fueron de España en aquellos momentos, la idea de revolución... era una mancha de aceite que iba a parar a todo el mundo. Todo el mundo tenía ganas de revolución, y nos prohibieron usar las armas y nos impusieron el estalinismo. Esto es lo que piensa una mujer sencilla del pueblo. Ruego que tengáis en cuenta esto, pido a los que presentan el programa de lo que debe ser una sociedad socialista que hay que luchar contra los abusos del capitalismo. Aunque los hombres, cuando tienen cosas solucionadas, van encontrando tropiezos y no saben por dónde ir. Siempre tropiezan.

—Me acuerdo del ímpetu y la pasión de Víctor Alba cuando me decía que antes el trabajador no podía perder sus cadenas y ahora tiene el celular, la casa, el coche…

—La revolución vendrá de África. Allí hay miseria y hambre. Vendrán muchos aquí, ¡que vengan! Si tienen hambre, ¡qué vengan! También nos fuimos nosotros a Francia. Pero en estos países todos son burgueses, incluso los obreros, incluso los que van a las manifestaciones. Son de risa estas manifestaciones. Han hecho una prueba de manifestación general. ¿Cómo se pueden hacer pruebas de estas cosas? Hay que parar el país, no hay que llegar a compromisos. Y ha sido un fracaso, y esto el pueblo también lo huele. ¿Tú tienes contacto con la hija de Nin que vive en Roma?

—Con la hija, no; más bien con la nieta, que vive en Londres, con Silvia.

—Yo he conocido a las hijas, cuando eran pequeñitas, Norma y Nora. Dile a la nieta que conocí a su abuelo, y es verdad que a Nin lo lloro.

—Antes nos hablabas de la sección femenina del POUM, y a mí me gustaría saber, desde tu experiencia personal como mujer en una organización mixta, en la militancia qué diferencias había para ti en relación con lo que podía ser para tu compañero.

—Ninguna, había mucha libertad. Además, mi compañero influía mucho en mí, y decía que una mujer no puede ser independiente si está oprimida por el marido. Una mujer no puede ser nunca independiente si no trabaja y si no es maestra de su persona. Había esta mentalidad en la corriente del POUM.

—Y él, ¿era consecuente con esto en su vida privada?

—Bueno, lo era políticamente, pero en la vida privada no lo fue. Claro que, cuando me decía esto, yo tenía dieciséis o diecisiete años y él tenía treinta. Era la propaganda de un militante, y siempre ha pensado así; lo que no quiere decir que no tenga un sentimiento de machismo en la vida privada. Aunque hemos sido bastante libres los dos, me ha dejado hacer todo lo que he querido; a veces ha querido dominar, pero yo he hecho un poco la revolución en mi casa, hay que decirlo. Porque me fui con la guitarra a cantar y les dije: «Chicos, arreglaos». Cuando vi que ya no me necesitaban, dije «ya está bien». Él me decía: «¿Qué vas a hacer? Siempre a poner la barrera de lo imposible». Ya se había hecho más viejo. Entonces aseveré: «Voy a probar. Puesto que me dices esto, voy a probar». Y me salió muy bien. También he sufrido mucho desengaño de la gente. Me han saboteado por ser del POUM, y el mundo de la canción está dominado por gente del PSUC. Ellos tenían más posibilidades para organizar cosas, tenían más dinero y pagaban a la gente para montar historias… y a mí me engañaban. Cuando llegaba a Barcelona me hacían hablar, pero al final no me apoyaban porque eran elementos comunistas. En cambio, la primera vez que fui a Barcelona para cantar fueron los curas de un convento quienes llamaron a mi casa y dijeron a Pepe que me avisara porque alguien me seguía. Quién me seguía no lo sé. Fui a cantar a Madrid, y los comunistas entraron en una universidad y dijeron que «esta mujer no debe entrar aquí a cantar». Se hicieron pasar por agentes de control. Me han saboteado mucho. Aquí aun no se han atrevido, pero de estas personas queda algo contra el POUM... aún les queda. De todos modos, yo vivo con la ilusión de que un día las cosas cambien y de que llegue una era que no sé si llamarla de socialismo, creo que los nombres cambian, donde haya cooperativismo y justicia, y más cosas, no sé. Mucho hay que hacer. Pero insisto, la revolución vendrá de África. Pregúntale a Pagès sobre esto. Cuando me hicieron la entrevista en la tele, hay una parte que cortaron, era cuando expliqué que ahora la única cosa que falta hacer es salir a la calle con el puño en el aire. Me cortaron esto.

Llegadas a este momento, Marta plantea otra cuestión:

—Teresa, en tu proceso personal como mujer militante del POUM, a mí me interesa qué sucede después en el proceso de convertirte en artista.

—Esto lo he hecho sin permiso de nadie.

—¿Has tenido tus puntos de referencia? ¿Quién te ha inspirado?

—Nadie. Lo hice sola. Para mí era un orgullo defender la cultura catalana, machacada por Franco; a través de mi canción reivindicaba estas cosas. Cantaba en catalán y reivindicaba la libertad del hombre y la mujer. ¿Sabes que dos veces he estado detenida por la canción, acusada de pornográfica subversiva? Porque cantaba unos poemas de Raimon del disco *Les cançons d'amor*, donde habla de erotismo, de una belleza extraordinaria y yo explicaba lo que quería decir. Porque, claro, es muy sutil. Y la policía me cogió en Asturias y me enseñó los papeles y me preguntó: «¿Qué dice este poeta?, ¿qué quiere decir todo esto?». Les respondí que es un poeta que habla de amor. Ellos afirmaron: «Nosotros, los españoles, ya sabemos esto del amor». «Sí —dije yo—, pero no como él». Y el jefe de policía se quedó un poco en silencio. «No sé si he contestado a tu pregunta, leía poemas de Raimon». Entonces, pensé que «voy a luchar, aún queda algo por hacer», pero lo hice todo sola; nadie, nadie me ayudó, sola.

—Yo —dijo Marta— noto mucho la diferencia entre las personas que se quedaron en Cataluña y las que habéis estado en el exilio... tenéis una energía, una utopía viva todavía.

—Aunque en mi casa estábamos acostumbrados a tener mucha libertad, aquí vimos en una sociedad más «civilizada», que te deshace de prejuicios y te adapta a las costumbres del sitio. Te impregnas de esto, mientras que en España… bueno, esto tendríais que hablarlo con mi hermana, que se quedó allá; es una mujer que tiene ochenta y cinco años, muy maja y aún está condicionada por las repercusiones del franquismo. Sufre incluso sexualmente, está reprimida, sí. Se da cuenta de lo que hizo Franco con la juventud, con su juventud. Dicen que también es culpa mía, porque mis canciones dicen: «¡Haced el amor por los campos, id al parque Güell y follad, follad!» Esto es lo que dicen mis canciones, que cuando una hace el amor se siente viva y es capaz de escalar montañas. Sí, mi hermana se da cuenta de que a su edad no ha podido vivir su papel de mujer a causa del franquismo. Hay mucha gente así, ¿eh?

A Marta le vino a la cabeza otra mujer luchadora:

—Hace años, Isabella y yo conocimos en Marsella a Pepita Carpena, tu fuerza me recuerda a la suya. Es una mujer anarquista, de Mujeres Libres. ¿Tenías relaciones con mujeres militantes anarquistas?

—Tal vez en la época de mis padres, que eran anarcosindicalistas; personalmente, no tanto, pero teníamos relaciones con el comité de la CNT, con los que hacíamos teatro y realizábamos actos culturales; con todos los anarquistas, incluso cuando vivíamos en París. Pero muchos anarquistas que han venido aquí, no sé si te vas a enfadar o no, son personas que se ha vuelto muy burguesas, tremendamente burguesas. Hasta el punto de que, incluso con los refugiados anarquistas de aquí, cuando les hablo no me entienden y me dicen: «Deja de hablar así, deja de hacer puñetas».

—Lo sorprendente de ti es que has actualizado tu ideología, porque hay gente que todavía vive en el 36, y tú estás en el momento actual. ¿Crees que esto tiene algo que ver con el hecho de ser artista?

—A lo mejor es porque yo soy perseverante, porque en las canciones digo lo que pienso sin concesiones y expreso cosas que tocan a las personas sin hacer panfletos. Los panfletos los lees y los rompes, mis canciones durarán toda la vida, siempre. Mi trabajo fue reconocido después, en el 2006, en el Palacio de la Música Catalana cuando me hicieron un homenaje. Fue fabuloso y allí todos mis compañeros de la canción Joan Isaac, Luís Llach, Maria del Mar Bonet, Marina Rossell, Mariona Segarra… todos los cantantes vinieron a cantar mis canciones.

—Noto en ti una posición política actual, que no te has quedado anclada en la historia sino que has hecho un proceso de renovar tu ideología. A la vez, como mujer artista has defendido tu obra. Te pregunto si una cosa tiene que ver con la otra, el proceso de poder canalizar la ideología a través de la creatividad, si tiene algo que ver con tu espíritu.

—Todas las cosas van juntas, pero no ha habido ninguna presunción antes de empezar, he actuado cómo sentía que quería hacer. Y todavía queda mucho que hacer. He cantado lo que he querido y he dicho lo que he sentido; siendo lo que soy con mucha libertad... no sé, es la única respuesta que puedo darte. Jamás he hecho concesiones. Jamás. En París, una vez me dijeron: «Mire, si usted canta en francés, con esta voz de "terciopelo", le podemos ofrecer sitios importantes para cantar». Pero nunca he querido ser una presumida, como una chica portuguesa que vino aquí a cantar y en cuatro días lo echó todo al aire porque se puso como una marquesa... Esta vida de la farándula no va conmigo, nunca he querido ser artista, siempre he querido ser militante. Esta es la cosa: cantando, bailando o pintando... militante siempre.

María Teresa Carbonell

Barcelona. Junio de 2010.

Maria Teresa es actualmente la presidenta de la Fundación Andreu Nin de Barcelona; ha vivido el mayo francés y ha participado en la organización de grupos marxistas clandestinos. A ella se debe el empeño en reeditar la revista feminista *Emancipación* y en recobrar la memoria histórica de todas las mujeres del POUM. Con ella, en Barcelona y Madrid, he organizado interesantes debates sobre el feminismo catalán, francés, ruso e italiano…

⌘

—Hola, María Teresa, quisiera preguntarte en qué año naciste y dónde.

—Nací en Barcelona en el 1926, en el mes de agosto. Tengo diez años menos que Solano.

—Entonces, cuando estalló la guerra civil, tú eras muy pequeña, ¿no?

—Tenía diez años cuando empezó la guerra civil, pero me acuerdo perfectamente.

—¿Qué recuerdos tienes de la guerra?

—Cuando comenzó la represión estalinista, los militantes más conocidos no podían dormir en sus casas; así que mis padres, que eran del POUM pero no eran gente demasiado conocida, acogieron en casa a Wilebaldo Solano y a Roc.

—¿Los hospedaron allí?

—Esto fue en el 37, cuando yo tenía once años. Fue entonces cuando conocí bien a Wilebaldo, aunque él fuera muy joven y yo muy pequeña. Yo tenía dos hermanos, con los que él jugaba mucho, y pasó a ser una persona de la familia. Roc también se quedó unos meses, pero luego pensaron que tener a dos personas escondidas era demasiado. Roc se fue, y en casa solo se quedó Wile. En mi casa, él hacía *Juventud obrera*, que era el periódico clandestino de la Juventud Comunista Ibérica. Hacían reuniones en mi casa, y nosotros los críos lo pasábamos muy bien.

—Teresa, ¿cómo se llamaban tus padres?

—Mi padre se llamaba Joaquín Carbonell, y mi madre, Luisa Cornejo. Eran militantes de base, poco conocidos; por esto pensaron que podían tener en casa a Wile y a Roc.

—Pero tuvieron mucho valor, porque arriesgaban sus vida y la de sus hijos.

—Quizá no tanto como su vida, pero sí podían ir a la cárcel. Wile estuvo unos ocho meses, pero luego la cosa se complicó. Teníamos una contraseña cuando llamaban a la puerta, la señal era tocar el timbre y luego tres golpecitos, así sabíamos que era uno de nosotros, que no era ningún policía ni nada. Pensamos que fue un vecino de abajo quien los denunció, y Wile ya se había ido a otro sitio porque vimos que era un poco peligroso. Venía mucha gente a casa, y era peligroso. Luego a Wile lo cogieron, y nosotros le llevábamos comida a la cárcel. Recuerdo que yo también iba con un cestito, que utilizábamos para pasar las cartas, metidas en el doble fondo que había hecho mi madre.

—¿Quién te informó de la detención de Wilebaldo?

—Siempre estábamos en contacto con él. Cuando lo detuvieron, ya no estaba en casa, ya se había ido, pero mis padres estaban en contacto con todos los compañeros.

—Cuando se acabó la guerra, ¿te quedaste a vivir en Barcelona?

—Mis padres discutieron si se iban o no, pero con tres críos era una aventura, así que nos quedamos en Barcelona. Mi padre se juntó con un tío mío y trabajaron en una fábrica, y nosotros, los tres, pudimos ir a la universidad.

—¿Qué carrera estudiaste?

—Finalicé Filología y Letras y, al final, cuando acabé la carrera, como también iba al Instituto Francés, me dieron una beca del gobierno francés para aprender el idioma y me fui a París. Allí volví a encontrarme con Wile, con quien seguíamos manteniendo el contacto. Desde la cárcel, él escribía a mi madre y siempre la llamaba «querida tía»… éramos su familia.

—¿Y en qué año vuelves a encontrártelo en París?

—A finales del 51, cuando me dieron la beca y fui a París a estudiar y a hacer mi doctorado. Estuve en la ciudad universitaria durante un año, porque fue el último año que dieron becas tan largas, de diez meses. Allí estuve muy bien… salía yo de una España franquista, horrible… No se podía leer, todo estaba prohibido y era como un pozo esto, ¿eh? Muy negro. Y en París, el respiro total.

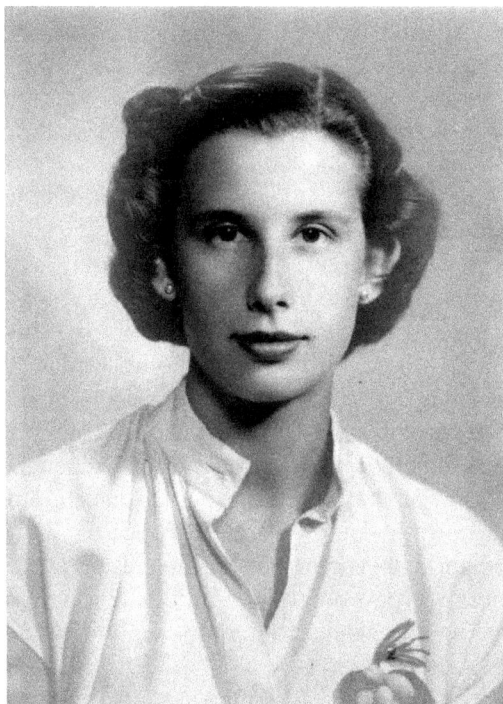
Teresa Carbonell.

—Era otro mundo.

—Sí, otro mundo. La cuestión era estar un año y luego regresar a España. Mientras tanto, yo tenía relación con Wile y en el 52 nos casamos. Me quedé en París, hice mi doctorado y cambié mi vida.

—La condición de la mujer era completamente diferente a la de la España franquista. ¿No?

—Sí, mucho. Lo que ahora hay aquí era lo que había en Francia cuando llegué en 1950, aunque haya podido ver la enorme evolución que ha tenido la mujer en España desde el franquismo hasta ahora.

—¿Me podrías dar algún ejemplo concreto de esto?

—En aquel momento había una concepción muy burguesa de la mujer que espera casarse para resolver su vida. Aunque cuando se acabó la guerra empezaron a ir al instituto también las chicas y empezaron a estudiar. Pero muchas estudiaban, después se casaban y ya no ejercían. También había las que se quedaban solteras, pero para quien se casaba y tenía hijos la vida era más difícil. Hablo de las obreras que tenían que trabajar fuera de casa, para las burguesas era todo diferente. Para las obreras era acabar el mes y comer y nada más.

—Teresa, ¿te consideras una militante del POUM o una simpatizante?

91

—Yo era militante cuando llegué aquí. En España, no, porque era una criatura, pero cuando me casé con Wile me saqué el carné y me hice militante, sí.

—¿Tenías reuniones en París con los del POUM, o aquí después del exilio?

—Cuando llegué a París me encontré con los militantes del POUM, a quienes conocía de cuando era niña.

—¿Recuerdas a algunos en particular?

—A Roc, a Roca, hay muchos... todos teníamos una vida muy activa.

—¿Y qué me cuentas de la sección femenina del POUM?

—Cuando hubo la revolución, aquí en España hubo un verdadero movimiento de mujeres. Hacían una revista que se llamaba *Emancipación* y también hacían un informe semanal que describía las actividades de las mujeres. Notaban que las mujeres obreras estaban muy influenciadas por los curas, y en *Emancipación* hay algunos artículos que en estos momentos pueden parecer inocentes pero en aquella época tenían su sentido. Por ejemplo, Pilar Santiago escribía que las mujeres no tenían que obedecer al marido para ir a votar o para pensar, que ellas tenían su personalidad. Ahora parecen cosas del otro mundo.

—Conocí a Pilar hace tiempo.

—Pilar Santiago escribía muy bien, luego estaba Carlotta Durany, que era la mujer de Francisco de Cabo, uno de los fundadores de la Fundación Andrés Nin que se murió hace unos años.

—También estaba Teresa Rebull...

—Sí, pero era muy joven... ella tenía quince años cuando empezó la revolución. Ha escrito un libro sobre su vida en el que explica cosas interesantes.

—Ella también fue detenida...

—Es un libro muy interesante, habla también de sus padres, que eran anarquistas y vivían en Sabadell. Es muy interesante su vida, sí. Otras mujeres que había eran María Manonellas y Olivia Castelví, que era modista como mi madre, que venía a casa y era una militante del POUM. Y las del comité femenino hacían un informe y decían: de siete a ocho instrucción militar; después de tal hora a tal hora instrucción política, esto está en el Archivo Nacional de Cataluña.

—Según tú, ¿en aquel momento había conflicto con los militantes del POUM sobre temas de machismo?

—No, conflictos no, porque en aquella época se pensaba que tenían que hacer un trabajo ellas como mujeres. Más tarde, durante el exilio, ya fue diferente. A nadie se le hubiera ocurrido hacer una organización de mujeres. Era otra época, y además en el exilio había que trabajar para salir adelante. Era todo muy complicado. Después, el trabajo militante era conjunto y cuando había reuniones los domingos por las mañana iban hombres y mujeres. Las que tenían hijos a veces no iban, pero en general sí que había mujeres y hombres que se reunían. La vida era bastante difícil y complicada.

—Después del exilio, ¿vosotros os reuníais, tanto en París como en Barcelona?

—Sí, en Barcelona también hubo siempre una actividad del POUM con mucho peligro. Con Alberich, Rocabert y otros que se habían quedado durante el franquismo. Quique también estuvo y después se fue a Francia. Ferrand trabajó mucho por aquí. Después de la guerra, cuando me fui a Francia, no participé en esta lucha.

—¿Recuerdas algo de la vida personal de Nin? Él tuvo dos mujeres.

—Nosotros conocimos a Cristina, que es la nieta de esta primera mujer, que nos lo explicó todo, pues no sabíamos nada. Con esta primera mujer, que parece que fuera anarquista, Nin tuvo dos hijos: un hijo y una hija. El hijo es el padre de Cristina, que vive en el Pirineo.

—Supongo que ella no tiene ningún recuerdo de su abuelo.

—No, ella no. Cada vez que viene a Barcelona nos visita y le pregunta a Wile cómo era su abuelo, le interesa mucho. Y es una chica muy maja.

—¿Tenéis contacto con Silvia, la otra nieta de Nin?

—Poco. Ella sí, Cristina sí que tiene contacto con ella. Fue a Londres y se vieron… y estaban encantadas de conocerse. Silvia dijo que vendría en octubre aquí a Barcelona. Después, está Nora, la madre de Silvia, que es la hija de Nin con Olga, con la rusa. Nora era la pequeña, y la mayor se llama Ida y vive en los Estados Unidos; tiene hijos, pero no viene nunca por aquí. Nora tiene unos años menos que yo, y la he invitado alguna vez a París, pero ella cuando se mueve va a Londres donde está su hija. Me haría mucha ilusión que viniera a Barcelona.

—Durante la guerra civil, tú eras muy pequeña, pero ¿te acuerdas de alguna anécdota con los estalinistas? ¿Alguien que tú conocieras personalmente que fuera estalinista?

—La verdad es que con los estalinistas no teníamos mucha relación. Por ejemplo, había un escritor, un periodista que se llama Salvador Roca, a quien conocíamos de pequeño y era vecino nuestro cuando vivíamos en Pueblo Nuevo; claro, había sido muy amigo de mis padres. Se pasó al PSUC. Para ayudarnos, como tenía entradas libres, nos invitaba a los tres críos allí a comer con su secretaria; así que de vez en cuando comíamos allí.

—Un episodio positivo…

—Este chico, si luego se hizo estalinista, fue solo por oportunismo. Cuando se acabó la guerra pasó a Francia y estuvo en unos campos de estos que se improvisaron en Francia y allí murió. Nosotros lo queríamos mucho porque era como un tío para nosotros.

—¿Y qué más me cuentas?

—Como me hablabas de las mujeres del POUM, una cosa de la que me acuerdo es que decidieron ponerse una camiseta azul marino, era la moda de aquellos tiempos. Mi madre estaba en contra, decía que ella no se ponía una camisa de uniforme. Los hombres también tenían su camisa azul. Era la moda de la época.

Suceso Portales

Madrid. Septiembre de 1997.

En el 1997 me traslado a Madrid e intento contactar a Suceso, líder fundadora del grupo feminista Mujeres Libres. Me parece increíble que una mujer como ella quiera verme y hablar de su vida; toco el timbre de la puerta de su casa y me abre Hortensia, que me acompaña donde su simpática abuelita que me espera sonriente...

⌘

—Hola, Suceso, quisiera que me contaras algunas cosas del grupo de Mujeres Libres, cómo y cuándo nació, quién lo formó...

—Mujeres Libres fue una organización política de inspiración anarquista que se formó en España en el abril de 1936, pocos meses antes del comienzo de la guerra civil, por iniciativa de Lucía Sánchez Saornil, Mercedes Comaposada y Amparo Poch y Gascón. Contó con cerca de veinte mil mujeres durante el período del conflicto, la mayor parte de ellas procedentes de un entorno cultural y social modesto. Fue motivo de orgullo, para nosotras ver que muchas mujeres habían decidido combatir contra los prejuicios de sus propios maridos, padres y hermanos con tal de participar en nuestro grupo; y fueron mujeres simples, mujeres que a duras penas sabían leer y escribir su propio nombre.

—Y tú, ¿por qué decidiste ser parte de esa organización política?

—Porque era una organización de mujeres anarquistas y completó mi formación política. Siempre formé parte de grupos libertarios, pero dentro de los círculos anárquicos faltó un verdadero debate sobre la condición de las mujeres. Los compañeros fueron y son los beneficiarios de una cultura patriarcal que siempre los ha querido protagonistas de la historia. Nosotras, las mujeres, tuvimos que organizarnos autónomamente, luchar dentro y fuera de nuestras casas, dentro y fuera de las sedes de los partidos. Habríamos querido encauzar nuestras energías en otras direcciones, participar principalmente en la vida política del país, pero los compañeros no nos dieron elección y nosotras decidimos cambiar nuestras vidas antes de intentar cambiar el mundo.

—¿Cuál fue tu recorrido político?

—Vengo de una familia anárquica de Guadalajara. Mi padre era maestro y mi tía, Remedio Portales, formó en Badajoz un grupo anarquista. Fuimos autodidactas; leíamos Bakunin, Proudhon, Malatesta.

—¿Las mujeres participaban en la vida política?

—Por supuesto que no, las mujeres se autoexcluían de la política o política las autoexcluía a ellas, no sé.

—¿Por qué decidiste formar parte de un grupo de mujeres?

—Porque nosotras, las mujeres, necesitamos organizarnos autónomamente para luchar por nuestra específica condición femenina. Conocí a Lucía Sáchez Saornil, a Amparo Poch y Gascón y a Mercedes Comaposada y fui conquistada por su lucha.

—¿Conociste a estas mujeres antes de formar parte de Mujeres Libres?

—No. Tuve ocasión de conocerlas cuando empecé a militar en el grupo feminista. Yo nací en un pequeño pueblo de provincia; había leído mucho, pero no tuve la posibilidad de participar activamente en ningún grupo de mujeres, sencillamente porque en mi país no existía nada de este tipo. Fui una de las primeras en entrar en el grupo de Lucía, en el grupo de Mujeres Libres. Sentía la fuerza y la necesidad de participar en un grupo hecho solo por mujeres. En las Juventudes Libertarias no se hablaba de los problemas de las mujeres; los compañeros no compartían con nosotras las informaciones políticas, «relegaban» a las mujeres en casa para cuidar de los hijos; necesitábamos reivindicar nuestra lucha.

—¿Cuáles fueron las principales actividades de Mujeres Libres?

—Nos ocupamos ante todo de la alfabetización de las mujeres; muchas no sabían ni leer ni escribir, y esto las ponía fuera de ella vida política y social del país.

—¿Tuvisteis contactos políticos con otros grupos feministas republicanos, por ejemplo, con las mujeres comunistas?

—Tuvimos pocos contactos con ellas porque la política nos dividió. El objetivo común era la emancipación de la mujer, pero las mujeres comunistas eran excesivamente dependientes de la política de su partido. Políticamente estaban bien organizadas. La mujer española estaba muy influenciada por la cultura católica y tenía temor de militar en organizaciones anárquicas radicales. Nosotras criticamos el poder de la Iglesia, que quiso reducir al silencio las reivindicaciones femeninas.

—¿Cómo fueron las relaciones con los compañeros militantes?

Suceso Portales.

—Te podrá parecer raro pero muchos compañeros, también de tradición anárquica, no solo no nos apoyaron, sino que llegaron a obstaculizar nuestro recorrido político. No lograron entender por qué nos reuníamos solo entre mujeres y no los necesitábamos a ellos. Creyeron que estábamos dividiendo el movimiento anarquista, que no entendíamos quién era nuestro «verdadero» enemigo; quisieron enseñarnos a hacer política justo en el momento en que nosotras, allí, nos dimos la posibilidad de elegir y construir nuestro futuro. Esta cosa para nosotras fue absurda; lo mismo sucederá también ahora.

—Exactamente.

—En fin… políticamente nos sustentaban, nos financiaban cuando lo necesitábamos y nos apoyaron cuando tuvimos conflictos con las otras organizaciones, pero en lo más profundo de su alma no entendieron nuestra lucha; representábamos la contradicción evidente de sus límites culturales.

—¿Qué relación tuviste con las otras mujeres de la organización?

—Con las otras militantes de Mujeres Libres las relaciones fueron muy buenas, sinceras y cordiales; así como con las otras mujeres que también militaron en la izquierda radical. Obviamente, tuvimos problemas con las mujeres de la clase media; la mayor parte de ellas eran franquistas y, cuando empezó la guerra, siguieron sus intereses de clase antes que los de su género. Una mujer burguesa en casa puede estar sometida al propio hombre, pero fuera, en la calle, en la sociedad, legitima los abusos de la clase dominante a la cual pertenece. A nosotras nos interesaban las mujeres que luchaban dentro y fuera la sociedad, dentro y fuera de las paredes domésticas. Por esto, para nosotras era importante que aprendieran a leer y escribir: para que fuesen autónomas e independientes, libres y rebeldes. Tuvimos que luchar contra todo y contra todos y, sobre todo, contra la tradición católica que imponía a las mujeres el silencio y la resignación.

—Me ha comentado Hortensia, tu hija, que has sido una de las primeras mujeres a conducir una máquina.

—Sí, es verdad. Nos pusimos muchos objetivos, quisimos ser libres e independientes, fuertes y atrevidas. Conducir máquinas, camiones, autobuses... fue para nosotras una necesidad, un rescate político y cultural, también frente a aquellas mujeres burguesas que no necesitaban trabajar.

—He encontrado en Francia y en España a otras mujeres que pertenecieron a Mujeres Libres, como a Pepita Carpena y a Sara Guillen, y les preguntado si se definían feministas... me han respondido que no.

—Ves, quizás ahora será diferente, pero en aquella época fueron las mujeres de la clase media quienes se definieron como feministas. A ellas les importaba el poder, luchaban por el sufragio, por el derecho de voto; nosotras, las anarquistas, rechazábamos el poder y fuimos abstencionistas. ¿Qué nos podía importar, a nosotras, el voto? Nuestras batallas las condujimos en las calles, en las casas, en las plazas de las ciudades. Rechazamos los juegos de poder que alejaban a la gente de la política activa, y por esto nos definimos como «femeninas» antes que «feministas».

—También porque el feminismo, históricamente, se desarrolla en Europa y en los Estados Unidos a partir de los años 70, y conlleva también cierta conciencia de clase y una crítica total a la sociedad capitalista y patriarcal. Por esto, no es un movimiento burgués sino un movimiento de masa, proletario y crítico respecto al sistema. Quería preguntarte si en aquel período se habló de lesbianismo, de relaciones de amor entre mujeres. La misma Lucía, fundadora de Mujeres Libres, mantuvo una relación de amor durante años con otra mujer...

—¡No es verdad! Yo fui una de sus amigas más íntimas, y Lucía no superó nunca los «límites» de la decencia. ¡Nunca!

—Pepita Carpena declara que ella tuvo relaciones de amor con mujeres.

—¿Quién?, ¿Pepita?

—No, Lucía.

—No, no es verdad.

—La cual cosa no me parecería, de ninguna forma, un escándalo.

—¡Claro que no! No es una cosa de la que avergonzarse, pero Lucía no fue mujer de ciertas prácticas. En cualquier caso, son aspectos privados de una persona, no públicos. Lucía fue una brava persona, fue la intelectual del grupo. Su padre trabajó en la Administración Pública y le dio posibilidad de estudiar. Lucía fue inteligente, perspicaz, trabajó como mecanógrafa, que en aquellos tiempos era como hacer hoy de abogada; fue entonces cuando se acercó al anarquismo, a los compañeros de la CNT.

—¿Podemos considerar a Lucía como la compañera más «política» del grupo?

—No, Lucía fue más «intelectual» que política, en el sentido que hoy atribuimos a esta palabra. En aquella época era muy difícil, para una mujer, hacer política; las mujeres fueron sometidas por la Iglesia católica. La madre de mi padre, por ejemplo, fue la mayordoma de la mujer más católica del país, pero mi tía, Remedio Portales, fue una de las primeras mujeres que fundó un grupo anárquico. Yo mismo no tuve la posibilidad de estudiar; mi padre era maestro y ganaba poco. Mi hermana mayor sí que pudo continuar sus estudios, pero yo no. Mi padre llegó a ganar cuatro mil o cinco mil pesetas al año y tuvo seis hijos, no uno o dos; y mi madre tuvo catorce embarazos.

—Tu madre estaba embarazada casi cada año entonces…

—Sí, mi madre fue una mujer estupenda. Recibió una educación católica, apostólica y romana, pero supo ser una madre maravillosa, abierta y comprensiva. Era de familia humilde, no pudo estudiar, pero nos educó bien y nos dio lo que pudo darnos.

—¿Hubo muchas mujeres que decidieron combatir en el frente?

—Sí, fueron muchas pero nosotras, de Mujeres Libres, pensamos que era más importante que las mujeres aprendieran a leer y a escribir antes que a disparar. Luchamos más en la «retaguardia», decimos. Pensamos que allí era necesario hacer un trabajo más radical, en las casas y en la sociedad. Cuando empezó la guerra, muchas mujeres decidieron combatir, pero luego la milicia fue sustituida por un ejército organizado, y las mujeres decidieron ocuparse de otras cosas.

—Vosotras, como grupo de Mujeres Libres, también os ocupasteis de la sexualidad, la prevención, los anticonceptivos…

—En aquella época hablar de anticonceptivos era como hablar de pornografía. Por eso, las mujeres tenían muchos hijos: porque no sabían cómo controlar la natalidad.

—Suceso, tú te casaste, ¿verdad?

—Sí, fue durante la guerra civil, con un chico que se llamaba Román. Su padre era militar y su familia era muy católica. Fue un buen chico, pero un día desapareció y no supe nada más de él; luego me casé con Acacio, un chico anárquico andaluz, y con él tuve a una hija.

—Cuándo acabó la guerra, ¿qué hiciste?

—Dejé el país con el último vagón de la CNT con destino París. Francia estaba llena de refugiados españoles, y el país no sabía qué hacer con nosotros. A París nos quedamos atascados en el tren durante seis o siete horas; no teníamos personalidad jurídica ni política. Por un lado, estaba Franco; por el otro, los nazis. La situación era incierta, y Francia salvaguardó su propio país. Entonces, el gobierno inglés nos aceptó y nos amparó, así que decidimos irnos a Londres. Recuerdo la última noche que pasé en España: estuve en una playa de la costa valenciana, porque el gobierno español se trasladó a Valencia, y pensé que habíamos perdido la guerra y que teníamos que dejar nuestro querido país. En Valencia nos reunimos nosotras, las de Mujeres Libres; fue allí dónde hacíamos nuestros congresos. Lucía fue la secretaria de la organización, y yo fui la vicesecretaria. Teníamos muchos libros, mucha documentación, que luego ya no logramos encontrar.

—¿Cómo se inició concretamente sobre el territorio el trabajo político de Mujeres Libres?

—Nosotras llegábamos a un pueblo, a una ciudad, y organizábamos un debate sobre la condición de la mujer. Repito que las mujeres españolas, en aquella época, estaban culturalmente muy sometidas en la Iglesia católica. Invertían mucho de su tiempo libre en actividades relacionadas con la Iglesia, pero cuando llegábamos nosotras y les hablábamos de sus condiciones materiales de vida, ellas se daban cuenta de que rogando no llegarían de ninguna parte. Muchas de ellas, por esta razón, entraron en la organización Mujeres Libres y empezaron a luchar contra muchos prejuicios. Fueron mujeres atrevidas si consideramos los tiempos. La única cosa que conocían bien era el catecismo; muchas veces no sabían ni leer ni escribir.

—Cómo organización política de mujeres, ¿tuvisteis el apoyo de vuestros compañeros o no?

—Depende. Algunos nos apoyaron, incluso políticamente, pero otros no digo que nos atacaran pero no entendieron bien el trabajo político que llevábamos adelante. Decían que, si una sociedad anarquista tiene que liberar a todos, tiene que liberar también a las mujeres; no se dieron cuenta de que la educación que recibían las mujeres era completamente diferente a la suya; no entendieron que era también contra ellos que luchábamos. Luego, cuando notaron que había muchas mujeres entusiastas de hacer actividad política, se dieron cuenta de los límites del «pensamiento único» masculino que dominaba la política del tiempo. Temían también que les sacáramos los privilegios de los que gozaban, y en esto no se equivocaban; si no hubiera habido tanto machismo dentro de las organizaciones de izquierda, nosotras, mujeres de Mujeres Libres, no habríamos tenido motivo de existir.

—¿Cómo se estructuraba políticamente el grupo político de Mujeres Libres?

—Cada grupo tenía total libertad e independencia, pero había un comité nacional que se reunía periódicamente en Valencia para organizar la actividad política del grupo. La organización también fue estructurada en comités provinciales y regionales; había congresos, reuniones… Fuimos un grupo muy unido y organizado, y estábamos orgullosas del trabajo que realizábamos, porque no solo luchábamos contra el fascismo y el prejuicio de clase, sino también contra el machismo dominante, aquel de nuestros compañeros de vida y de lucha política.

—¿Cómo fue tu vida en Londres?

—Complicada, pero también muy feliz. Digo complicada porque vivir en destierro no es fácil; te falta tu cultura, te falta tu gente, te falta hasta tu lengua, pero como mujeres también nos organizamos y creamos nuestro periódico de Mujeres Libres. Con el destierro fuimos dispersadas; el golpe de Franco nos arruinó la vida.

—Si volvieras atrás, ¿hay algo que no harías?

—Creo que haría exactamente todo lo que he hecho. Me ha costado mucho defender mis ideas, ser una de las fundadoras de un grupo de mujeres en una España reaccionaria y fascista, luchar contra los «molinos de viento», vivir el destierro, el regreso a la patria, la lucha cotidiana… pero puedo decirte que he sido una mujer dichosa. Siempre he hecho lo que he querido con el orgullo de haber luchado para mejorar la condición de vida de muchas mujeres en mi país. Ahora, para vosotras es fácil, pero en aquella época no había educación, no había libertad, no había derecho de voto, no podíamos levantar la voz, cantar, pasear libremente por las calles… Creamos un grupo únicamente de mujeres y un periódico todo nuestro. Hoy en día, los jóvenes piensan en divertirse, pero para nosotras la política fue la sal del vida, no sé si logro explicarme.

—Te explicas perfectamente. Gracias por todo, Suceso.

Teresa Carbó

Perpiñán. Junio de 2010. Ya me había encontrado varias veces con Teresa en Barcelona, pero la noticia de que con sus ciento dos años todavía siga con vida me sorprende y me emociona. Con Marta Vergunyos decidimos alcanzarla en Francia y hablar con ella sobre el argumento que ha marcado su vida: su encuentro con Andreu Nin en las cárceles estalinistas. Los comunistas la torturaron, pero ella no se arrepintió de nada ni cambió los hechos; un gran ejemplo para muchos de nosotros que se venden por cuatro pesetas y dos euros…

⌘

—Hola, Teresa, ella es Isabella, una amiga mía que te va a preguntar algo sobre el POUM. En Palafrugell hemos encontrado a Silvia, tu sobrina, y como veníamos a Perpiñán para hacer otra entrevista a una mujer que era también del POUM hemos pensado de venir a verte.

—¿Quién es esta otra mujer?

—Es Teresa Rebull, vive cerca de Perpiñán, no tan lejos de aquí. ¿Te acuerdas de mí, Teresa? Ya nos habíamos conocido en 1995, en Barcelona, con los otros militantes del POUM. Estábamos recordando este momento histórico cuando tú estabas allí en Barcelona durante la guerra civil. Yo ya realicé un trabajo de entrevistas con todos los otros.

—¿Eres periodista?

—Historiadora. Ahora estoy haciendo una investigación sobre el caso de Nin, también tengo contacto con la nieta de Nin que vive en Inglaterra, y lo que quisiera volver a recordar contigo es este momento importante cuanto tú hablas con Nin.

—A Nin lo mataron los comunistas. Me encontré con él y soy la persona que lo vio por última vez con vida.

—¿Recuerdas que te dijo? ¿Cómo fue ese encuentro?

Teresa Carbó.

—Ese encuentro fue en la comisaría, dado que él estaba detenido. Fui porque me ocupaba del POUM, me ocupaba de Socorro Rojo y de estas cosas… y resulta que fui a la comisaría, donde todo el mundo me conocía porque había ido allí muchas veces, y fue allí donde lo vi. Estaba solo, en una habitación. Ya te digo que tenía acceso a todas partes, todo el mundo me conocía.

—Eras enfermera…

—Enfermera, sí. Había estudiado como enfermera.

—Entonces viste a Nin, ¿ya sabías que había sido detenido?

—Precisamente fui porque me habían dicho que Nin estaba detenido. Fui y me lo encontré solo. Y me dice: «¿Qué haces aquí, desgraciada?». Él sabía que era peligroso que yo estuviera allí, de hecho luego se me pegaron a mí… Yo fui a buscar comida y volví, pero uno que me conocía me avisó: «Las cosas van muy mal para vosotros, no vuelvas por aquí».

—¿Quién te dijo esto?

—Me lo dijo uno que me conocía, que vivía cerca de mi casa.

—¿Pagaste algún precio por haber visto a Nin?

—Me costó seis meses de cárcel, seis meses…

—Porque había gente que protestaba por la desaparición de Nin…

—Lo mataron en Alcalá de Henares.

—Y después de la guerra, ¿te quedaste en Barcelona?

—Me quedé hasta el 40. Luego nos marchamos aquí… y aquí estamos, como me veis ahora, como a una vieja cachucha…

—¿Cuántos años tienes?

—Ciento y pico, jajaja. Me parece que son dos, que son ciento dos…

—Me has comentado que viviste en Francia y también a Latinomérica...

—Sí.

—¿A qué país de Latinoamérica te fuiste?

—Me fui a Bolivia.

—¿En qué ciudad viviste?

—En Santa Cruz de la Sierra.

—Es una ciudad muy bonita, la conozco. ¿Por qué te fuiste allí, tan lejos?

—Después de la guerra nos marchamos a Francia, y yo allí tenía un hijo que quería irse a Bolivia. Si no hubiera sido por él, yo me habría ido a México, que era el único país que nos recibía.

—La mayor parte de los militantes del POUM se fue a México, como Víctor Alba, Pilar Santiago...

—¡Ah, Pilar Santiago! Se murió de repente. Había venido a visitarme unos días a Palafrugell, y quería pasar un par de meses conmigo. Éramos muy amigas.

—Era una mujer maravillosa. Vivió muchos años en México, le gustaba mucho el arte, la pintura, la política...

—Y cuando llegaste a la cárcel por haber visto a Nin, ¿con quién te encontraste? Con María Teresa Andrade, con Pilar Santiago...

—Sí, con ellas.

—¿Regresaste a Barcelona después de la muerte de Franco?

—En el 68 regresé. Mi marido se fue primero, y luego fui yo también.

—¿A Barcelona?

—No, a Palafrugell.

—¿Viviste mucho tiempo allí?

—Siempre estuve entre Palafrugell y la Francia. Iba a pasar unos días porque mi madre vivía todavía.

—Salías también con los otros militantes del POUM. No sé, ¿conoces a Teresa Rebull desde hace mucho tiempo?

—Desde hace muchos años la conozco. Ella también era una militante.

—¿Y dónde vivía?, ¿en Barcelona?

—Sí, vivía en Barcelona. Su marido era muy conocido porque había estado preso durante muchos años, antes de la guerra.

—Y tú viviste entre Barcelona, Palafrugell y la Francia...

—En España viví poco. Estaba en Francia porque mi marido trabajaba, era pintor, decorador.

—¿En qué ciudades vivisteis?

—En Toulouse, y después en París.

—¿Cómo fue que tú, cuando eras niña o adolescente, te acercaras al POUM? ¿Por qué este partido y no otro, digamos?

—Porque, porque… queríamos unificar lo que se hizo después. El nuestro era el Partido Obrero de Unificación Marxista, y queríamos unificar todos los partidos socialistas que había, queríamos unirlos todos. Lo que se ha hecho ahora.

—¿Conociste personalmente a Nin y a Maurín?

—Yo conocí poco a Maurín, porque cuando vino la guerra él se quedó en zona ocupada por los fascistas y fue detenido. Lo conocía poco.

—Pero a Nin sí que lo conocías porque lo veías más a menudo en Barcelona…

—Sí, a Nin lo veía muy a menudo en Barcelona.

—¿Qué tipo de persona era Nin?

—Excelente, inteligente y bueno, y todo lo que tú quieras.

—Entonces estás muy contenta de haber estado en este partido, vamos...

—Sí, porque ya te digo que nosotros queríamos hacer la unificación; o sea, todos unidos dentro de un partido socialista, que es lo que se ha hecho ahora. Ya hace años que nosotros queríamos hacerlo. Y tú, ¿qué representas?

—Yo vivo en Italia y soy historiadora. He venido aquí porque acaba de salir un libro sobre el POUM, sobre el asesinato de Nin, porque todavía no se ha encontrado su cuerpo. Tú eres la única persona que puede testimoniar, que puede decir que lo vio aquel día. Fue un día terrible, después de los hechos de mayo del 37: hubo represión contra el partido, cerraron el periódico *La Batalla*, muchos tuvieron que escaparse, hubo un proceso, fue terrible. Quería preguntarte tu opinión sobre La Pasionaria, Dolores Ibarruri…

—La Pasionaria estaba en el Partido Comunista, y nosotros con el Partido Comunista no teníamos nada que ver.

—¿Y Federica Montseny?

—Federica Montseny estuvo apoyándonos en el proceso diciendo que no era verdad que nosotros fuéramos fascistas. Yo estaba allí y tenía uno que llevaba la pistola así, contra la cintura y le decía: «Si eres valiente, dispara». Porque era del Partido Comunista. ¿Sabes?

—¿Y él dónde estaba?

—Esto fue en Barcelona, durante del juicio, el proceso… y tenía el cañón de la pistola en mi cintura.

—Entonces, ¿estuviste al proceso?

—Fui al proceso, sí.

—¿Te llamaron como testigo o por otra cosa?

—No, yo no hablé. Fui a ver a los compañeros. Pero tuvimos que dormir en la calle porque no querían que estuviesen allí «los de nosotros». Fuimos tres o cuatro, y dormimos en la calle para tener sitio, y la historia es grande.

—¡Qué bien que hayas podido testimoniar esto!

—Yo podría escribir libros...

—Seguro, con todo lo que has vivido de la guerra... Todos nos hablan de ti como de una mujer muy firme, más allá del precio que tuviste que pagar, no cambiaste de opinión sobre Nin y sobre el POUM.

—No reniego de nada lo que hice, porque no hice nada malo.

—Bien...

—Nos lo quitaron todo. Todo, todo, todo. Más cosas sentimentales que materiales...

—¿Tu marido también era militante del POUM?

—Sí, sí...

—¿Cómo se llamaba?

—Se llamaba Esteban Model.

—¿Cuántos hijos tienes?

—Dos. Viven en Francia.

—Estupendo...

—¡Qué bien que haya pasado todo! Pero no reniego de nada. No he hecho mal a nadie.

—¿Y cómo pasaron a Francia? ¿Fue en el 39 cruzando y caminando por los Pirineos?

—Sí.

—En Francia, ¿en qué ciudad se quedaron primero?

—En Toulouse.

—¿Durante mucho tiempo?

—Estuvimos poco en Toulouse, después a Bolivia, donde teníamos amigos.

—A Santa Cruz...

—A Santa Cruz de la Sierra. Allí estuvimos siete años. Después, de allí nos fuimos a Brasil, y allí nos quedamos catorce años.

—¿En qué ciudad?

—En Sao Paulo.

—¿También hablas portugués, Teresa?

—No lo hablo, pero sí que lo comprendo todo.

—Y desde Sao Paulo regresasteis a Barcelona...

—No, para vivir no, porque no teníamos nada. Nos lo habían quitado todo.

—Después de Sao Paulo, ¿dónde fuisteis?

—Un hijo nuestro nos esperaba en la frontera. Y, cuando estábamos en el tren, me decía: «Si me pasa algo, tú te encargas de todo», porque yo era más valiente que él.

—En el POUM, ¿había más mujeres como tú?

—Sí, había bastantes.

—Y muy valientes…

—No pensábamos que todo nos iría como nos fue. Y aquí me tienes a mí, con más de cien años y volvería a hacer lo que hice. Como dicen los franceses: *«Je ne regrette rien»*. No reniego de nada.

—Si tuvieras aquí a la nieta de Nin, con la cual estoy en contacto, ¿qué le dirías?

—Pues que era el hombre mejor del mundo, que era un hombre que valía todo el dinero del mundo, que puede estar orgullosa de haber tenido un abuelo así… que no tenga vergüenza alguna, que su abuelo fue un gran hombre. ¿Cómo se llama ella?

—Se llama Silvia Nin, y vive en Inglaterra. Me voy a comunicar con ella y le voy a decir que le mandas saludos. Ella tiene más o menos mi edad y no pudo conocer a su abuelo.

—Dile que era lo mejor del mundo.

—Se lo voy a decir… Quisiéramos hacerte unas fotos, ¿es posible?

—No vale la pena…

—Te fotografiamos solo la cara, no el cuerpo…

—¡Escucha!, de cuerpo todavía estoy bien. ¿Eh? Tengo unas piernas que hay jóvenes que quisieran tenerlas así…

—Seguro…

—No tengo ni una varice, mira, están muy duras.

—¡Quisiéramos nosotras llegar a los cien años y estar así! —dijo Marta.

—Así es… ¿Quién es esta chica?

—Es una amiga de Palafrugell.

—Tengo una nieta de Palafrugell que es periodista. ¡Ah!, he perdido la memoria y tengo problemas con la vista.

—¿Tienes cataratas?

—No, cataratas no. No es cuestión de cataratas.

—Teresa, ¿tenías hermanos o hermanas?

—Tenía dos hermanas y un hermano: Elvira y Paquita…

— Yo conocí a Paquita, la mamá de la Silvia —confirmó Marta.

—El POUM era un partido que protestaba contra las injusticias. Durante el franquismo, por ejemplo, la gente no protestaba. Yo estuve seis meses en prisión, seis meses incomunicada completamente.

—Yo me acuerdo de ti porque nos conocimos en el 95, en Barcelona, hace más de quince años y había una reunión de los militantes del POUM y hablamos un buen rato.

—No me acuerdo bien… ha pasado mucho tiempo.

—Con todas las entrevistas que te han hecho…

—Sí, me han hecho muchas entrevistas.

—Te he visto en el documental *Operación Nikolai*. Tu testimonio es realmente muy importante. Yo conocí a Solano, a Rocabert, a Elvira Godás la vamos a ver esta semana…

—¿Podéis saludarla de mi parte?

—Claro, y saludamos también a Teresa Rebull, que vamos a verla ahora…

—Sí, sí. Ella hizo un libro. Hace mucho que no la veo y pensaba que tal vez había fallecido.

—No, no. Está bien. Le daremos recuerdos de tu parte. Ella cantaba también, ¿no?

—Tenía muy buena voz. Dile que estoy contenta de saber que está bien, que tal vez algún día la molesté con algunas cosas… que me disculpe.

—Por supuesto. Eres una mujer muy combativa, tengo este recuerdo desde la primera vez que te vi hace años.

—Y lo soy todavía, *«je ne regrette rien»*. Mira, ha pasado todo. Y así pasan las cosas…

—En otra ocasión que pasemos por aquí volveremos a visitarte.

—Otra cosa que hice es que, cuando me fui a Barcelona, estudié esperanto, era esperantista.

—¿Recuerdas algo del esperanto?

—Sí, algo recuerdo.

—Teresa, y en Toulouse coincidiste alguna vez con Rosa Laviña?

—Sí. Rosa era anarquista, sí.

—¿Teníais relación?

—Sí, sí, nos llamábamos, nos veíamos. Y vosotras, ¿qué pensáis vosotras de todo esto?

Marta le respondió:

—Nosotras admiramos mucho a vuestra generación. Por lo que habéis hecho tenemos admiración y reconocimiento histórico. Hace unos quince años, cuando Isabella hizo el trabajo sobre el POUM me dijo: «Mira, la mujer que vio a Nin en vida por última vez es de Palafrugell. A mí esto me sorprendió en aquel momento. Un día, en el tren me encontré con tu nieta Roseta y me habló de su tía, de que había estado en el POUM y había visto a Nin… y yo pensé: «Esta mujer tiene que ser la misma de la cual me hablaba la Isabella». Como Isabella ha regresado justo para seguir con su investigación, pensamos en ir a casa de tu nieta para preguntarle sobre ti, cómo estabas y dónde estabas, y por eso estamos aquí, porque nos interesa mucho tu testimonio, Teresa. Por eso me encantaría volver por aquí y hacerte otra entrevista.

—Sí, pero cada día voy a menos, ¿eh?

—Pues no lo parece —dije yo.

—Y eso que tienes cien años, ¿eh? —continuó Marta.

—Yo te digo que de lo que he hecho no me arrepiento de nada porque no hay nadie que pueda decir que he hecho algo malo. Nos lo quitaron todo. Todo. Nos dejaron como pobres desgraciados.

—Cuando estuviste en la cárcel, ¿torturaban en aquella época?

—No puedo decirlo. A mí me detuvieron por haber visitado a Nin, porque al ser enfermera podía entrar por todas partes.

—Han sido ideales de ideales, de lucha y de mucha unión también.

—Sí, siempre hemos estado muy unidos.

—Teresa, ¿cómo llegaste al POUM?, ¿cómo lo conociste?, ¿a través de tu marido?

—Conocí a mi marido cuando estudiaba esperanto. Allí conocí a mi marido.

—¿Y cómo fue que entraste en el POUM? ¿Quién te habló de este partido? ¿Había también grupos anarquistas u otros grupos?…

—Sí, había muchos grupos, pero nosotros éramos el Partido Obrero de Unificación Marxista.

—¿Y tú siempre te sentiste así de marxista?

—Sí.

—¿Por qué te fuiste a vivir a Barcelona?

—Vine con mi marido. Antes nos habíamos casado en Palafrugell, y fue una revolución porque nos casamos por lo civil, sin pasar por la iglesia.

—¿Eso te creó problemas con tu familia?

—No, en mi familia todos estaban de acuerdo.

—Llegaste a Barcelona y allí te pusiste a estudiar esperanto con tu marido…

—No, no… yo conocí a mi marido por medio del esperanto.

—¿Quién te habló del esperanto?, ¿cómo te enteraste?

—En una reunión que hicimos había uno que nos explicaba las reglas gramaticales, qué es un nombre o un pronombre… Es una lengua como otra cualquiera, y así la estudié. La reunión era en Caldas de Malavella, donde hacen aguas minerales, una reunión de esperantistas. Yo tenía unos dieciséis o diecisiete años, y mi marido tenía siete más que yo. Empezamos así. Como él sabía más esperanto que yo, yo escribía y él me corregía las cartas. Así empezó la relación.

—¿Los dos ingresasteis juntos en el POUM?

—Sí, entramos más o menos al mismo tiempo en el partido.

—¿En qué año te casaste con él?

—Era el 28.

—Así que, cuando empezó la guerra, ya estabas casada con él.
—Sí. Tengo un hijo que vino al mundo en el año 1930. Tengo veinte años más que él.
—¿Tú eres de 1910?
—No, soy de 1908.
—¿Recuerdas la Exposición Universal de la época?
—Ya lo creo, claro que me acuerdo.
—De allí vino todo el movimiento obrero, ¿no?
—No, el movimiento obrero ha existido siempre; tal vez primero surgió el movimiento anarquista.
—Teresa, ¿te defines como feminista? También existía la necesidad de una lucha de mujeres, ¿no?
—Creía y creo todavía que no hay ni mujer ni hombre, que todo el mundo es igual. ¡Ya está!
—¿Y dónde falleció tu marido?
—Falleció en Francia. Después de la guerra nos fuimos siete años a Bolivia, y luego estuvimos catorce años en Brasil.
—En Bolivia, ¿qué hacíais?, ¿cómo subsistíais?
—Trabajando... Mi marido era un artista, ¿sabes? Era pintor decorador. Todavía hay trabajos que hizo él. Hacía cosas muy bonitas y trabajaba muy bien la madera.
—En Santa Cruz, ¿trabajaba de esto?
—Sí. Allí tengo amigos que se quedaron.
—¿Tú también trabajabas?
—De trabajar he trabajado siempre, pero allí hacía lo que podía.
—¿Estabais en contacto con gente de otras organizaciones, con otra gente exiliada?
—Sí, teníamos amigos con los que manteníamos relación.
—¿Te acuerdas de los nombres de algunos de ellos?
—Hay uno que se llama Salvador Ric, que allí le llaman El Socialista Millonario.
—¿Era del POUM?
—Del POUM, no, socialista.
—¿Es español?
—Sí, español.
—Aquí nos hemos encontrado entre Italia, Francia y Cataluña.
—¿Italia por qué?
—Yo soy italiana. Teresa, ¿tú venías del Bloc antes de ingresar en el POUM?
—Sí, yo era del Bloc de Maurín.
—Muchas gracias, Teresa, y qué vivas cien años más.

Pilar Santiago

Barcelona. Junio de 1996.

En el 1996 me fui a vivir a Barcelona para acabar mi carrera de Ciencias Políticas; allí encontré a los militantes del POUM y a Pilar, mujer de gran espesor político y talento artístico que reclamaba el cuerpo de su marido asesinado por los estalinistas. Por tanto protestar la detuvieron, le pegaron, pero no lograron callar su voz…

En esta entrevista estuvo con nostras Eva García. Pilar comienza la entrevista yendo al grano:

—Sé que habéis entrevistado a Ignacio Iglesias.

—Sí, lo hemos encontrado hace unos días en Villanova, un pueblito cercano al mar, en la Costa Brava. Actualmente vive en París y había venido a pasar unos días en Barcelona —respondió Eva.

—Me han dicho que está un poco débil de salud.

—Sí, tenía dificultades para expresarse —aclaré yo—, pero es un hombre muy activo, inteligente, simpático e irónico. Hasta bromeaba sobre su condición de salud. El encuentro con él, como los encuentros con todos vosotros los del POUM, está siendo realmente enriquecedor. Y no lo digo solo desde un punto de vista político, sino también humano y cultural.

—Entiendo perfectamente a lo que te refieres. Es la diferencia que existe entre quien interpreta la historia en los libros y quien la vive en primera persona, quien analiza los eventos y quien investiga.

—Hablando con vosotros no solo me doy cuenta de aspectos que los libros de historia omiten, sino que la propia manera de contar los hechos les da vida y los llena de significado.

—Nosotros hemos vivido un período histórico particular, un período en el que cada suceso político influía sobre nuestra vida privada, te dabas cuenta de que algunas cosas eran el resultado de una larga maduración histórica y política que nos implicaba un poco a todos nosotros.

—¿Te refieres al POUM?

—No únicamente. Pienso en toda la izquierda radical, en los socialistas, en los republicanos, en los trotskistas, en los anarquistas...

—Los anarquistas tenían en España una fuerza política impresionante, durante la guerra civil.

—Los anarquistas estaban presentes en todos los sectores sociales y productivos del país. Eran militantes serios y preparados. A cada uno de ellos quiero expresar mi admiración y mi reconocimiento.

—¿Por qué motivo?

—Por su fuerza y por ser consecuentes. Yo he conocido a centenares de familias anarquistas en Cataluña. He podido ver cómo educaban a sus hijos y cómo los hombres se relacionaban con las mujeres. No aceptaban ningún tipo de compromiso con el sistema. Para ellos, la revolución empezaba en las casas, en las fábricas y en las plazas. No bautizaban a sus hijos y no les imponían ninguna ideología. Estas cosas os podrán parecer banales, pero no lo son. ¿Cuánta gente está realmente dispuesta a condicionar su vida, y la de sus hijos, para perpetuar la fe y los ideales en los que cree?

»En contraste con el silencio colectivo y con en el conformismo general, se distinguían por su manera de cuestionar sus vidas privadas, su existencia cotidiana. Luego también organizaban luchas en los lugares de trabajo, dirigían huelgas y protestaban en las calles. Para mí, los anarquistas tenían algo más, algo que a nosotros nos faltaba.

—Entonces, ¿por qué has militado en el POUM y no en los grupos anarquistas?

—Porque me sentía más cerca de la línea política del POUM que de la de los anarquistas. Te digo esto más allá del hecho de que, en aquella época, ninguno de nosotros sabía exactamente qué significaba realmente ser comunista, marxista o simplemente revolucionario. En España, los obreros conocían más *Estado y anarquía* de Bakunin, que *El Capital*. Nosotros nos enfrentábamos por primera vez al estudio de los difíciles libros de economía, de historia y de política, y nos preguntábamos el significado real de algunos términos usados.

—¿Por ejemplo?

—Nos preguntábamos qué significaba el término «plusvalía». Para ayudarnos hacíamos algún ejemplo práctico. Decíamos: «Si el capitalista gana 10 y da al obrero 2, quiere decir que el restante 8 se lo queda él, y este 8 el capitalista lo gana gracias al trabajo del obrero. Este trabajo es una explotación porque el obrero tiene el derecho a dirigir los medios de producción junto a los otros obreros. La clase obrera vive mal, sin derecho a jubilación, a asistencia médica, a seguro de desempleo. El sueldo solo le llega para sobrevivir. El capitalista, por el contrario, se enriquece siempre

Pilar Santiago e Isabella Lorusso.

más. El dinero que pueda ahorrar lo necesita para otras inversiones y para vivir una vida mucho mejor que la nuestra. Los trabajadores tienen que organizarse, luchar por sus derechos, bloquear la producción, manifestar su fuerza ante la clase patronal y la sociedad entera…».

»Te estoy esquematizando cuál era el sentido de nuestro debate. Habíamos empezado a elaborar análisis teóricos sobre la historia del movimiento obrero. Todos nosotros, de hecho, teníamos una gran conciencia de lo que hacíamos. Teníamos un gran estímulo para seguir trabajando sobre estos temas.

—Las condiciones de la clase obrera, al comienzo del siglo, no eran comparables a las actuales.

—En aquella época, el obrero vivía muy mal, sus condiciones laborales eran pésimas. No había derechos de ningún tipo ni había leyes que lo protegieran. Te podían despedir por cualquier motivo, incluso por el más estúpido: porque enfermabas, porque participabas en reuniones sindicales, etcétera. La lucha entre obreros y capitalistas era dura y feroz. Se vivía permanentemente con miedo, temiendo atentados, represalias, violencias arbitrarias y detenciones.

»Esta lucha se agudizó de tal manera en España que se llegó, casi sin darse cuenta, a la guerra civil en julio de 1936. La gente imagina aquella fecha como el comienzo de las hostilidades, pero la violenta tensión política y social existía desde, al menos, un par de décadas.

»España había vivido la fracasada experiencia republicana en 1931. Pero entonces se tenía miedo a ser demasiado radical y a llevar a cabo

113

reformas políticas y económicas que molestaran a la derecha. La coalición de izquierdas que ganó las primeras elecciones terminó por mostrarse demasiado moderada e incapaz, garantizando una cierta continuidad política con el anterior régimen. Este primer gobierno republicano duró hasta 1933, año en el que fueron convocadas nuevas elecciones, que fueron ganadas por la coalición de centro derecha, encabezada por Gil Robles. Fue el llamado «bienio negro», durante el cual las tímidas tentativas de reforma agraria, educativa, fiscal y de la relación con la Iglesia católica fueron definitivamente sepultadas.

»En 1934 estalló una revuelta en Asturias, en la que participaron los sectores más concienciados y radicales de la clase obrera. Las reivindicaciones eran muchas y eran de orden económico y político. La represión fue violenta. El gobierno utilizó las tropas moras y todas las fuerzas del orden de las que disponía. Los muertos, heridos y desaparecidos se contaron por millares. Todos los otros fueron detenidos, en masa, bajo la acusación de asesinos y revoltosos.

»La revolución asturiana no se podrá borrar nunca de la memoria colectiva del proletariado español. Por la bárbara represión en Asturias, el mismo gobierno reaccionario de Gil Robles estuvo sometido a fuertes tensiones en su interior que llevaron, en diciembre de 1935, a la disolución del Congreso y, en febrero de 1936, a nuevas elecciones. El movimiento obrero, y esta vez con el componente anarquista, votó de forma unánime por el Frente Popular.

—Estas elecciones llevaron también a decisiones políticas difíciles.

—Indudablemente. Como os decía, los anarquistas eran personas muy coherentes y muy fieles a sus ideales. Durante las elecciones de abril de 1936 decidieron votar únicamente para liberar a sus compañeros en prisión y por nada más.

—¿Quieres decir que no confiaban en las instituciones burguesas?

—Los anarquistas no daban ningún crédito a las instituciones del Estado. Rechazaban la política parlamentaria, la política de los partidos, de los compromisos políticos y de los acuerdos. Criticaban la política de quien ya había dejado de hacer actividad política y quería solo ocupar un sillón gubernamental. ¿Cómo no darles la razón?

—Nos comentabas que, antes del inicio de la guerra civil, la situación política era bastante tensa.

—Sí, desde que la izquierda ganó las elecciones políticas, en febrero de 1936, la derecha empezó a organizarse y a preparar el golpe de Estado.

—Una de las principales acusaciones que la derecha hizo a la izquierda fue que las elecciones habían sido un fraude y que se tenían que volver a convocar.

—Los fascistas no podían entender cómo el pueblo, en España, había votado a la izquierda. Aquel pueblo que ellos habían comprado, humillado y sometido había decidido votar contra ellos. Esto, para ellos, era inconcebible. El resultado de las elecciones, según ellos, debía de haber sido manipulado.

—Dijeron, entre otras cosas, que el sistema político mayoritario no garantizaba una perfecta correspondencia entre los votos y los escaños en el Parlamento.

—¡Qué tontería! ¡Habían descubierto América! Pero se olvidaban del hecho de que aquel sistema electoral lo habían querido ellos. También en 1933 existía el mismo sistema mayoritario, pero entonces ganó la derecha.

»La verdad es que el voto, para los fascistas, es pura formalidad. Para ellos, habría tenido que gobernar quien ya tenía el poder o quien lo conquistara por la fuerza. Los fascistas están siempre de parte de los más fuertes, de los usurpadores y de los prepotentes. Controlan el ejército, las finanzas, la política y la religión. Saben perfectamente que, para someter a las clases sociales más débiles, tienen que estar unidos, organizados y ser fuertes.

—En abril de 1936 se presentaron a las elecciones divididos.

—Sí, políticamente estaban divididos, pero militarmente se unieron y organizaron algunos meses después; gracias también al apoyo de las potencias fascistas europeas.

—¿Por qué el golpe militar empezó en Marruecos?

—Porque Marruecos, en aquella época, era una colonia francesa y española. Era un campo de entrenamiento militar para sus ejércitos coloniales. Paradójicamente, se utilizaron las tropas moras para sofocar la revolución asturiana, y posteriormente como tropas de choque en el golpe contra la república.

—Hubo una gran polémica debido a que el gobierno republicano no alentase en Marruecos una lucha por su propia independencia política. Solo de aquella manera sostenían a los sectores más radicales del movimiento obrero, las tropas marroquíes podrían haberse rebelado contra el Estado mayor franquista. ¡Solo por la conquista de su propia independencia y libertad habrían luchado contra los usurpadores españoles! Pero no fue así. Oficialmente no se hizo nada en apoyo a la independencia marroquí. El gobierno republicano fue derrotado, incluso antes de que empezara la guerra.

—Sí, el gobierno republicano respondió de manera tímida a las amenazas fascistas. Nuestros queridos gobernantes no sabían bien cómo reaccionar. No querían repartir armas al pueblo. No querían provocar una revolución social. ¡Esperaban, de alguna manera, que los fascistas se fuesen en silencio, solos, sin pedir nada a cambio!

—¿Pero la cuestión de Marruecos?

—Lo que seguramente no querían, nuestros gobernantes, era molestar a los otros Estados europeos que, de una manera u otra, habrían podido ayudar a la España «libre» y «democrática». En nombre de esta fidelidad europea no se estimuló la lucha por la independencia de Marruecos. No se llegó a creer que una rebelión en las colonias marroquíes habría podido cambiar la suerte del ejército español. No querían tocar los intereses políticos y económicos de países como Francia o Inglaterra. Países que, de todas formas, no movieron un dedo para salvar a la república española. Una triste historia.

—También el frente republicano estaba internamente dividido.

—El frente republicano estaba dividido más que nunca, en su interior. Eran diferentes los objetivos que teníamos y diferente era, también, nuestra visión política. Nosotros, los del POUM, como grupo político nos sentíamos mucho más cerca de los anarquistas.

—¿En qué sentido?

—Nosotros luchábamos por la revolución. Creíamos en un cambio social. Queríamos un país libre y democrático en el cual la clase obrera detentara el poder. Queríamos colectivizar las tierras, las fábricas… Queríamos que las mujeres desempeñasen un papel importante en la sociedad.

—¿Por estas razones erais diferentes a los estalinistas?

—Nosotros éramos totalmente diferentes a los estalinistas, y rápidamente nos dimos cuenta de esto. Antes del comienzo de la guerra empezamos a publicar en nuestros periódicos noticias sobre lo que estaba sucediendo en la Unión Soviética. Estas noticias nos impactaron. Supimos que en la patria del socialismo había terribles purgas que suponían la eliminación física, y política, ¡de los principales protagonistas de la revolución rusa! Nos preguntábamos: «¿Cómo es posible que Trotsky, Bujarin y otros dirigentes soviéticos estén acusados de traición hacia la Unión Soviética? ¿Cómo es posible que el poder de Stalin haya llegado a tanto?». Publicamos numerosa información en *La Batalla* sobre la situación política en la Unión Soviética. Tomamos inmediatamente partido contra el estalinismo, y esto no fue fácil.

—¿En qué sentido?

—En el sentido de que para muchos, entonces como ahora, nosotros éramos comunistas, lo que significaba ser culpables de cualquier cosa que sucediera en cualquier parte del mundo. Para muchos, ser comunista y ser estalinista era la misma cosa. No lograban realmente entender las diferencias que existían entre nosotros.

—También por esta razón, a menudo, mucha gente se ha confundido y ha simplificado los hechos de Barcelona de 1937 a una mera lucha entre diferentes facciones comunistas.

—Sí, hay hasta quien ha sostenido esta tesis. La mayor parte de la gente no estaba ni siquiera mínimamente informada sobre los hechos. Yo he tenido la gran suerte de nacer en una familia que era consciente de lo que quería y de lo que sucedía. Mi padre era un viejo socialista. Un hombre muy serio y honesto. Recuerdo que era muy crítico con la Iglesia católica, y no quería que nosotros estuviéramos con curas y monjas. Si hubiese sido por él, no nos habría bautizado. Pero mi madre insistió mucho para que la gente no nos discriminara, aunque nos enseñó a criticar el poder establecido. Mi padre estaba siempre del lado de la gente pobre, defendiendo siempre los intereses de quien no tenía fuerza para defenderse y para rebelarse. Era el director del Ateneo Popular, y cuando un obrero fallecía, él participaba en los funerales y estaba cerca de la familia. Pero, cuando el ataúd llegaba a la iglesia, él se quedaba fuera. No quería vivir su dolor en el interior de una institución religiosa que a él no le gustaba. En aquella época existían todavía plañideras en los funerales… Me preguntaba cómo era posible que gente pudiera llorar a cambio de dinero.

—¿Qué eran los ateneos populares?

—Los ateneos populares supusieron el primer experimento pedagógico y político de difusión para el pueblo de una cultura a la que muy pocos tenían acceso. Se organizaban cursos de alfabetización, danza, teatro, música, arte… Fue, probablemente el primer, e ingenuo, intento de toma del poder político por parte de la clase obrera. Tienes que saber que, en aquella época, las escuelas estaban en manos de los curas y las monjas, que no trasmitían una cultura crítica y completa. Los ateneos populares nacieron a comienzos del siglo xix y, como experiencia política, han sobrevivido hasta la actualidad.

—Hablabas de tu familia.

—En mi familia estábamos todos muy comprometidos con los acontecimientos políticos del país. Mi tía, por ejemplo, alojó durante varios meses a un joven anarquista que había participado en un atentado. Lamentablemente, aquel chico fue detenido, y nosotros lo lamentamos mucho. Mi tío, el hermano de mi madre, era un militante socialista muy serio, uno de los que no quieren vivir en un ambiente de comodidades. Cuando era joven, la policía lo había perseguido varias veces por cuestiones políticas. Se escondía en la montaña, y mi madre le llevaba de comer. Después llegó a ser diputado, durante el período de la guerra civil. Gracias a su apoyo pude salvarme cuando fui detenida.

—¿Cuándo te detuvieron?

—Me detuvieron durante el verano de 1937, durante la represión que los estalinistas desarrollaron contra nuestro partido.

—¿Participabas directamente en la actividad política del POUM?

—Sí, estaba directamente comprometida en la vida política del partido y hacía todo lo que podía hacer una militante. Distribuía ejemplares del periódico, participaba en las reuniones políticas, escribía artículos políticos... Fui invitada varias veces, junto a Nin, a dar conferencias sobre las posiciones de nuestro partido. Era bastante activa, pero no fue esta la razón por la que me detuvieron.

—¿Cuál fue el motivo?

—Los estalinistas asesinaron a mi marido en el frente. Yo reclamaba constantemente a las autoridades militares pidiendo noticias sobre su paradero Y me decían que mi marido era un fascista y un traidor, y que lo habían tenido que matar mientras intentaba pasarse a las filas del enemigo. Pretendían que me quedara tranquila con su absurda versión de los hechos. Yo sabía que todo lo que me decían era mentira. Sabía que mi marido era un comunista, un militante del POUM, que no habría pensado nunca, ni siquiera remotamente, pasarse al enemigo. También sabía bien que Nin, Andrade, Gorkin, Solano, Rovira y todos los demás miembros del POUM asesinados o detenidos no eran ni traidores ni fascistas. Yo, a estas personas, las conocía bien. Con ellos había realizado actividad política durante años. Había compartido alegrías y penas, tensiones y miedos. Las versiones oficiales no me convencían para nada. Protestaba y luchaba. ¿Qué otra cosa habría podido hacer? ¿Resignarme? Me sentía derrotada y no volví a ver nunca más a mi marido.

—Háblanos de él.

—Se llamaba Juan Hervás. Lo había conocido cuando yo tenía dieciocho años, en la escuela donde los dos enseñábamos. El director era de Lérida y se llamaba Víctor Colomer, y era, como nosotros, militante del Bloc. Empezó así nuestra historia de amor y nuestras vicisitudes políticas. Un año después, Juan y yo nos casamos. Juan era un militante serio y muy culto. No se puede decir que era un extremista. Éramos muy amigos de Maurín. Él también enseñaba, como nosotros, en la escuela de Lérida. Cuando empezó la guerra se fue al frente, a combatir. Yo fui varias veces a verlo, y me sorprendía cómo podían sobrevivir en condiciones tan precarias como las que tenían. En el frente faltaba de todo: agua y pan, sueño y descanso. La situación política se fue volviendo cada vez más tensa, tanto en las ciudades como en los campos de batalla. Los estalinistas nos llamaban traidores, fascistas y miembros de la quinta columna de Franco. ¿Cómo podían permitirse decir cosas de este tipo sobre nosotros? ¿Cómo se atrevían a infamarnos hasta tal punto?

—Tenían de su parte la fuerza del poder. La fuerza de un Estado que había olvidado las enseñanzas de su misma revolución.

—Además, existía el hecho de que los soviéticos eran los únicos que abastecían de armas al gobierno republicano, porque los otros gobiernos se habían declarado «neutrales», durante el conflicto español.

—Sí, Isabella, sin olvidar que Italia y Alemania seguían sin interrupción abasteciendo de armas y municiones al ejército franquista, ante las narices de las grandes potencias europeas que fingían no darse cuenta de nada.

—Regresando a la situación de España en mayo de 1937, nos contabas tu historia personal.

—Recuerdo aquellas terribles jornadas de mayo. Me quedé encerrada en casa, aterrorizada, esperando que la situación se calmara. La situación política se había tensado al máximo y temimos por la vida de todos nosotros. De repente, sucedió lo peor. Cuando se acabaron los combates, toda la responsabilidad fue atribuida a nosotros, que éramos los más críticos respecto a la política estalinista. El hecho de que nosotros fuésemos, numéricamente, una fuerza menos importante que los anarquistas nos hizo mucho más vulnerables. Si los estalinistas hubiesen atacado directamente a los anarquistas, habrían pagado cara su imprudencia.

—Pero los anarquistas os apoyaron en esta lucha contra los estalinistas.

—Nos apoyaron de manera ejemplar, apoyaron nuestras tesis y nuestros argumentos. Desde un punto de vista práctico, a muchos de nosotros nos ayudaron a escapar y a sobrevivir en la clandestinidad. Los mismos ministros anarquistas, especialmente Federica Montseny, pedían continuamente la liberación de los militantes del POUM. Gracias a su apoyo no fuimos condenados como traidores por el Tribunal Especial de Espionaje y Alta Traición, instituido en «nuestro honor». Fuimos condenados como revolucionarios, como los que habían osado quedarse en las barricadas para defender los derechos de la clase obrera, en mayo de 1937.

»Durante aquellos días había mucho miedo, y temíamos que algo terrible se podía abatir sobre nosotros. No había transcurrido ni un mes cuando me comunicaron la noticia del asesinato de mi marido en el frente. No tuve la fuerza de mantener la calma, y cada día iba a la Consejería de la Policía, hablaba con algún burócrata de turno que me confirmaba la versión oficial: que mi marido era un traidor, que lo habían matado por la espalda mientras intentaba escaparse para ponerse en contacto con los fascistas. Para confirmarme su versión de los hechos, me decían que no estaba solo, y que con él habían intentado pasarse a las líneas fascistas otros dos compañeros de partido. Yo conocía bien a estos compañeros de partido, y de un momento a otro no podían haber enloquecido y dibujar esvásticas o saludar con el brazo en alto como los fascistas. Los funcionarios de policía podían decirme lo que quisieran. Conocía muy bien a aquellos hombres y, sobre todo, conocía muy bien a mi marido, Juan.

»Seguía molestando a las autoridades militares. Quería, por lo menos, tener el cuerpo de mi compañero. Ellos se enfadaron con mis constantes protestas, se dieron cuenta de que era difícil controlar mis acciones, de que frente a mis palabras duras, precisas y fuertes, las de ellos perdían significado. Por esto me detuvieron.

—¿Cuánto tiempo permaneciste en la cárcel?

—Más o menos seis meses, meses de agobio y desesperación durante los cuales al dolor por la pérdida de Juan se sumaba el de mi situación carcelaria. Por suerte, la directora de la cárcel era una mujer muy comprensiva, e intentó, de todas las maneras posibles, hacernos vivir aquellos meses con serenidad.

—¿Conocías a alguna otra detenida en la cárcel?

—Sí, conmigo estaban María Teresa Andrade y Teresa Carbó. Esta fue encarcelada como consecuencia de la detención de Nin. Ella había visto a Nin en la cárcel y había hablado con él el mismo día en el que fue detenido, y de repente, Nin desapareció, y los estalinistas daban versiones contradictorias: «Nunca lo hemos detenido»... «Sí, lo hemos detenido y luego liberado»... «Estaba en contacto con la quinta columna de Franco»... «Han venido los fascistas a liberarlo»... «No, nosotros no lo hemos torturado nunca». Y así múltiples versiones contradictorias. El hecho de que Teresa hubiese hablado con Nin aquel 16 de junio de 1937 contrastaba de manera clara con todas sus versiones de los hechos. La detuvieron para impedir que difundiera a la prensa «su» verdad, que lamentablemente era «la» verdad.

—¿Qué tipo de persona era Teresa Carbó?

—Una mujer excepcional, una militante realmente increíble. Formaba parte del Socorro Rojo del POUM, y estaba en contacto con todos nuestros presos políticos que «se pudrían» en las cárceles republicanas. Les consolaba y les daba un poco de calor humano. Todos la querían mucho. Era un modelo de fuerza y valor. Por desgracia, en este momento, no está muy bien. Tiene problemas en los ojos. Pero, si la hubieseis conocido en aquel período, os habrías quedado fascinadas con ella.

»Nin, cuando la vio, le aconsejó la máxima prudencia, porque temía que le sucediera algo grave, que la implicaran en la represión. Pero Teresa no quiso atender a esas razones de prudencia. Pidió, varias veces, noticias de Nin, quería saber dónde lo habían detenido. Y esta era una pregunta incómoda.

—Teresa pagó un precio muy alto, ya que a ella también la detuvieron.

—Nosotras sabíamos perfectamente que, si nos hubiésemos quedado quietas y tranquilas, no nos habrían detenido. Si hubiese dicho «ah, mi marido es un fascista, un traidor», nadie habría venido a buscarme a casa. Me habrían consolado, como se consuela la mujer de un fascista. Pero la verdad era otra ¡y todos lo sabían muy bien! ¡Nin había sido detenido! ¡A mi marido lo habían asesinado ellos! Podían quitarnos todo pero no la memoria de nuestros seres queridos.

—¿De qué os acusaron cuando fuisteis detenidas?

—Yo fui detenida por ofensa a los funcionarios del Estado español, porque continuaba no solo pidiendo información sobre Juan, sino que insultaba también a todos los que enfangaban su nombre. Los llamaba hipócritas, asesinos, cobardes, traidores y falsos comunistas. Estas palabras les molestaban mucho. Esperaban nuestro silencio y resignación, pero nosotros les contestábamos con valor y orgullo. Por esta razón decidieron encerrarme, para «taparme la boca». Vinieron a detenerme a casa y me trataron como a una terrorista y una asesina.

»Teresa, por el contrario, fue detenida por difamación. Tuvieron el valor de decir que ella había visto visiones y que únicamente quería difamar a la policía republicana. Y decidieron encerrarla. Los estalinistas son realmente personas infames, frías y estúpidas cabezas al servicio del comunismo ruso. En aquellos momentos me avergonzaba de haber leído con pasión, en los años anteriores, páginas y páginas sobre la revolución rusa, la sublevación del pueblo, la conquista obrera… Me preguntaba dónde se habían ido todas aquellas cosas que habían movido al proletariado de todo el mundo. Seguramente no estaban en las caras y en los corazones de los que llamaron a mi puerta, antes de detenerme. Ni de los que llamaron a la puerta de la casa de Teresa Carbó, de Luisa Gorkin, de María Teresa Andrade y de otras muchas mujeres y hombres revolucionarios. Estoy pensando, en este momento, en algo singular.

—¿En qué?

—Hace unos años, llamó a María Manonellas un hombre del que no recuerdo su nombre. Le dijo que estaba a punto de morir y que quería contar a alguien del POUM algunas cosas. María y Víctor Alba fueron a verlo. Les contó que a él, durante la guerra civil, los estalinistas le encargaron enviar mensajes radiofónicos en los que decía que era un militante del POUM y que quería ponerse en contacto con los fascistas. Estaba a punto de morir y no quería llevarse con él aquella triste verdad. Quería ser absuelto por nosotros. Este episodio es realmente increíble. Testimonia que todos ellos, años después y de alguna manera, se arrepintieron de sus acciones y quisieron «cambiar de rumbo», pero no siempre lo lograron. Estas personas me dan pena porque pienso que nos necesitan a nosotros, ahora, para morir en paz. Después de haber intentado matarnos, uno a uno, sin piedad.

—Ahora han abierto varios archivos soviéticos, y bastantes verdades han salido a la luz.

—Muchas verdades que nosotros conocíamos desde hace tiempo y que nos obligaron a huir, a la muerte y al sufrimiento.

—Regresemos a tu historia personal. Después de algunos meses encarcelada, logran liberarte.

—Sí, gracias a la intervención de mi tío, que era diputado socialista, del cual hablábamos antes. Él me encontró un trabajo en Lyon, como maestra, y logré escaparme clandestinamente con documentos falsos y pude volver a empezar una vida nueva. Después de unos años encontré en París al hombre que llegaría a ser mi segundo marido.

—¿También militaba en el POUM?

—No, él era de Esquerra Republicana. Era más moderado que yo. En 1941 abandonamos juntos Francia. Era médico y quería irse a vivir a Uganda, a salvar a los niños que morían de hambre. Pero nos fuimos, como muchos otros españoles, a México, a Veracruz.

—¿Cómo fue vuestra vida en México?

—Fue muy tranquila y muy feliz. El presidente mexicano, Cárdenas, había acogido a un gran número de los exiliados españoles. Fue un hombre muy bueno e inteligente, que nos dio la posibilidad de volver a vivir de manera digna. Yo enseñaba y mi marido continuó trabajando como médico. Estábamos bien y no nos faltaba de nada.

—Después de muchos años, regresaste a España.

—Siento que tengo un lazo muy fuerte con mi país. Dejar el lugar en el que has nacido no es algo fácil para nadie. Yo aquí, por ejemplo, tenía a mis padres.

—¿Ellos no quisieron escapar?

—No. Prefirieron seguir viviendo en España, donde siempre habían vivido. Durante el franquismo enfermaron y yo pedí, oficialmente, poder regresar para estar a su lado, por lo menos durante una temporada. Pero el gobierno de Franco no me lo permitió y supe la noticia de la muerte de mis padres por teléfono, como si fuera algo muy ajeno a mi vida. El absurdo régimen militar franquista había afectado profundamente a mi vida privada. Había lacerado todas mis esperanzas.

—Quisiera preguntarte algo sobre la condición de la mujer durante el período de la guerra civil. Sé que Mary Nash te ha entrevistado varias veces durante la redacción de su libro *Mujer y movimiento obrero en España 1931-1939*.

—Sí, lo que a ella le interesaba, sobre todo, era la condición de la mujer dentro de las organizaciones políticas de la izquierda moderada y radical. Lo que sale a la luz es un cuadro realmente muy desolador. Como se dice, «revolucionarios por fuera y reaccionarios por dentro». Muchos compañeros pensaban que la diferencia de género simplemente no existía o, que si existía, no era tan importante como la de clase. Reducían nuestras reivindicaciones feministas a la simple dimensión económica. Para ellos, un aumento de sueldo habría resuelto todos nuestros problemas existenciales. No habían entendido absolutamente nada de lo que queríamos, ni de las potencialidades que expresábamos.

—Era la clásica lógica, común al pensamiento marxista, de la «revolución en dos tiempos». Una revolución que, una vez realizada, resolvería todos los problemas existenciales de todas las minorías políticas, entendiendo por minoría a cualquier grupo social al que le falta poder social.

—Para los marxistas, la revolución habría tenido que resolverlo todo. Resolvería la contradicción de género, la de clase, la de raza... Basta con mirar lo que ha sucedido en los países del Este. Allí las mujeres conquistaron el derecho al aborto, al divorcio y a un trabajo digno. Pero, cuando regresaban a casa, eran ellas las que cuidaban de los hijos y preparaban la comida. El poder político lo detentan los hombres, y no lo comparten tal fácilmente.

—Durante el período de la guerra civil, ¿cómo eran los grupos de mujeres?

—Había diferentes tipos, había organizaciones femeninas que estaban en perfecta armonía con la línea política del partido y no pensaban que fuera oportuno, ni necesario, entrar en conflicto con los componentes masculinos del grupo. Ellas decían: «Los hombres y las mujeres, en este período histórico, luchamos por los mismos objetivos. Nuestra lucha es unitaria». También había otros grupos que podríamos definir como «feministas», aunque en aquella época nadie hablaba de feminismo, que luchaban por las reivindicaciones específicas de las mujeres. Estos grupos estaban en conflicto con el poder masculino. La más importante de estas organizaciones era el grupo Mujeres libres, que se inspiraba, de manera más o menos directa, en las ideas anarquistas[*].

---

[*]   Sara Berenguer: «Come nacque l'aggruppazione Mujeres Libres», pág. 63-64, citado en *Chi c'era racconta. La rivoluzione libertaria nella Spagna del 1936*, Zero in Condotta Edizioni, Milano 1996: «Queste compagne, nelle loro riunioni, discutevano su organizzazione e comunismo libertario... Era nella lotta costante che queste donne si forgiavano... Vi furono ragionamenti tesi a che le donne fossero solidali tra loro e, mentre assistevano alle riunioni dei sindacati, di comu-

Estas mujeres tuvieron mucho valor al reivindicar sus derechos, entrando muchas veces, abiertamente, en conflicto con los sectores más radicales del movimiento revolucionario español. Decirle a un miliciano que luchaba en las barricadas que cuando regresara a casa tenía que ayudar a su mujer en la cocina y que tenía que cuidar a sus hijos no era la cosa más fácil del mundo. Era curioso ver cómo estos compañeros, que querían cambiar el mundo, en la práctica no querían, ni siquiera mínimamente, cuestionarse su vida privada.

—¡Los compañeros caen siempre en esa contradicción! Pueden decir lo que quieran del sistema capitalista: que es injusto, cruel, mezquino... pero, a ellos, el sistema patriarcal hace que les brillen los ojos, pues los coloca en una posición de privilegio a la cual, obviamente, no quieren renunciar —apuntó Eva.

—De hecho, cuando las mujeres se organizan autónomamente, las consideran unas sectarias y poco dispuestas a luchar por la verdadera revolución proletaria —apunté yo.

—Los hombres no se dan cuenta de que monopolizan todas las asambleas. ¡Y nadie dice nada! La mujer está permanentemente ausente de la lucha social. En aquella época se decía que hacía falta tener paciencia y esperar. Con la revolución se construirían guarderías, comedores populares, escuelas públicas. Nos decían esto para que nos calmásemos, sin darse cuenta de que, de hecho, nos estaban diciendo, que los trabajos asistenciales nos correspondían a las mujeres por ser mujeres y que ellos, como mucho, nos «ayudaban». ¡Muchas gracias, compañeros! Decían que éramos separatistas y fingían no darse cuenta de que los verdaderos separatistas son ellos. A ellos les gustaría vernos lindas, buenas y obedientes, pero no se dan cuenta de que no han comprado un electrodoméstico usado.

—Tú, de todas formas, en aquella época ya eras una mujer independiente.

—Sí, pero me costó muchísimo serlo. En aquella época hacía falta luchar contra muchos prejuicios, y os aseguro que la cosa no era nada fácil. Yo trabajaba, realizaba actividad política, salía por la noche con los amigos. Muchas personas hablaban mal de mí y me juzgaban negativamente. Cuando llegué a Francia, en 1938, me di cuenta de que la condición de la mujer era mejor que en España. Sentía envidia de

---

ne accordo, stabilivano che una di loro, a turni rigorosi, custodisse i figli delle altre perché le madri potessero assentarsi, il che dava loro una certa libertà di azione... La donna manifestò con la sua forza di volontà tutte le potenzialità di cui era ricca...».

aquellas mujeres que tenían más libertad que nosotras. Yo quería tener vida política. No quería únicamente criar a mis hijos.

—Kean Loach te hizo muchas preguntas sobre la condición de la mujer en España.

—Considero a Ken Loach un director de cine realmente interesante y muy atento a la vida social y política de nuestro país. Me ha preguntado varias cosas sobre la condición de la mujer. Quería saber lo que hacíamos, cómo nos vestíamos, cómo pasábamos nuestros días y qué tipo de relaciones existían entre nosotras y los compañeros, entre nosotras y el partido, entre nosotras y el mundo exterior. Le conté que había estado varias veces en el frente para ver a mi compañero antes de que lo matasen. El me preguntaba si había otras mujeres, en el frente, y como las trataban, qué tipo de vida llevaban. Debería haber más directores como él, que cuestionan la historia política y cultural. Yo no he encontrado a muchos. Espero que vosotras tengáis más suerte de la que he tenido yo.

Manola Rodríguez

Barcelona. Abril de 1997.

En el 1997 llegué a Barcelona para un encuentro de grupos feministas y allí conocí a Manola. Única comunista, de formación estalinista, entre las mujeres entrevistadas, me abrazó con la fuerza de una guerrillera todavía dispuesta a cambiar el mundo...

⌘

—Hola, Manola, ¿cómo estás?

—Bien, gracias, podemos empezar si quieres.

—Quisiera que me contaras a qué edad comenzate a hacer política y cómo fue en aquel tiempo tu vida.

—Cuando me inscribí en Juventudes Comunistas era muy joven. España vivía el «bienio negro» y la dictadura de Primo de Rivera, los obreros se organizaban en sindicatos y en asociaciones de varios tipos. Mi padre también fue detenido antes de que se proclamara la República, y de pequeña iba con mi madre a visitarlo a la cárcel.

—¿También él era comunista?

—No, él era anárquista.

—¿Y tu madre?

—Ella también era anarquista, pero creo que lo era por influencia de mi padre, porque venía de una familia burguesa. Yo fui la más grande de doce hijos, de los cuales cuatro murieron; mi padre me llevaba de pequeña a las reuniones clandestinas de la CNT, que unas veces se hacían el campo; otras veces, en los sótanos de algunas casas o de algún local.

—¿Tu padre fue el primero que te habló de política?

—No, porque él no tuvo la posibilidad de estudiar y no sabía transmitir bien lo que sentía. Fue un hombre de acción, odió con toda su alma a la burguesía, pero nunca fue dotado de una gran dialéctica. Tuvo sus contradicciones de hombre: en casa, era él el que mandaba.

Manola Rodríguez.

—¿Cuándo empezó tu actividad laboral?

—Me apunté a un curso de canto y de costura y empecé a trabajar como modista; conmigo había una chica, Carmen Torrelo, que me hablaba de comunismo. Yo, en aquella época, me definía como anarquista y pasábamos tardes enteras discutiendo de política. Fui una autodidacta y, cuando tuve tiempo libre, me dediqué al estudio y a la política. Me habría gustado estudiar lenguas, para viajar, para conocer otros países, pero me casé, he tenido hijos y definitivamente he hecho otras cosas.

—Naciste en Madrid y después te trasladaste a Barcelona con tu familia…

—Sí, yo, mi madre y mis hermanos nos trasladamos a Barcelona porque mi padre tuvo problemas por su actividad política y se fue a vivir a Francia. Cuando fue proclamada la república, en 1931, él pudo regresar y nos volvimos a Madrid; fue en este período cuando empecé de manera un poco más seria a frecuentar los círculos comunistas.

—¿Cuánto años tenías entonces?

—Habrá que echar las cuentas: nací en el 1917, en el año del revolución; por lo tanto, tenía menos de que veinte años cuando estalló la guerra civil, y quince o dieciséis cuando empecé a hacer política.

—En aquella época, ¿también se hablaba de «feminismo» en los círculos comunistas?

—Sí, se hablaba de discriminación de las mujeres y de emancipación; tratábamos de imponer una práctica feminista que partiera de nuestras exigencias más inmediatas.

127

—¿Y cuándo estalló la guerra civil?

—En Madrid ya estábamos preparados para defendernos de un posible ataque militar y, cuando estalló la guerra, la mayor parte de nosotros se fue al frente a combatir.

—¿También tú te uniste al grupo?

—Sí, con otras amigas. Había una desorganización increíble: faltaban armas, víveres, ropa... pero fuimos igualmente al frente, a defender la república.

—¿Hubo muchas mujeres en el frente?

—No, no había muchas, pero fue evidente la presencia femenina también en las trincheras. De cada parte del país, de Madrid, de Barcelona, de Valencia, llegaron mujeres para combatir y se ocuparon de varias actividades en las fábricas, en las enfermerías, en el frente. Yo estuve en el grupo liderado por El Campesino, cerca de Madrid. Al principio no sabíamos ni siquiera manejar un fusil, disparábamos a lo loco. Luego se empezó a organizar un ejército popular, llegaron las armas y las municiones, pero pidieron a las mujeres que dejaran el frente porque su contribución era indispensable en otros lugares.

—¿Y cómo viviste esta imposición?

—Como una necesidad. Eran indispensables las mujeres para que la vida civil, en el país, siguiera; para los niños, para los ancianos, para los enfermos...

—Pero muchas mujeres habrían preferido quedarse a combatir en el frente.

—Aquellas que de veras quisieron quedarse se quedaron, pero yo comprendí que había exigencias urgentes que teníamos que respetar. A mí nadie me obligó a dejar el frente; se leyó una circular en la que se explicaba que no se trataba de un capricho, sino de una necesidad de guerra. Personalmente, yo fui trasladada a un hospital y me ocupé de transfusiones de sangre. Durante el tiempo libre preparaba ropa para el frente.

—Se ha discutido mucho del papel asumido por el Partido Comunista durante el conflicto español, sobre el hecho de que apoyaron una guerra, más que una revolución.

—Así fue; los anarquistas querían hacer la revolución, sobre todo aquí, en Cataluña. El Partido Comunista quería vencer la guerra; la revolución eran pocos quienes la querían.

—¿Tú también piensas esto?

—Yo pienso que no había tiempo para la revolución. Los anarquistas quisieron aprovechar la coyuntura, pero nosotros respetamos la voluntad del pueblo, y el pueblo luchaba por la república.

—¿Qué piensas de la represión contra el POUM? ¿Crees que el Partido Comunista cometió errores?

—Diría que habían discrepancias políticas entre nosotros y ellos, no hablaría de errores. La revolución de octubre estaba funcionando, y muchas cosas positivas también se reflejaban aquí. El POUM, los trotskistas, los anarquistas, hicieron creer a la gente que éramos adversarios. Yo milité en el Partido Comunista porque creía que estábamos en lo justo, y no por esto dejé de relacionarme con los trotskistas o con los anarquistas; no. También había algunas ideas de Trotsky que se han revelado exactas; por ejemplo, aquella de la revolución permanente. Sobre muchas cosas tuvo razón, les doy la razón, pero una revolución no se improvisa de la nada.

—Hablando de otro tema polémico, actualmente, después de la apertura de los archivos soviéticos se ha descubierto que muchos comunistas italianos y españoles, como Luigi Longo, Palmiro Togliatti, Vittorio Vidali, fueron cómplices o responsables de muchos homicidios políticos hacia los flecos más revolucionarios del movimiento; me refiero al asesinato de Nin, y no solo a esto. Quisiera saber si también en aquella época estas noticias se filtraban en el movimiento.

—No se puede llegar a decir con certeza cuál fue la verdad, pero cuando se llega a tener la edad que tengo se reconoce que las ideas son una cosa y la teoría es otra. En aquella época quizá tuvimos necesidad de creer en algo, y por esto mitificamos a Togliatti, a La Pasionaria y a muchos otros sin darnos cuenta de sus errores, o sin querer verlos. Pero, ves, fuimos partícipes de un proceso más grande que nosotros mismos, esta unión nos hizo sentir fuertes en la lucha.

—Pero a Andreu Nin lo torturaron y lo mataron.

—No creas que lo he matado yo, ¿eh?

—Lo sé, pero hay una responsabilidad política del Partido Comunista y del PSUC, del Partido Socialista Catalán. Cuando acabó la guerra civil, ¿qué hiciste?

—Yo, en aquella época tenía un lazo sentimental con un chico comunista, del cual esperaba un hijo. Huimos hacia Valencia, hacia Alicante, pero los fascistas nos capturaron y fue en la cárcel que di a luz a mi primer hijo. Luego se llegó a un acuerdo con Franco, se canjearon prisioneros y él dijo: «A quién no tenga las manos manchadas de sangre no le sacaremos un cabello». Pero no era verdad, porque allí todos éramos revolucionarios; la gente que se rendía venía torturada y asesinada.

—¿Tu compañero fue capturado?

—Sí, y nos dividieron: a mí me pusieron en una cárcel, y a él en otra; de todas formas seguían las negociaciones con el enemigo. Nosotros nos dirigimos hacia Alicante porque nos aseguraron que los barcos ingleses nos podrían salvar. Nos dijeron: «Los que no quieran quedarse con Franco que se vayan». Tanto yo como mi compañero sabíamos que los fascistas no respetarían los pactos, pero no teníamos otra alternativa. Así, llegamos a Alicante y allí, como imaginábamos, los fascistas no permitieron que los barcos ingleses se acercaran; los veíamos en el horizonte pero no podíamos alcanzarlos, y fue una tragedia. No pudimos huir y ¡nos detuvieron! Él fue trasladado a un campo de concentración, y a mí me pusieron en la cárcel; éramos miles y miles, no sabían qué hacer con tanta gente. Un día nos dieron la orden de volver a casa, nos agruparon por ciudades, por barrios... y yo pensé que era mejor no decir que era de Madrid, porque habían destruido Madrid. No sabía adónde ir, así que dije que era de Valencia, que fue la última ciudad que cayó en manos de los fascistas y era mucho menos peligrosa. En Valencia tenía una cita «móvil» con mi compañero: «Si logramos liberarnos, nos vemos en la estación». Cada uno de nosotros habría esperado ocho días, ni uno más, y por ninguna razón. Si no hubiéramos logrado encontrarnos allí, nos habríamos encontrado en casa de sus padres, en Almadén, en Extremadura. Queríamos juntarnos con la guerrilla; no soportábamos la idea de que el fascismo hubiera avanzado. En Valencia veía a las mujeres que andaban por las ciudades; nos agruparon como animales, con el ganado y las mercancías. Me quedé quince días en la estación, no vi a mi compañero, así que me fui a Almadén, a casa de sus padres. Ellos tenían miedo, no querían tener a mi hijo, así que regresé a Madrid. Allí me escondí en una casa; después supe que la policía daba salvoconductos a las mujeres, así que pedí dos: uno para mí y otro para mi compañero. Uno lo falsifiqué y se lo di a Desiderio cuando lo encontré al campo.

—¿No tenías miedo a que te reconocieran?

—Sí, por eso cambiaba continuamente: me maquillaba, compré sombreros, vestidos elegantes, trataba de parecer una señora de la alta burguesía. Mi madre me ayudó a criar al pequeño, pero con mi padre la relación se deterioró. Dejó de hablarme porque era comunista, y lo único que quería era que abandonara su casa. Yo, en cuanto pude lo hice. Iba a ver a mi compañero, y un día hasta me dijeron que lo habrían fusilado. Él era un gráfista y había hecho grafitos de propaganda antifascista. Vivimos siempre en contacto con la muerte. Desiderio tenía el salvoconducto falsificado, pero ellos igualmente fusilaban a quien se les antojaba. Venía algún señorito de Madrid, ponía a los prisioneros en fila y decía: «Este sí, este no, este sí y este no», como si fuera un juego, y vaciaba el cargador. No teníamos esperanza de que se salvara. Pero vino el 19 julio de 1939, y Franco decidió conceder una amnistía. ¡Desiderio estuvo entre los elegidos y fue liberado! No te puedes imaginar la felicidad que tuvimos cuando nos pudimos abrazar y estar juntos, ¡y libres, por fin libres, en la calle! Si lo pienso, tengo escalofríos y se me bajan las lágrimas... Después nos volvieron a detener, pero hallarnos aquel día en la calle ¡fue maravilloso! En Barcelona, nos escondimos en casa de algunos amigos y nos organizamos para retomar la lucha.

—Durante la dictadura, ¿seguisteis combatiendo contra el franquismo?

—¡Claro que sí! ¿Qué podíamos hacer? La policía fue a buscarlo a casa de sus padres; y su madre, ingenuamente, les dijo que Desiderio estaba en Barcelona. Así vinieron y lo detuvieron. ¡Fue horrible!

—¿Cuánto tiempo se quedó en la cárcel?

—Aquella vez se quedó poco tiempo, porque aquí en Barcelona había un grupo de abogados que defendía a los presos políticos, y lograron liberarlo enseguida.

—Volvamos a hablar de machismo y feminismo. Tú me dices que desde siempre has tenido una conciencia feminista; sin embargo, el feminismo desde punto de vista histórico nace y se desarrolla en los años 70 en América y en Europa.

—Sí, pero en Madrid, ya en los años 30, durante la guerra civil, nosotras, las jóvenes comunistas, hablábamos de la liberación de la mujer; nos dábamos cuenta de las discriminaciones que padecíamos en cada sector de la vida política y social, y tratamos de combatir contra una mentalidad que nos quería esclavas.

—¿Qué me dices de Mujeres Libres?

—Eran un grupo de mujeres anarquistas bien organizado. Para informarme leía los libros de Federica Montseny, exministra de Salud.

—En aquel período también fue aprobada la ley sobre el aborto.

—Sí, y fue una gran conquista para las mujeres. Claro que con el franquismo fue abolida, así como fueron abolidas muchísimas más leyes.

—Una figura casi mitológica del Partido Comunista de la época es la de Dolores Ibarruri, La Pasionaria.

—Sí, de verdad fue una mujer excepcional; tenía una oratoria increíble. Vivió el hambre, la miseria y se redimió con la política. Fue una mujer humilde, simple, pero tuvo una gran personalidad. En Madrid hay una fundación dedicada a ella que organiza debates, conferencias y exhibiciones fotográficas; ha sido una mujer que ha hecho historia.

—Según tu opinión, ¿por qué reivindicaciones concretas deberían luchar hoy las mujeres españolas?

—Deberían reivindicar sus derechos, que son muchos, porque no es verdad que ya no vivimos en una sociedad machista y patriarcal como nos quieren hacer creer. En cada rincón del mundo, en cada casa, el hombre siempre es el dueño, y es un dueño aunque fuera de casa sea un explotado y un oprimido. Respecto a «su» mujer o respecto a las mujeres en general, él siempre tiene una relación de poder. Lo que nosotras, mujeres, tenemos que entender es que debemos organizarnos en una lucha feminista para reivindicar nuestros derechos; los hombres no nos concederán nunca nada que nosotras no consigamos con la lucha. Si somos mujeres y revolucionarias, debemos luchar dos veces. En las plazas también podremos tenerlos a nuestro lado, pero en casa debemos luchar también contra ellos.

—Durante el período de la guerra civil o también después, ¿has conocido a alguna lesbiana?

—Creo que las lesbianas han existido siempre; claro que ahora se sabe más sobre el tema porque hay más libertad de expresión y menos prejuicios. Cuando era joven, se veía a mujeres un poco particulares, con el pelo corto, digamos con unas actitudes pocos femeninas. Las llamaban las «tortilleras», pero no reivindicaron su elección sexual. En el partido recuerdo a una de ellas que ocupó también un cargo importante, pero no he hablado nunca con ella de ciertos temas. Hoy es diferente, también aquí en Barcelona, en Cà la Dona, hay grupos de lesbianas a las que he tenido la oportunidad de conocer y frecuentar.

—Últimamente, ¿a qué tipo de actividad te dedicas?

—Milito en el Partido Comunista Catalán. Soy responsable de la sección femenina de un sindicado, Comisiones Obreras, y desempeño mi lucha feminista en Cà la Dona, donde hay varios grupos políticos. He leído bastante de la Librería de Mujeres de Milán, desde «No creer de tener derechos» y algunos escritos sobre la autoridad femenina a «El final del patriarcado», aparecido en el último número de *Sottosopra*.

—¿Qué opinas del final del patriarcado?

—Yo creo que el patriarcado acaba en el momento en cual queremos que acabe. A menudo somos nosotras mismas quienes aceptamos la cultura dominante, quienes nos dejamos condicionar por esa cultura que queremos cambiar.

—Pero hay muchas mujeres que no tienen la posibilidad de elegir los modos y los tiempos para cambiar su propia cultura.

—También es verdad. De hecho, si no se parte de un verdadera conciencia de clase, no se logran explicar muchas cosas que giran alrededor de este concepto y, por ende, tampoco logramos comprender muchos matices de nuestra propia conciencia feminista.

—Gracias, Manola, gracias por todo.

—Gracias a ti, Isabella.

Elvira Godás

Barcelona. Junio de 1996.

En Barcelona me encontré varias veces con Elvira Godás, que desde pequeña, en Lérida, había participado en la formación de grupos clandestinos, tanto del Bloc como del POUM. Ha vivido en Francia y en otras partes del mundo, y me ha hablado de un hermano, capturado por los estalinistas durante la guerra civil, que ha vivido toda su vida en una pequeña ciudad de provincia…

⌘

—Quisiera saber qué papel tuviste durante la guerra civil española y, de manera especial, cuál ha sido tu relación con el POUM.

—Tengo la suerte de proceder de una familia que ha vivido la política en primera persona. Vivíamos en Lérida, ciudad en la que había un numeroso grupo de militantes del Bloc primero, y del POUM después. El mismo Maurín vivía allí. Mi hermano Federico, ocho años mayor que yo, militaba en el partido. Me informaba sobre el debate político y me animaba a participar en la vida política del país. Toda mi familia estaba comprometida en la lucha contra todo tipo de discriminación y abuso. Mi madre había escondido a perseguidos políticos durante la dictadura de Primo de Rivera, y mi padre había fundado la primera escuela laica de Cataluña.

—Y las otras escuelas, ¿quién las dirigía?

—Todas las escuelas, de todo orden y grado, eran dirigidas por católicos, por curas. Mi padre quería ofrecer otras oportunidades a quien no las tenía. En aquel tiempo, si eras hijo de campesino, tenías muchas probabilidades de ser campesino; si eras hijo de obrero, de ser obrero. No se conocía la movilidad social, y era necesario luchar contra muchos prejuicios y abusos. La Iglesia católica no hacía nada para mejorar las condiciones de vida ni para eliminar la desigualdad social. Es más, educaban para la sumisión, la paciencia y la resignación. Yo recuerdo a muchos curas, durante el período de la guerra civil, que apoyaban a Franco y a su gobierno fascista, igual que anteriormente habían apoyado a Primo de Rivera, a Gil Robles y a muchos otros. Los curas recomendaban a la gente pobre soportar todo tipo de abusos a cambio de una futura recompensa espiritual. Pero esta recompensa, ellos lo saboreaban en la vida terrenal, y no renunciaban a los oros, los fastos, los privilegios, ni al poder. Creo que por eso en España se desarrolló un movimiento anarquista tan imponente y radical. Porque la gente estaba realmente asqueada de todo aquello que la Iglesia católica hacía.

—Muchos mantienen que, durante el período de la revolución y la guerra civil fueron brutalmente asesinados muchos curas y otros religiosos y que muchas iglesias fueron quemadas también sin razón.

—No niego que durante la guerra civil se cometieron muchos errores y barbaridades. El proceso revolucionario es imprevisible por su complejidad. Si la gente decidió en aquella ocasión quemar iglesias y matar a curas, lo hicieron de manera espontánea y no porque alguien se lo hubiese ordenado. Los curas y las monjas eran personas como las demás. No eran ajenos a las violaciones, a las masacres. Habrás visto seguramente la película *Tierra y libertad*. Recordarás lo que le sucede a aquel cura que fue capturado en el pueblo. Fue la gente de allí, los ancianos, las mujeres, los niños, los que decidieron que aquel hombre fuera ajusticiado. Curas como el de la película hubo muchos. Y fueron los que denunciaron a los compañeros, los que escondieron las armas de los fascistas, los que incitaron la gente a odiar y combatir a los «rojos», a los ateos, a los revoltosos...

—Pero, en el País Vasco, la mayor parte del clero se alineó a favor de la república y luchó contra el franquismo.

—La situación política y social en el País Vasco era muy particular y hoy todavía, tantos años después de acabada la guerra civil, lo sigue siendo. Lo que tú dices demuestra que una parte del clero defendió los intereses de la gente de su pueblo. Estábamos en guerra, y los fascistas no tenían clemencia con los que apoyaban al ejército republicano. Pero, volviendo a mi padre, quería decirte que él deseaba que una educación laica estuviera al alcance de todos, jóvenes y mayores. Muchos deseaban enseñar en la escuela que él dirigía. Entre ellos, el mismo Maurín, que durante los primeros años de su formación política fue maestro en el instituto que dirigía mi padre.

—¿Tu padre estaba comprometido políticamente?

—Su compromiso se centraba en el campo pedagógico y social. No había militado nunca, directamente, en ningún partido político pero estaba claramente orientado hacia la izquierda. Era muy crítico con el

Elvira Godás.

catolicismo pío y conservador. Yo, a menudo, cuando veo a un cura por la calle, instintivamente, lo considero un reaccionario. Aunque puede que no sea justo, porque un cura puede ser también una buena persona. En algunos casos puede ser también de izquierdas, pero no puedo soportar el lujo con el que vive el Papa en San Pedro. No puedo evitar pensar en eso.

—Se debería distinguir entre alto y bajo clero. Pero regresemos a tu historia personal.

—Yo empecé a militar en el POUM gracias a mi hermano Federico, que participaba siempre en reuniones y era muy activo en la vida política del partido. Ahora no está muy bien de salud. Tiene ochenta y cinco años, y está en una silla de ruedas. No habla mucho y con dificultad reconoce a las personas que le son próximas. Pero, cuando le digo que he ido a las reuniones y que he encontrado a sus viejos amigos, se siente realmente feliz. Yo frecuento el grupo más por lazos afectivos que políticos, aunque tenga una gran conciencia de lo que ha representado el POUM en la historia del movimiento obrero español. Lo curioso es que los nietos de mi hermano, los hijos de sus dos hijos, no se interesan casi nada por la política. Esto no me sorprende, porque los jóvenes tienen otros intereses y no han vivido en el mismo contexto político y social en el que hemos vivido nosotros. Pero, si pienso en cuánto ha dado mi hermano

135

a la política, cuánto tiempo y cuánta energía ha invertido para luchar por los ideales en los que creía, la cosa me deja un poco perpleja.

—Después de los «hechos de mayo», ¿Federico fue perseguido por los estalinistas como otros militantes del POUM?

—Sí. Tuvo que esconderse durante varios meses por toda Cataluña. Tenía una orden de busca y captura. Federico sabía bien que no le habría servido de nada entregarse, porque jamás habría tenido un juicio justo. Los compañeros y los amigos en la cárcel sufrían acusaciones infames y estaban inermes frente al poder comunista. Él prefirió esconderse y huir. Él, que siempre había publicado a los cuatro vientos su fe política, sus ideas, sus ganas de cambiar el mundo, durante meses se vio obligado a escapar como un traidor, como un asesino. Mi marido y yo lo escondimos en casa durante varios meses pero, más tarde, en 1938 la policía logró capturarlo.

—¿Hasta cuando estuvo en la cárcel?

—Casi hasta el final de la guerra civil. Hasta el 26 de enero de 1939, día en el que Franco entró en Barcelona y las mujeres abrieron las cárceles para liberar a los presos políticos. Él estaba con Josep Rovira, marido de María Manonelles, que era un hombre inteligente, audaz y generoso. Le dijo a mi hermano que había un coche con el depósito lleno de gasolina esperándolo fuera de la cárcel. Le entregó las llaves para que pudiera escaparse sin problemas. Pero, cuando la cárcel se abrió, mi hermano se sentía mal porque tenía tuberculosis. Sangraba y no podía caminar. No pudo llegar al coche y no pudo huir. Inmediatamente, los franquistas volvieron a detenerlo y regresó a la cárcel. Verdaderamente, su historia fue muy triste. Todos nosotros, en el exilio, sentíamos mucho su ausencia y temíamos por su estado de salud. Fue una casualidad que se salvara.

—¿En qué sentido?

—Al principio de la guerra había salvado la vida a un cuñado suyo que pertenecía a una familia rica, conservadora y fascista. Los milicianos lo habían capturado y estaban a punto de fusilarlo, cuando Federico intercedió por él. Dijo que era un compañero, un amigo y lo liberaron. Cuando se acabó la guerra, este cuñado suyo, que mientras tanto había llegado a tener un puesto importante en el ejército franquista, lo avaló y protegió. Lo sacó de la cárcel en unas condiciones de salud precarias y respondió por él.

—¿Qué le sucedió después?

—Le permitieron vivir al lado de su mujer, una maestra que enseñaba en un pequeño pueblo cerca de los Pirineos. Federico estaba vigilado por la Guardia Civil y por la policía local. Podía volver a la cárcel en cualquier momento. Me contaba que en aquellos días temía que los fascistas le golpearan por la espalda y le dejaran morir en la calle. Cosas que sucedían con cierta frecuencia. Yo aun me sorprendo de que todavía siga vivo.

—¿Federico enfermó en la cárcel o ya tenía problemas de salud?

—Era de constitución delicada desde joven. Tenía que cuidarse mucho, pero fue detenido un par de veces.

—¿Durante el período de la guerra civil?

—No solo. La primera vez fue durante la dictadura de Primo de Rivera, durante algunos meses. Mientras preparaba un atentado al dictador tuvo que estar toda una noche sumergido en agua. Esto empeoró sus condiciones de salud. Después fue detenido durante la represión estalinista, en 1938, como militante y dirigente del POUM.

—¿Qué pensaba de los estalinistas?

—No tenía palabras para hablar de ellos. Habían calumniado a su partido y habían asesinado a muchos compañeros. Habían traicionado el espíritu de la revolución. Si mi hermano hubiese sido realmente un fascista, como los comunistas sostenían que era, habría recibido con los brazos abiertos la victoria de Franco. Sin embargo, lo volvieron a meter en la cárcel y solo por una casualidad se salvó. Lo que los estalinistas hicieron durante el período de la guerra civil es realmente inconcebible.

—¿Tú y tu familia os fuisteis a Francia?

—Cruzamos los Pirineos franceses la noche del 25 de enero de 1939. En aquellos terribles días éramos conscientes de que lo habíamos perdido todo: nuestra patria, nuestras ideas, nuestra vida... Mi marido y yo vivíamos en Figueres y cruzamos los Pirineos con barro, lluvia y frío. Había madres que trasportaban a sus hijos muertos para no sepultarlos en territorio español. Mientras tanto, los aviones fascistas ametrallaban a la gente que escapaba. Todo esto era horrible. Y nosotros buscábamos una vida mejor.

—¿Cómo os acogieron en Francia?

—Mal, muy mal. El gobierno francés se vio desbordado por la «invasión» de cerca de medio millón de refugiados españoles y no sabía qué hacer. Se esperaba una guerra con Alemania, y la amenaza del nazismo estaba muy presente. Nos condujeron a campos de concentración para ser controlados por las autoridades francesas.

—¿Qué os ocurrió a vosotros?

—Mi marido, mi hijo de tres años y yo llegamos cansados y hambrientos a un pueblecito de Francia, cerca de los Pirineos. Preguntamos por la casa de un maestro porque tanto mi marido como yo éramos maestros, y esperábamos cierta solidaridad por parte de ellos. En realidad, nos acogieron con frialdad e indiferencia. Nos dieron algo para comer, nos permitieron descansar, compraron zapatos nuevos al niño. Nos dieron a entender que no deseaban nuestra presencia en su casa. Tenían una cara triste y preocupada. ¡Una cara que no podré olvidar nunca! Eran fríos y formales. Nos dieron algo de dinero para tomar un autobús hasta Perpiñán, donde teníamos que encontrarnos, en casa de un amigo, con otros miembros de la familia.

—¿En qué idioma os comunicabais?

—En catalán, idioma que los franceses que viven cerca de la frontera española conocen bien.

—¿Os fuisteis pronto a Perpiñán?

—Sí, finalmente pudimos subir a aquel bendito autobús. Pero las autoridades francesas buscaban por todos los lugares a refugiados españoles. Durante el recorrido pararon el autobús y pidieron la documentación a todos los pasajeros. Me hicieron bajar con mi marido y mi hijo y nos reconocieron como refugiados españoles. Ante la mirada de todos, nos cachearon y nos insultaron. El soldado senegalés que se ocupaba de nosotros no nos permitió ni siquiera abrazarnos cuando nos separaron. Esto fue, lo recuerdo bien, realmente muy triste. Fuimos destinados a dos campos de concentración distintos: uno para hombres y otro para mujeres. Desde aquel momento nuestros destinos estaban separados.

—¿Te llevaron inmediatamente al campo?

—No. Por suerte pasé dos o tres días en una especie de granja con muchos caballos, junto a otras mujeres, antes de que me llevaran al campo de concentración. La vigilancia era limitada, porque las autoridades no se esperaban que una mujer, sola, pudiese escapar. Un día, mientras iba al lavadero con mi hijo, me di cuenta de que los dos guardias senegaleses me daban la espalda: tomé la iniciativa, me armé de valor y empecé a correr. Temía que de un momento a otro me dispararan o me golpearan por la espalda. Pero no sucedió nada. Corría y lloraba, como una desesperada pero, por suerte, nadie me persiguió. Vi de lejos a un hombre con una bicicleta. Lo paré y le dije que tenía que llegar a Perpiñán. Fue muy comprensivo. Me acompañó a la parada del autobús y me dio dinero para el billete. Me ayudó mucho. Por suerte nadie nos paró. Cuando llegué a Perpiñán fui a la casa de los amigos de mis amigos. Fue muy emocionante, porque mi propia madre me abrió la puerta… pudimos finalmente volver a abrazarnos y estar juntas.

»Ella me dijo que en la frontera francesa, las autoridades habían autorizado que pasaran las mujeres ancianas antes que los otros. Ella, al llegar a Francia había sacado de su bolso un sombrero muy elegante, se había separado del grupo, había cogido un taxi y había llegado a Perpiñán.

—¿Tenía dinero francés?

—No, pero vendió un anillo de oro que tenía mucho valor por unos pocos francos. Había gente, cerca de la frontera, que canjeaba objetos preciosos por dinero francés, porque sabían bien que ningún español podía ir a un negocio de venta legal. En casa de estos amigos estuvimos muy bien. Algunos días más tarde, mi marido logró encontrarnos.

—¿Él también se escapó del campo de concentración?

—Sí, y lo hizo arriesgando realmente su vida. Él es mucho más alto que la media. Un día, mientras estaba en el baño, se dio cuenta que había un ventanuco en la parte alta de la habitación; era muy pequeño, y un hombre de estatura normal no lo habría podido alcanzar, pero él lo consiguió y una noche escapó por el tejado abandonando el campo de concentración.

—¿Cómo os acogieron estos amigos en Perpiñán?

—De una manera un poco particular. La pareja que nos hospedaba estaba formada por la mujer, catalana, y por el marido, francés. Ella era comprensiva, hospitalaria y afectuosa con nosotros. Pero el marido quería echarnos. Nosotros presenciábamos sus tristes y patéticas peleas que tenían como motivo nuestra presencia en su casa. Él era tan antipático que, cuando estaba en la casa con nosotros, nos daba la espalda como si no existiéramos. No nos hablaba nunca. De hecho, la mayor parte de la gente en el sur de Francia no eran de izquierdas y, posteriormente, el gobierno de Vichy colaboró con el gobierno nazi. No les interesaba absolutamente nada la lucha política europea.

—¿Cuánto tiempo os quedasteis en la casa de estos conocidos?

—Mi hijo y yo nos quedamos un par de meses porque no sabíamos dónde ir. Mientras, mi marido y mi madre se fueron a París, donde residía uno de mis hermanos que había desertado durante la guerra. Mi madre lo acompañó. En París vivían unos parientes lejanos dispuestos a hospedarlo. En enero y febrero me quedé en Perpiñán, en marzo y abril estuve en París.

—¿Y después?

—El gobierno francés quería librarse de nosotros por cualquier medio. Nos ofreció un billete, solo de ida obviamente, para México. Los militares franceses nos escoltaron de París a Marsella y comprobaron que cogíamos el barco. Nos embarcamos el 22 de mayo de 1939, el día que mi hijo cumplía tres años, y llegamos el 13 de junio a Veracruz, en México.

—¿Cómo fuisteis acogidos en México?

—Muy bien, tanto por parte de las autoridades locales como por parte de la gente, que demostró simpatía y solidaridad hacia nosotros.

—¿A qué te dedicaste en México?

139

—Yo era profesora de música en España, pero había hecho también un curso acelerado de pedagogía. Tenía una doble titulación de maestra certificado por la Generalitat. Esto fue suficiente para encontrar un buen trabajo en México.

—¿Qué instrumentos tocabas?

—Tocaba, y toco todavía, el piano, pero daba también clases de solfeo y canto.

—¿En qué trabajaba tu marido en México?

—A él le dieron una cátedra en la universidad mexicana, aunque no tenía los títulos en regla para un cargo tan prestigioso. Era un hombre culto, que había estudiado y leído mucho, pero nunca imaginó que llegaría a ser profesor de universidad. Le dieron cuatro cátedras: Física, Química, Matemáticas y Astronomía. La Universidad de Yucatán era privada y estaba financiada por conservadores y católicos que deseaban dar una formación cultural elevada a sus hijos. Cuando supieron que había unos rojos allí dando clase querían retirar todas las subvenciones y cerrar la universidad.

—¿Tu marido era comunista? ¿Era militante del POUM?

—No. Él era más moderado que yo, era republicano, afiliado a Esquerra Republicana de Catalunya desde los años 30. Lamentablemente, falleció poco después de nuestra llegada a México. Me dejó sola con mi hijo de cinco años y con otra niña de 14 meses. Fue entonces cuando decidí regresar a vivir a Ciudad de México. Allí encontré a muchos otros militantes del POUM y a algunos que no había conocido en España. Recuerdo a Pilar Santiago, a Víctor Alba, a Bartomeu Costa Amic, que era editor, y a muchos otros. Todos nosotros, refugiados políticos, vivíamos como una familia. Este tipo de relación, tan íntima y solidaria, la seguimos manteniendo todavía hoy en día, como has podido notar. Estamos aún muy unidos, sentimos de una manera muy fuerte la necesidad de estar en contacto entre nosotros.

—¿Cuándo regresaste a España?

—Poco antes de que muriera Franco, en 1970, con mi hijo mayor, el que había nacido en España, con mi otro hijo menor, de once años y con mi tercer marido, que estaba muy mal. Tenía un tumor cerebral y deseaba morir en España, no en México.

—¿Te has casado tres veces?

—Sí. Mi primer marido era el catedrático republicano, del que te hablé antes, que era de Lérida. Luego me casé con otro catalán, de Barcelona, pero me separé de él después de un par de años. Finalmente, me volví a casar con un aragonés que quería regresar a España a toda costa, para morir en su tierra. Llevábamos un certificado médico que justificaba su estado de salud, pero temíamos que la policía franquista pudiera detenerlo. Había tenido tres condenas de muerte por actividad política subversiva. Cada vez que veía a un guardia civil se ponía fatal, le daba pánico. A veces, quería ir a verme a la escuela donde yo enseñaba, pero no se atrevía a cruzar la calle porque había un cuartel de la de Guardia Civil justo enfrente de la escuela. Al final de su vida confundía a los empleados de ferrocarril con policías y no podíamos ni siquiera coger un tren si lo necesitábamos. Fue enterrado en Zaragoza, como el quería, al lado de su madre.

—Muchos españoles murieron en diferentes campos de concentración, tanto franceses como alemanes. En el de Mauthausen fueron asesinados muchos catalanes.

—Todos los años hay varias conmemoraciones de catalanes muertos en campos de concentración. Hay que recordar también los campos franceses, en los que al principio no había nada, ni siquiera barracones donde dormir o donde comer. Los refugiados tuvieron que construir los barracones bajo la lluvia, con frío y rodeados de barro. En uno de estos campos franceses murió también mi maestro de música, al que recuerdo siempre con mucho afecto.

—¿Cuándo ha sido la primera vez que has podido votar?

—Fue en 1982. Cuando regresé de México, porque allí no tenía derecho de voto. Fue para mí una emoción tan grande que todavía lo recuerdo muy bien. Di mi primer voto al Partido Socialista, que llegó al poder por primera vez desde la muerte de Franco. No es gran cosa pero es un mal menor.

—¿Qué tipo de relación existía, durante el período de la guerra civil, entre los militantes del POUM y los trotskistas?

—Lo único que teníamos en común con los trotskistas era el odio hacia Stalin. En otros muchos asuntos había profundas diferencias entre nosotros. Una cosa que me impresionó fue el hecho de que mi hermano, cuando vino a visitarme a México por primera vez, fue a ver inmediatamente la casa en la que los estalinistas asesinaron a Trotsky. Con esto quiero decirte que, de todas formas, había mucho respeto entre nosotros, aunque las diferencias fueran enormes.

María Manonelles

Barcelona. Julio de 1996.

María Manonellas era la mujer de José Rovira, el comandante de la milicia del POUM que fue disuelta por los estalinistas durante la guerra civil. Ella estaba en el frente cuando llegó la orden de la detención de su marido, lo acompañó a la comisaría y, desde allí, hicieron que desapareciera. Empezó a protestar y fue detenida, torturada, pero siguió luchando para recuperar a su marido... su cuerpo, su memoria, su lucha. Aquí nos cuenta lo que pasó antes, después y durante los hechos de mayo de 1937.

—¿Qué tipo de trabajo de investigación estás realizando?
—Estoy analizando la historia del POUM desde 1935, año de su fundación, hasta 1937, cuando fue declarado ilegal.
—Tengo que decirte que la historia de nuestro partido es mucho más larga y compleja que lo que esos dos años de historia puedan representar. El POUM no nació en septiembre de 1935, ni su historia terminó en junio de 1937. Antes de la fusión con la izquierda comunista, la mayor parte de nosotros militábamos en el BOC, el Bloque Obrero y Campesino, el cual tenía un enfoque catalanista. Después del junio de 1937, todos los militantes del POUM que escaparon a la represión estalinista siguieron militando, aunque de manera ilegal, hasta el final de la guerra civil e incluso después, durante el franquismo. No se puede entender y analizar la historia de nuestro partido si no se considera también el período de la clandestinidad que duró cerca de cuarenta años. Si se analiza la historia del partido durante la «legalidad», el riesgo que se corre es el de analizar un período bastante limitado ¡que tuvo una duración de algo menos de dos años!
»Pero, si nuestro partido no hubiese tenido la fuerza que tenía, si no hubiese estado tan enraizado como nosotros decíamos que estaba, todo se habría acabado después de junio de 1937, cuando los estalinistas lo

pusieron fuera de la ley. Cuando censuraron todos los órganos de prensa y encerraron a la mayor parte de nuestros militantes. Nos calumniaron de muchas maneras. Sin el apoyo de la gente que creía en nuestra inocencia no habríamos podido hacer lo que hicimos ni escondernos durante tanto tiempo. Bastaba poco, en aquella época, para que te denunciaran pero la gente nos conocía muy bien.

Los anarquistas, los republicanos y los socialistas nos apoyaron. Nos permitieron no desaparecer del todo, como les habría gustado a los estalinistas.

—Tienes razón. Si no se analiza el período de la clandestinidad, no se tiene una visión completa de las cosas. Vayamos por orden y empecemos por el período de la guerra civil, o poco antes. ¿Qué hacías?, ¿qué responsabilidad tenías?, ¿qué tipo de actividad política desarrollabas?

—Para contestarte tengo que pensar en unos sesenta años atrás, en la historia y en los recuerdos de mi vida. Te aseguro que no es nada fácil. Empiezo aclarándote que, antes de formar parte del POUM, desde septiembre de 1935, yo ya era, desde 1929, militante activa del Bloc, el partido de Maurín.

—Como Pilar Santiago.

—Sí, como ella. Tenía, en aquella época, dieciséis años. Era muy joven, y la política empezaba a ser parte de mi vida. Cuando en 1935 el BOC se fusionó con la izquierda comunista para formar el POUM, yo pasé por un período de reflexión política, tal vez de crisis.

—¿Por qué motivo?

—A mí me gustaba el Bloc (BOC) más que el POUM. No compartía la decisión de Maurín de crear un partido diferente al que ya existía y que estaba muy enraizado en Cataluña. A nosotros, el Bloc nos gustaba tal como era y no sentíamos la necesidad de unirnos con gente que con nosotros tenía bastante poco en común.

—¿Te refieres a los trotskistas, o a la gente que había tenido un pasado trotskista?

—Sí, me refiero a ellos. A mí no me gustaban, tengo que decirte la verdad. Los consideraba sectarios y poco diferentes de los estalinistas. Eran rígidos, dogmáticos, presuntuosos y no sabían conectar con la gente. No tenían poder político y fuimos obligados a expulsarlos de nuestro partido, por divergencias políticas. Posteriormente, ya en plena guerra civil, fue el propio Nin quién escribió una carta en la que decía que los militantes partidarios de la IV Internacional podían estar en el POUM solo a título personal, no como grupo político. Los que entre ellos no aprobaron esta decisión fueron expulsados, porque eran incompatibles con la línea política del partido. Esta no fue una operación «indolora», nos costó mucho. Provocó divisiones, fracturas profundas, también en nuestro interior.

—¿Tu crítica se refiere también a personajes como Nin o Andrade, que provenían de la IC y que tenían una formación política trotskista?
—No, no me refiero a ellos. Nin se adaptó muy bien en el interior de nuestro partido, como otros de la IC como Iglesias, Gorkin, etcétera. Nosotros tuvimos problemas solo con los que querían aplicar las teorías de Trotsky en España. Trotsky había participado activamente en la revolución bolchevique y había creado el Ejército Rojo, pero no había entendido que España tenía una cultura y una tradición política diferentes a las rusas. Nosotros teníamos a nuestros intelectuales y a nuestros teóricos. Maurín era un hombre que nos guiaba muy bien y en el que teníamos mucha confianza. A nosotros no nos gustaba la famosa táctica del «entrismo», que consistía, sostenían los trotskistas, en penetrar en el interior de los partidos socialistas para «capturar» a sus militantes y «empujarlos» a la izquierda. A nosotros, estas prácticas sectarias no nos convencían. Queríamos crear un partido nuevo, que estuviera en contacto con la gente, que fuera realmente libre de cualquier condicionamiento exterior. Queríamos sentirnos libres para criticar a todo y a todos: a Stalin, a Trotsky y hasta a Lenin. No necesitábamos jefes. Si Trotsky quería crear un partido suyo que lo hiciera, pero tendría que empezar desde cero. No podía dirigir un partido que nosotros habíamos construido de la nada durante años y años de trabajo. Por esta razón nos vimos obligados a expulsar a los trotskistas de nuestro partido, y no porque nos gustase echar a la gente. Más bien lo contrario. Pero ellos, con esta lógica del «entrismo», habrían podido dividir también nuestro partido, y esto nosotros no podíamos permitírnoslo. Los trotskistas eran dogmáticos, sectarios y presumidos.
—¿Qué relación tenían Nin y Maurín?
—Nin había sido muy amigo de Maurín, pues habían militado juntos en la CNT, en el movimiento anarquista. Nin fue secretario de la Internacional Sindical Roja, la internacional sindicalista, y vivió diez años en Moscú. Allí conoció a Trotsky y su pensamiento político. Después se acercó a nosotros, los del Bloc. En 1935 creó, con nuestro partido, el POUM.
»Cuando Maurín fue detenido, al comienzo de la guerra civil, fue propuesto Nin como secretario político, no general, del partido. Esperábamos la liberación de Maurín, que lamentablemente no se produjo. Nin tuvo un papel importante en el partido, papel que no le habríamos permitido tener nunca, si no fuera porque él se había distanciado ideológicamente del pensamiento trotskista. Recuerdo un día, años después del final de la guerra civil, que nos encontramos en París con Maurín, donde él viajaba algunas veces desde los EE. UU. por compromisos de trabajo. Aquella vez se encontraba en París por una conferencia sobre la guerra de España,

y sobre el POUM en particular. Aprovechó la ocasión y vino a visitarnos a mí, a Josep (mi marido), a Jordi Arquer y a otros. Siempre lo recuerdo como a un hombre fuerte, generoso, inteligente y culto. Hombres así son realmente difíciles de encontrar. Lo consideraba un amigo, más que un dirigente político. Josep lo estimaba mucho. Mientras paseábamos por la ciudad hablábamos de la fusión del Bloc con la IC. Maurín sabía bien que a nosotros aquel cambio no nos había gustado en absoluto. Nos habíamos tenido que adaptar a gente que no nos gustaba. Nosotros teníamos una identidad política bien precisa. Maurín nos confió que, más que razones de orden político, fue su profunda amistad con Nin lo que le empujó a la fusión con la IC. La IC era un partido muy pequeño, concentrado sobre todo en Madrid, y tenían diferencias profundas con nosotros.

—¿Cuáles eran esas diferencias?

—Nosotros los del Bloc éramos catalanistas. Teníamos como prioridad la independencia política, económica y militar de Cataluña. Queríamos volver a hablar nuestra lengua, reivindicar nuestras tradiciones y todo lo que, durante siglos, el gobierno central de Madrid nos había quitado. Todo esto, un español, incluso un camarada español, no podrá entenderlo nunca. ¡Para nosotros la revolución empezaba en Cataluña y no en España! El gobierno de Madrid no nos ha representado nunca. Los de Madrid han llegado a considerar el vasco, el catalán y el gallego como meros «dialectos» regionales, y no como verdaderos idiomas. Han intentado limitar su uso, prohibiendo su difusión; pero la gente, tanto en las universidades como en las calles, siempre ha hablado el idioma que más ha sentido como suyo. Y en Cataluña el idioma que la gente habla es el catalán, y no el castellano. Por estas razones, en aquella época había profundas diferencias con los madrileños. Sobre estos temas teníamos diferencias profundas con los militantes de la IC. Nosotros queríamos un partido catalanista, antes que nada. Esta prioridad política, un militante madrileño o asturiano no logrará entenderla nunca.

—Me han hablado mucho de José Rovira, del comandante de la XXIX División. He leído muchas cosas sobre él. Todos lo consideraban un hombre fuerte, recto y valiente, punto de referencia para todos los milicianos. Un hombre que infundía más respeto que temor. Fue detenido y procesado como los otros militantes del POUM. Disolvieron su División. He leído sus declaraciones al tribunal, recogidas en el libro *El proceso contra el POUM*, de Ignacio Iglesias. Cualquier libro que trata de la historia de la guerra civil menciona su nombre y lo recuerda por las acciones heroicas realizadas por su División.

—La vida de Josep ha sido muy plena. Ya desde muy joven había estado exiliado en Francia, en los años 30 por actividad política subversiva. Fue detenido y procesado por el gobierno francés, con otro grupo de amigos, porque estaba organizando un atentado contra el dictador español Primo de Rivera. Toda la izquierda radical francesa se puso de su parte. Era muy consciente de que no existía ningún método «legal» para derrocar la dictadura. Se organizó una campaña de propaganda muy amplia que trasformó aquello en un proceso político. Fueron condenados a penas mínimas y pudieron salir pronto de la cárcel. Pero la dictadura y el gobierno de las derechas parecían eternos, y el pueblo no tenía la fuerza de cambiar el estado de cosas.

»Josep se fue a América Central, a Guatemala. En 1931 se enteró del derrocamiento de la monarquía y el advenimiento de la república y de que había una amnistía para los presos políticos. Regresó en 1932 con la esperanza de que algunas cosas pudieran cambiar. Con el tiempo se decepcionó. Josep era un revolucionario, no un demócrata-burgués, y pensaba que solo la clase obrera podía, verdaderamente, poner en discusión los pilares políticos y económicos del poder constituido.

»La clase obrera habría tenido que abatir el poder secular de la Iglesia católica, del Ejército y de la nobleza. Pero la gente, en aquel momento era poco consciente de su fuerza. Había un mundo que construir.

—¿Conociste a Josep cuando regresó del exilio en 1932?

—Sí, lo conocí en 1932 porque los dos militábamos en el Bloc. Pero fue en 1936 cuando empezó nuestra historia.

—¿Había otras mujeres en el POUM, en el Bloc o en la IC?

—No eran muchas, pero sí las había. La mayor parte de ellas eran las mujeres o las compañeras de los militantes del partido. Otras veces eran las hermanas o las primas. De todas formas, las mujeres eran más numerosas que en los otros partidos o movimientos, y seguramente tenían más conciencia política que las otras. También con los anarquistas había mujeres; pero siempre menos, comparadas con los hombres.

—Y tú, ¿por qué estabas en política?

—Por una cuestión ideológica y sentimental. No aceptaba las injusticias sociales y quería luchar por un mundo mejor. Las contradicciones sociales las vivía en mi misma piel. Mi madre se había quedado viuda cuando era joven, tenía cuatro hijos y no sabía realmente qué hacer. La situación económica general era difícil, las contradicciones sociales estaban más agudizadas que hoy en día. Cuando yo era niña había mucha gente que sufría hambre y otras que no habían trabajado nunca. Los obreros y sus familias vivían muy mal y comenzaron a organizarse en sindicatos y a luchar para reivindicar sus derechos. Las condiciones de la clase obrera no eran como las actuales.

—Víctor Alba nos ha dicho varias veces que, durante aquellos años, la clase obrera estaba más organizada y más dispuesta a luchar contra los patrones. No podía perder otra cosa que sus cadenas. Ahora, por el contrario, los obreros tienen, en muchos casos, una mentalidad pequeño-burguesa y se movilizan únicamente para mejorar sus condiciones económicas, y no para revindicar derechos políticos.

—Víctor ha escrito numerosos libros sobre la clase obrera, el marxismo en Cataluña, la reducción del horario de trabajo… Por suerte tenemos a un teórico, entre nosotros, que escribe e interpreta lo que nosotros mismos no tenemos tiempo de analizar, aunque vivamos en nuestra piel todas las contradicciones del planeta.

—¿Cuántas veces por semana ibas a la sede del partido?

—Prácticamente siete días de siete. Cada día, por la noche, cuando terminaba de trabajar, pasaba un poco de tiempo con los compañeros. Estar con ellos era, para mí, una necesidad y una felicidad.

—¿Qué hacías en la sede del POUM?

—Discutíamos de todo, analizábamos la situación política del momento. Hacíamos reuniones, asambleas, leíamos libros, revistas, periódicos…. Cuando se empezó a publicar *La Batalla* vendíamos ejemplares en la calle. Era una felicidad entregar el periódico a la gente para comentar, con ellos, los hechos del momento. Todo esto me hacía sentir viva y partícipe. Si había la necesidad, que siempre la había, íbamos a la imprenta y ayudábamos a doblar las páginas del periódico. De esta manera, el partido ahorraba tiempo y dinero. No teníamos, en aquella época, máquinas automáticas para la entrega el periódico. Se necesitaba mano de obra, trabajo manual. Nos quedábamos allí hasta las tres o las cuatro de la mañana, y al día siguiente íbamos al trabajo. No era como el tipo de militancia que hay ahora.

—Me parece que eres bastante crítica respecto a la situación actual.

—Sí, y te doy un ejemplo concreto. Hace unos años fui a la sede central del Partido Socialista en Barcelona, para debatir de política y para hacer algo, si era necesario. Era sábado y la encontré cerrada. La cosa me pareció rara. Vi a un compañero y le pregunté. Él me contestó que era día de fiesta y que por eso cerraban la sede del partido. Me quedé estupefacta. Cuando yo militaba, eran precisamente los sábados y domingos, cuando la gente no trabajaba, cuando nos dedicábamos en cuerpo y alma a la militancia. Pero las cosas habían cambiado, y esta era una señal.

—¿Durante la guerra civil cambió mucho la mentalidad de la gente? ¿Cambiaron las pequeñas reglas de convivencia social?

—Sí, durante la guerra civil, uno se podía casar sin problemas. Cualquier acontecimiento se podía realizar mediante ceremonias civiles: nacimientos, bodas, sepultar a los muertos. Estas ceremonias se vivían de manera colectiva. El derecho al divorcio se había obtenido durante la Segunda República. Para el aborto tuvimos que esperar hasta julio de 1936, en Cataluña, gracias también al apoyo del secretario de nuestro partido, Andreu Nin, en aquel momento conseller de Justicia de la Generalitat. La Iglesia católica perdió gran parte de su poder político durante la guerra.

»Mi marido, en el frente, ofició entierros de muchos milicianos. Y casó también a muchas parejas. Estas ceremonias volvieron a adquirir su significado real. La gente empezó, en aquel período, a querer cambiar radicalmente su vida y a combatir sus propios prejuicios. Esta fue la verdadera revolución española. Fue una revolución hecha en las casas, en las calles, en los lugares de trabajo...

»Los libros han hablado poco de lo que significó para la gente sentirse consciente, fuerte y dueña de su vida. Yo, por ejemplo, antes de encontrar a Josep estaba casada con otro compañero, pero quería sentirme libre. Rompí mi certificado de matrimonio y me consideré desvinculada de cualquier lazo sentimental anterior. Josep y yo nos casamos años después, cuando ya teníamos dos niños, y decidimos hacerlo por nosotros mismos, no por los demás.

—¿En qué año murió tu marido?

—En 1968, en París, ciudad en la que habíamos decidido vivir durante nuestro exilio.

—¿A él también lo detuvieron durante la guerra civil?

—Sí, varias veces. Pero lo más grave, lo que más le hirió, como hombre y como militante, fue la disolución de las milicias: el final de aquella experiencia humana, política y militar única en su género. Yo estaba en el frente, con él, cuando le comunicaron la orden de detención.

—¿Tú también participabas en acciones militares en las milicias?

—No directamente. Algunas de nosotras decidieron hacerlo, y otras no. Había muy pocas mujeres en el frente, cuatro o cinco en total. Teníamos muchas tareas tanto en la retaguardia como en el frente. Había tantas cosas que hacer que no teníamos tiempo de aburrirnos. A mi marido lo llamaron desde Barcelona, en junio de 1937, cuando los estalinistas decidieron disolver las milicias y detener a los dirigentes del POUM. Muchos socialistas y republicanos estaban incómodos con la situación. Expresaban, como mejor podían, su solidaridad con nosotros. El día siguiente a la detención de mi marido fui al departamento de Policía para conocer su estado de salud. El jefe del departamento, con aire indiferente, me comunicó que Josep no había llegado nunca allí y que más bien lo esperaban para interrogarlo.

»¡Empecé a gritar con todas mis fuerzas!: «Pero, ¿cómo? —le contesté—, ¡si yo misma lo acompañé ayer, aquí mismo! ¡Si estaba yo con él en el frente, cuando le comunicaron que debía presentarse con urgencia al departamento de Policía de Barcelona!» Y, siempre con aire de indiferencia, el oficial de policía me aconsejó que regresara al día siguiente para ver si el señor Rovira se había ya presentado allí. Y pensar que mi marido, algunos días antes, había recibido un telegrama firmado por el mismo jefe del frente de Aragón, el General Pozas. Felicitaba a Josep, como comandante de la 29 División, por una brillante operación llevada a cabo con muy poco derramamiento de sangre y con el máximo resultado.

—En el libro de Iglesias se transcribe el texto íntegro del telegrama del que hablas: «Llegado a mi conocimiento el brillante comportamiento de sus fuerzas, me complazco en felicitarle, rogándole transmita felicitación. Comandante de la circunscripción norte del frente de Aragón».

—El comandante le felicita por la famosa acción realizada en la conocida como «Loma Milagros», en el frente de Aragón, evocada también por Ken Loach en la película *Tierra y Libertad*. Aquella en la que se mata al cura que había disparado a los milicianos. ¿Habéis visto la película?

—Sí.

—Todos los milicianos del POUM, y mi marido de manera particular, tenían respeto por la vida y por la dignidad humana. Josep repetía siempre que se tenía que evitar derramar sangre inútilmente. No quería que la guerra llevara a sus milicianos a la *barbarie*. Para él, la revolución empezaba en su campo de batalla y se manifestaba también respetando a los presos políticos.

—¿Es verdad que no había muchas diferencias jerárquicas entre el comandante y los otros milicianos?

—Es verdad. Y no lo digo solo porque Josep fuese mi marido. Todos lo respetaban y lo estimaban. Se fiaban de él. Josep preguntaba siempre la opinión de los otros, incluso en cosas aparentemente irrelevantes.

—¿Se quejó, algunas veces, por la falta de armas y de municiones en el frente?

—Sí, siempre. Era una cosa que le afectaba mucho. Decía que los estalinistas habían escogido la peor manera de ejercer su fuerza política y militar. En el frente faltaban armas y municiones. Y los milicianos, a veces, resultaban heridos por sus propias armas mientras disparaban al enemigo. Sus mejores armas eran las que habían conseguido arrebatar, luchando, a los fascistas. En el frente estaba también George Orwell, que fue herido en la garganta, durante un combate. Cuando después de un permiso en Barcelona iba a regresar al frente, le dijeron que la milicia había sido disuelta, y que los estalinistas les buscaban a todos, también a él. Fue un milagro que pudiera salvarse. Cuando regresó a Inglaterra escribió un bellísimo libro: *Homenaje a Cataluña*, en el que habla de la vida en el frente y de la falta de armas, más que de la situación política de España en 1936 o de los problemas con los estalinistas.

—Lo que más me ha impresionado de ese libro es cómo Orwell habla de los españoles. No oculta algunos de sus defectos, como la falta de organización y la incapacidad de llevar a cabo sus compromisos, pero sostiene que es mejor ser extranjero en España que en cualquier otro país del mundo. La gente, en España, es generosa, abierta y altruista... Regresemos a la guerra civil y a cuando tu marido estaba en la cárcel, ¿temías que los estalinistas lo hubieran asesinado y que no pudieras volver a verlo nunca más?

—Me podía esperar cualquier cosa de los estalinistas, porque ya habían asesinado a muchos de nuestros militantes y otros estaban desaparecidos. Por suerte, Josep era muy conocido, y los estalinistas no habrían podido asesinarlo sin provocar un escándalo. La prensa y la opinión pública internacional pedían su liberación; además a él, como comandante del ejército, solo podían detenerlo por orden de las autoridades militares, del ministro de Guerra en persona. En aquel momento, el ministro era Indalecio Prieto, un socialista que no sabía ni siquiera que mi marido estaba en la cárcel. Detener a Josep sin avisar al ministro había sido una imprudencia. Los estalinistas, formalmente tan apegados a las reglas, no habían respetado el código militar, cosa de no poca importancia, sobre todo en tiempos de guerra. Prieto estaba de nuestra parte, y se le informó de manera informal de que Josep había sido detenido. ¡El hecho era escandaloso! Logramos ponernos en contacto varias veces con Prieto, y estuvo siempre muy dispuesto a intentar ayudarnos. Pero muchas veces los estalinistas mandaban más que los ministros españoles, y él mismo se sentía impotente frente a las órdenes que le llegaban desde arriba y a las cuales tenía, simplemente, que obedecer. A pesar de todo, hizo todo lo posible por liberar a Josep, quien después de veintiún días de prisión fue puesto en libertad. Si mi marido no hubiese tenido a alguien que se movilizara para obtener su liberación, se habría quedado en la cárcel durante todo el período de la guerra civil, como les sucedió a otros menos afortunados que él.

—¿Estuvo detenido en Barcelona?

—En un primer momento, sí. Pero después fue trasladado a Valencia. Nosotros logramos saber que estaba allí por casualidad, después de muchas presiones hechas al jefe de la Policía para obtener información.

—En aquel momento había una campaña internacional para la liberación de Nin.

—Sí. Sabíamos que estaban torturando a Nin, ¡pero no lográbamos saber absolutamente nada sobre él! Lo que nos decían las autoridades oficiales era contradictorio: «No lo hemos visto ni detenido nunca»; y a la vez: «le estamos interrogando», «no podemos permitir que vea a nadie», «no podemos garantizar su seguridad», y, para acabar, la infame mentira de que ¡Nin se había escapado gracias al apoyo del ejército fascista!

»Fue gracias a la campaña internacional de apoyo a Nin, y a los militantes del POUM, por lo que los estalinistas no pudieron asesinar a otros como les habría gustado hacer. Togliatti se quejaba de que el proceso al POUM hubiese levantado tanto alboroto y de que la mayor parte de la prensa, nacional e internacional, no apoyara sus posiciones. ¡Alguien se había rebelado frente a las órdenes! La Pasionaria estaba sorprendida de que las cosas no hubiesen ido como ella se esperaba, y el mismo *Pedro*, que dirigía el partido desde la Pedrera de Barcelona, estaba realmente sorprendido de que la gente creyera más a los militantes del POUM que a ellos. Tal vez fue por este motivo por lo que no mataron a mi marido. No podían permitirse una campaña internacional parecida a la que hubo con Nin. Ya tenían demasiados cadáveres escondidos en el armario.

—¿También te detuvieron a ti, como a Pilar Santiago?

—No. No fui detenida, y no se bien por qué. Pilar estuvo en la cárcel después de que mataran a su marido en el frente. Los estalinistas decían que era un traidor y un fascista. La policía no daba información. Decían que no sabían dónde estaba ni cuál era su actividad. Su caso ya era demasiado incómodo. Pilar sabía que los estalinistas lo habían asesinado en el frente, disparándole por la espalda, acusándole de ser un traidor y un espía fascista. Pilar era una mujer muy impulsiva. Iba cada día a ver a los altos mandos de la policía para pedir información sobre su marido y para reclamar, al menos, su cadáver. Ellos la trataban mal, le daban a entender que molestaba, y le aconsejaban que regresara tranquilamente a su casa.

»Pilar los insultaba. Decía que eran unos asesinos, que eran ellos los verdaderos fascistas, enmascarados de compañeros y que habían asesinado a su marido en el frente. Su marido no era un traidor, sino un hombre que había combatido por la libertad de su país. Por esto que fue detenida, de manera «cautelar», decían. Porque era peligrosa, violenta y no respetaba el código militar. Porque cometía delitos como «ofensa a la fiscalía» y otras cosas. ¡Yo no sé qué esperaban los estalinistas que hiciera la gente! ¿Qué soportara asesinatos y desapariciones con serenidad y resignación? Nosotros hemos visto a nuestros compañeros detenidos, torturados y humillados, y nos hemos rebelado con todas nuestras fuerzas contra ese tipo de cosas. ¡No! ¡No hemos sufrido en silencio!

»Pilar estuvo en la cárcel durante cinco meses simplemente por haber pedido información sobre su marido. Un tío suyo, que era diputado, consiguió sacarla de la prisión. Le buscó un trabajo en Francia como maestra.

Si se hubiese quedado en España, la habrían detenido más veces porque ella no habría parado de protestar. Después, Pilar decidió irse a vivir a México, y se quedó allí durante muchos años, hasta que pudo, oficialmente, regresar a España, después de la muerte de Franco en 1975.

—Regresemos a tu marido, a Josep Rovira.

—Como te decía, gracias a la intervención de Prieto, Josep pudo salvarse. Prieto envió dos telegramas al director de la cárcel de Valencia, que era un socialista, para que no solo fuera liberado cuanto antes, sino para que lo mantuviesen alejado de los estalinistas, que hubieran podido atentar contra él. A decir verdad, el director de la cárcel se portó bien con él, expresándole su solidaridad de diversas maneras.

»Cuando llegó el momento en el que Josep debía salir de la cárcel, se temía un atentado contra él. Habría podido esperar en la cárcel una noche más, pero él tenía prisa por abandonar aquel lugar. Era la una de la madrugada, con visibilidad escasa. El director iluminó toda la cárcel y había tanta luz que parecía de día. Dos delincuentes comunes acompañaron a Josep a la casa de un compañero para protegerlo. Pero, al cabo de poco tiempo, regresaron los tres a la cárcel.

—¿Josep volvió a ser detenido?

—Sí. El procedimiento judicial contra él no era muy claro. La policía consideró improcedente su liberación, un acto arbitrario realizado por parte de Prieto. Intentaron detenerlo otras veces, aunque no tenían orden de detención. Estuvo en la clandestinidad varios meses, con la policía buscándole, durmiendo en casas de amigos, y escapando varias veces de nuestra propia casa. Pero la casa de su padre era muy grande y tenía tres salidas. A menudo, Josep escapaba por detrás, cuando la policía estaba a punto de entrar por la puerta principal.

—¿No llegaron nunca al extremo de detenerte a ti, para cogerlo a él, como hicieron con otras mujeres como con María Teresa Andrade y Luisa Gorkin?

—No, no lo hicieron. Pero estuvieron muchas veces a punto de hacerlo. De hecho, en 1938, después de varias tentativas, lograron detener otra vez a Josep, que ingresó de nuevo en la cárcel de Valencia junto a María Teresa Andrade, a Arquer, su mujer y otros varios.

—Durante el período de la clandestinidad, ¿qué tarea en el partido tenía Josep?

—Se ocupaba, como los otros, del proceso, de la prensa clandestina del partido y de varias otras cosas. El clima era de caza de brujas. Muchos abogados que tenían que ocuparse del proceso eran amenazados por los estalinistas y preferían abandonar el caso. Era realmente difícil encontrar a alguien que estuviera dispuesto a defendernos. De todas estas cosas se ocupaba mi marido junto a otros compañeros.

—¿Y cuándo se acabó la guerra?

—Yo tenía una niña de catorce meses y esperaba a mi segundo hijo. Josep estaba muy preocupado por nosotras. Temía que los fascistas y los comunistas lo asesinaran, pues yo pasaba la mayor parte de mi tiempo pidiendo su liberación.

»Los fascistas avanzaban, y estaban cerca de Barcelona. Las cárceles fueron abiertas, pero el director no quería problemas con los estalinistas y quería dejar en la cárcel a mi marido y a los otros militantes del POUM. Yo pedía, junto a otros compañeros del POUM, la liberación de los detenidos políticos. Finalmente cedieron, más que por un sentido de justicia, por miedo a que asaltásemos la cárcel y les diéramos más problemas de los que ya tenían.

»Era impresionante la cantidad de gente de izquierdas que estaba en la cárcel: anarquistas, comunistas, republicanos… Había mucha confusión, y yo no logré ponerme en contacto con Josep. Había abandonado la ciudad unas horas antes que él y me dirigí con otros compañeros hacia el norte, hacia la frontera con Francia. Pasé por Figueres y llegué cerca de la frontera con Francia. Todavía no sabía nada de Josep. De repente, por casualidad, escuché a un compañero que estaba contando que el día anterior se había encontrado con el comandante Rovira. «¿Con Rovira? —le pregunté— ¿Y dónde está ahora Rovira?». «Ayer estaba en Figueres», fue su respuesta. Yo no entendía cómo no había conseguido verlo porque el día anterior, yo misma, había estado. El compañero me explicó que Josep se había tenido que esconder de los estalinistas que lo estaban buscando. Querían matarlo y preguntaban a la gente si sabía dónde estaba el «fascista» de Rovira. Estábamos cerca de la frontera con Francia y dejábamos a nuestras espaldas un país derrotado, lleno de muerte, hambre y miseria. ¡Y los estalinistas todavía se permitían el lujo de buscar al «fascista» de Rovira!

Los estalinistas eran personas inmundas. Yo, algunas veces, me encuentro con alguno de ellos por las calles de Barcelona. Me acomete una ira tan violenta que tengo ganas de hacer algo. De todas formas, tengo que decir que, en aquella época, mucha gente nos expresaba su solidaridad, de una manera u otra. El mismo presidente de la Generalitat, Luis Companys, a menudo se ponía en contacto con Josep y con otros miembros del POUM, para darnos informaciones importantes para huir de los estalinistas. Companys era realmente un hombre honrado, y habría querido seguramente hacer mucho más por nosotros si hubiese tenido la posibilidad de hacerlo.

—He leído varias veces el discurso que Companys pronunció desde la Generalitat de Cataluña, después del golpe de los militares, el 19 de julio de 1936. En aquella ocasión, Companys reconoció que habían sido los anarquistas, y los revolucionarios de todo tipo, los que habían salido a la calle para combatir al fascismo. No habían sido los partidos burgueses, que se habían quedado parados a esperar a que el peligro pasara. Companys dijo, en aquella ocasión, que el poder era del pueblo y que pertenecía a todas aquellas organizaciones revolucionarias que habían luchado por la libertad y la democracia.

»Pero regresemos a tu historia personal, ¿qué sucede cuando cruzas la frontera con Francia?

—Me fui al norte de Francia, a la Bretaña, con otros militantes del POUM. Rovira fue a París. El organizó, con otros compañeros, la resistencia antifascista en Francia. Ayudó a muchos militantes a escapar a otros países, a esconderse o a encontrar un trabajo para quedarse a vivir en Francia. Participó en acciones militares contra los nazis organizando muchos sabotajes. Hay un libro en francés en el que él cuenta estos episodios de su vida.

—¿Tú también entraste en la resistencia francesa?

—Yo no podía porque tenía dos niños pequeños. Por esta razón regresé a vivir a España, a Barcelona, a casa de los padres de Rovira y los cuidé porque eran mayores.

—Y en España, ¿participaste en la lucha contra el régimen franquista?

—Sí, claro, dentro de los límites de mis posibilidades. Un día me encontraba en la avenida Diagonal y un compañero me comunicó el lugar y la fecha de una reunión clandestina del POUM en Barcelona. Yo fui y volví a la actividad política de siempre. Pero en 1946 regresé a París para vivir con Rovira, hasta 1968, año en el cual él falleció.

—¿No regresasteis nunca más a Barcelona?

—Sí, varias veces, clandestinamente. Rovira se arriesgaba mucho, pues tenía una orden de detención permanente. Carecíamos de documentos de cualquier tipo y teníamos que atravesar a pie los Pirineos, caminando durante días y días con frío y lluvia. Una vez fuimos a Barcelona cuando su padre lo necesitaba, otra vez cuando su madre estaba enferma grave. Era peligroso, para nosotros, quedarnos en España. Había gente que nos conocía, y alguno habría podido denunciarnos.

—¿De qué manera la noticia de los hechos de mayo en Barcelona influyó en la moral de los milicianos?

—De la manera que os podéis imaginar. Las noticias que llegaban eran confusas y dramáticas a la vez. Mi marido no podía entender cómo los estalinistas habían podido llegar hasta ese extremo. Los milicianos estaban desconcertados. Algunos de ellos, tres o cuatro, junto con otros militantes anarquistas, decidieron ir a Barcelona para ver lo que pasaba. Llegaron hasta Lérida y se quedaron allí durante unas horas. Luego regresaron inmediatamente al frente. No había nada más que hacer y corrían el riesgo de ser fusilados por los estalinistas.

—Como les sucedió más adelante a varios de ellos.

—Sí, muchos militantes y milicianos del POUM fueron detenidos de manera brutal y sin ninguna razón. Bastaba con no estar de acuerdo con las ideas de los estalinistas para que te considerasen un enemigo, un fascista y un provocador. La guerra de España esconde muchos horrores de este tipo.

—Varios militantes del POUM se alistaron en el ejército esperando, de esta manera, estar a salvo de los estalinistas.

—Se pensaba, erróneamente, que el Ejército era un sitio protegido. «No se atreverán a atacarnos allí», se decía y se esperaba. Para todos, incluso para los que nos consideraban unos nostálgicos extremistas, era evidente que luchábamos contra los fascistas. Era absurdo que los estalinistas mataran y detuvieran a los que arriesgaban su vida luchando contra los fascistas. Pero llegaron hasta ese punto.

—Nos comentabas que, en realidad, las cosas se habían desarrollado de manera diferente a como Kean Loach las representó en la película.

—Sí, como os decía antes, mi marido no fue detenido en el frente, sino en Barcelona. La División 29, que él mandaba, fue disuelta poco a poco y no de una vez. Los estalinistas temían que los milicianos se rebelaran en su contra. Por esta razón fragmentaron la División antes de destruirla. Kean Loach ha venido varias veces a mi casa. Quería saber todo sobre el frente, sobre mi marido, sobre los milicianos. Me comentó que por necesidades cinematográficas prefería modificar parcialmente algunas cosas. Una película no tiene necesariamente que describir la realidad. Lo que importa es que no se altere su contenido. Por esto Kean Loach prefirió no dar al comandante de la Milicia su verdadero nombre y tener la libertad de decidir dónde y cómo iba a ser disuelta la División y también cómo había sido detenido su comandante. Un documental que analiza, desde un punto de vista histórico y político, este período, es *Operación Nikolai*, realizado por la televisión catalana, que trata del asesinato de Andreu Nin.

—Lo hemos visto. Entrevistan a varios militantes del POUM, entre ellos a Víctor Alba, a Solano, a la hija de Nin, a Teresa Carbó…

—Sí. Precisamente Teresa Carbó fue la última persona que vio a Nin con vida. Que pudo asegurar con absoluta certeza que había sido detenido. Cosa clara, obviamente, pero que los estalinistas habían llegado incluso a negar. Teresa Carbó era militante del Socorro Rojo del POUM, una organización que ofrecía asistencia médica y psicológica a los compañeros que estaban en la cárcel. Era una persona muy conocida y por eso pudo entrar sin ninguna dificultad donde estaba detenido. Teresa se dio cuenta, por casualidad, de la presencia de Nin. Y él le aconsejó que fuera prudente, para que no la vieran, porque habrían podido detenerla. Pero Teresa era una mujer impulsiva, una militante valiente, y muchas veces regresó para buscar a Nin y para preguntar sobre su estado a las autoridades competentes. Después, y por esta razón, la detuvieron también a ella. Molestaba demasiado, decían, y se interesaba demasiado por Nin. Durante tres meses permaneció en la cárcel, por «razones de orden público», por haber visto algo muy incómodo. A los estalinistas no les gustaba que una mujer hubiera sido testigo de la detención de Nin. Podía contar a la prensa lo que sabía y ellos querían «solucionar» el caso Nin sin problemas ni complicaciones. Teresa estuvo encarcelada, con Pilar Santiago, por haber visto demasiado y por no haber querido obedecer órdenes. Ahora, Teresa, está delicada de salud, tiene problemas en los ojos. Es una lástima, que no podáis verla. Era una militante excepcional.

—Tampoco Salvator Clop está bien. El día que tenía una cita con nosotras, el lunes pasado, lamentablemente fue ingresado en un hospital por un ataque al corazón

—Sobre el caso Nin os quería decir que en el período que duró su detención, en las paredes de la ciudad, aparecían frases escritas como: «Gobierno Negrín, ¿dónde está Nin?». Y los estalinistas contestaban: «En Salamanca o en Berlín»; o sea, con Franco o con Hitler. En resumen, los estalinistas no tenían respeto por nadie, ni siquiera por los muertos. Pero la historia nos ha dado la razón, y eso es lo que importa.

—¿Y qué concepción teníais de Stalin?

—Nos dimos cuenta de lo que realmente era el estalinismo, lamentablemente, demasiado tarde. Cuando ya habían sembrado de muertos las plazas. Anteriormente, todos nosotros considerábamos Rusia como nuestra segunda patria y como el país en el cual el socialismo y la revolución se habían llevado a cabo de manera real. Conocíamos la existencia de las purgas y de la eliminación de los disidentes políticos, pero nos parecían cosas lejanas y poco creíbles. Fuimos siempre críticos hacia el estalinismo. Éramos un partido libre e independiente. Respetábamos profundamente a todos los hombres y mujeres que habían luchado por la revolución. Cuando después nos dimos cuenta del alto coste de la revolución, tanto en Rusia como en otros países, fuimos más escépticos y críticos. Hubo exiliados, algunos ingenuos, que decidieron ir a Rusia o a algún otro país del Este, después del final de la guerra civil. Pero cuando sus expectativas se frustraron, los estalinistas no les permitieron abandonar el país. Y, si no dejaban de protestar, les enviaban a Siberia que, como tú sabes, no es un lugar donde se veranea. Después de la represión estalinista, la misma palabra «comunista», fue eliminada del lenguaje común. La gente en España no puede olvidar lo que hicieron los estalinistas.

Cristina Simón Nin

Esterri d'Neu. Diciembre de 2010.

Marta Alier y yo nos aventuramos hacia los Pirineos para entrevistar a Cristina Simón, nieta de Andreu Nin, el líder del POUM trágicamente secuestrado y torturado por los sicarios de Stalin durante la guerra civil. Con ella descubrimos los misterios del hombre Nin, del joven revolucionario que dijo a su compañera: «Voy a Moscú y vuelvo enseguida», y volvió diez años después con otra mujer y otros hijos…

⌘

—Es la primera vez que estoy al otro lado de la cámara…
—Siempre hay una primera vez.
—Normalmente soy yo la que entrevisto.
—Tu nombre es…
—Cristina Simón Spinoza.
—¿Tienes algo que ver con Andreu Nin?
—Andreu Nin era mi abuelo, era el padre de mi padre.
—¿Llegaste a conocerlo?
—A Andreu Nin, no. Lo mataron en el 37, y yo nací en el 59. Justamente hay muchas cosas que no sé.
—Entiendo que no tengas ningún recuerdo personal, pero ¿algo que tu padre te comentaba?
—Mi padre murió cuando yo tenía nueve años y a mi hermana y a mí no nos dijo nada; siempre decía que nos iba a explicar más cuando muriera Franco, porque si no era un riesgo que se supiera quién era él y el vínculo familiar que tenía con Nin. Mi madre sí sabía, ¿eh?
—Pero, ¿a ti te dijo que su padre era Andreu Nin?
—A mí no, porque yo era muy pequeña, pero cuando conoció a mi madre, cuando decidieron que se iban a casar, cuando se hicieron novios, sí que se lo dijo. Mi padre llevó a mi madre a un sitio de Barcelona donde

157

había una pintada de Andreu Nin y le preguntó si sabía quién era; mi madre le dijo que sí, que más o menos sabía, y mi padre le explicó que Nin era su padre, y le contó la historia para que supiera con quien se iba a casar. O sea, que mi madre sabía bastante de la historia. Bueno, sabía lo mínimo, porque mi padre iba diciendo que el día que moriría Franco nos lo contaría todo, pero que mientras era un riesgo muy grande. Pero mi padre murió, y a Franco todavía le quedaba mucha «cuerda», y mi madre nos lo contó a nosotros cuando yo debía de tener trece o catorce años quizá, y mi hermano un año y medio más. Y nos dijo que quedaba la hermana de mi padre, que era la hija mayor de Andreu Nin, que ella no quería hablar de esto pero que, si algo queríamos saber sobre el tema, teníamos que preguntarle a ella. Así que mi hermano y yo lo hablamos, superalucinados, además lo poco que recuerdo de cuando nos lo explicó mi madre era que sí, que algo cuadraba que hubiese un misterio así en la familia porque había algo raro, no sé cómo explicarlo, lo que nos contaba, de alguna forma, nos cuadraba.

»Con mi hermano lo hablamos y quedamos con mi tía para ir a comer a su casa, y como yo era la «lanzada» y mi hermano era más timidito, me decía: «Tú empiezas, ¿eh?». Para que te hagas una idea, mi tía se casó con un falangista; catalán, pero falangista. Aquel día, estaban mi tía, mi tío y los padres de mi tío, y cuando acabamos de comer le pregunto a mi tía: «Oye, tía, es que queríamos saber quién era "el teu pare", tu padre». Y fue como soltar una bomba. Se puso superrígida, todo el mundo se quedó parado, sin hacer nada, en silencio; y yo pensando: «¡Oh, Dios mío!». Siempre después de comer soltábamos un periquito, un pajarito que había... pienso que hasta el periquito se quedó allí parado. Y mi tía me dijo muy seria: «Mi padre era un comerciante de vinos de Reus, y no hay nada que contar sobre él». Y yo: «Ah, es que a mí mi madre me ha dicho que...». Y ella: «Tu madre diga lo que quiera, mi padre era un comerciante de vinos de Reus que se llamaba Israel Simón, y no hay nada que contar sobre él». Allí se acabó la conversación porque, claro, éramos jovencitos y volvimos a casa.... Y la cosa quedó así un poco colgada, y yo empecé a buscar libros y cosas así, empecé a mirar todas las librerías de mi padre, donde había muchos libros pero no había ni uno que contara nada de todo esto; porque, claro, no eran tiempos como para tener cosas así. Y la cosa quedó como colgada durante un tiempo. Entonces, en la escuela donde yo iba, esto sí, pensaba mucho e intentaba colocar piezas, además que a mí todo el mundo...

—¿En qué ciudad vivías?

—En aquel momento estábamos en Barcelona y teníamos una beca en el Liceo Francés de Barcelona porque mi padre no quería que fuéramos a una escuela franquista y que cantáramos el *Cara al sol* y todo aquello. Y el

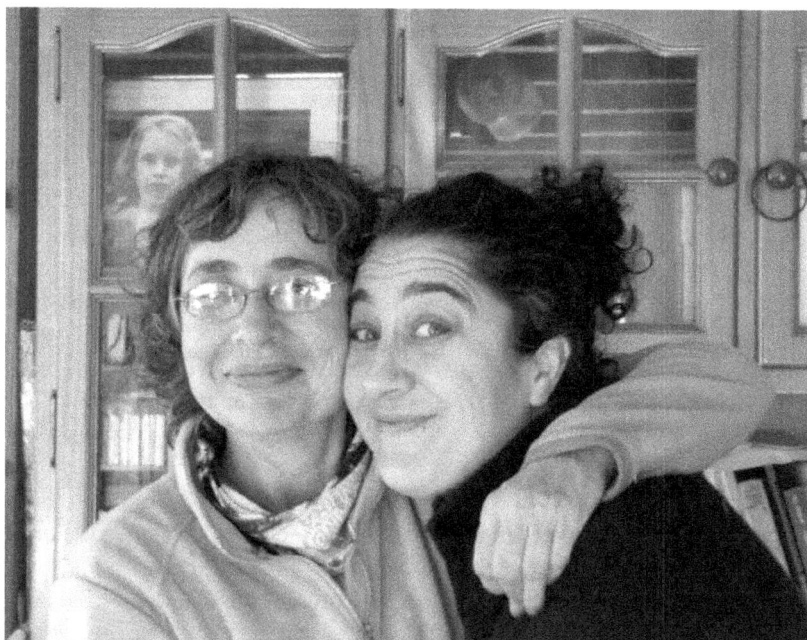

Cristina Simón Nin e Isabella Lorusso.

Liceo Francés de Barcelona era un sitio que acogía a toda esta gente que estaba en contra del régimen: a los republicanos, a los del Partido Comunista, a los del POUM, a los anarquistas… Era un refugio, realmente. Incluso puse en contacto a Wilebaldo Solano con un hombre que había trabajado en el Liceo Francés y que había sido su secretario personal; así que, cuando le dije a Wile que conocía a Juan Orfina, me dijo: «¡Ah, dame su teléfono!». Para mí fue una sorpresa saber que allí, en el Liceo Francés, también había gente del POUM. Y antes de que Wile estuviera mal pudieron volver a hablar, fue estupendo. Bueno, así que en el Liceo Francés había más gente que también se estaba empezando a preguntar por su historia familiar, y no recuerdo muy bien cómo fue pero Albert Solé, el hijo de Soletura, también había ido a parar a esta escuela. Me acuerdo de él, y esto que él es más joven que yo, en el patio de la escuela intentando reconstruir nuestras historias familiares sin acertar en nada. Porque no acertábamos nada… Y con otra chica que sus padres eran del PSUC, inventándonos historias e intentando reconstruir. Y así fueron pasando los años, murió Franco, yo era más o menos activa políticamente hasta que me fui a vivir a la montaña y este tema lo dejé un tiempo en *stand-by*.

—¿Has podido reconstruir también la historia de amor entre tu abuela y tu abuelo?

—Un poco. No mucho porque mi abuela…

159

—¿Cómo se llamaba?

—Se llamaba María Andreu Baget. Era del Vendreill, como él.

—¿Eran del mismo pueblo?

—Se conocieron en la Escuela Normal, eran profesores. Ella debía de estar acabando y él debería de estar empezando. Ella era mayor de él. Aquí hay cosas que me ha sido difícil reconstruir, ¿eh? Hay muchas cosas que no sé por qué mi abuela es la gran olvidada, se habla muy poco de ella. Siempre me han dicho que tenía muy mal carácter, y yo simplemente he acabado pensando que simplemente «tenía» carácter la señora, porque por lo que cuentan... Era anarquista muy convencida, era una mujer muy valiente, de ideas fuertes, seguía la escuela de Ferrer y Guardia. Se ve que tanto la familia de Andreu Nin como la familia de ella se opusieron bastante a esta relación, porque ella era mucho mayor.

—¿Mucho mayor?

—Sí, pienso que era mayor que él siete u ocho años. Ahora no tengo los datos a la mano, pero era algo así, y en aquella época era un escándalo. Sé que fueron a parar a Barcelona juntos, que no se casaron porque... ¿para qué?, no creían en eso. En aquel momento, mi abuelo no hace tanta militancia política, y mi abuela se queda embarazada de mi tía. Es un momento en el que mi abuelo se fue a Egipto; esto no sé si lo sabías.

—No, no lo sabía.

—Es que Andreu Nin estuvo viviendo un año en El Cairo. Trabajaba para una empresa comercial de tejidos, y tengo el telegrama que mi abuelo envió desde El Cairo a mi abuela el día del primer aniversario de mi tía, de su hija, para felicitarla. Entonces, él intentaba ganar dinero para tirar adelante a la familia, pero aquel trabajo no le iba mucho y volvió. A mí, por lo que me cuentan, se peleaban a menudo, pero seguían juntos, estuvieron diez o doce años, no sé exactamente cuánto. Cuando nació mi padre, Andreu Nin ya era un militante. Lo encerraban en la cárcel, lo perseguían y todo. Me han contado que, cuando mi abuela estaba embarazada de mi padre, iba a visitarlo a la cárcel y le pasaba información: se ponía papeles escritos en el moño y, con niño la barriga y con la hija pequeña, lo hacía. O sea, era una mujer valiente. Pero sé que se peleaban muy a menudo, y no sé por qué.

—¿Ella se volvió a casar?

—Sí, con el famoso Ismael Simón, que era el comerciante de vino de Reus, y por lo que sé, ha sido un muy buen padre; además, adoptó a los niños, les puso su nombre y todo, con lo cual los protegió además. Lo único que sé de este hombre es que era anarquista y vegetariano. No sé nada más de él, el pobre. Y tiene una cara que me gusta, la única foto que tengo de él es una en la que está con mi padre cuando debía de tener unos doce años, algo así. El hombre tenía una cara muy bonita; no sé, una cara que me gusta. Fue el segundo hombre de mi abuela. Sucedió cuando mi abuelo le dijo que se iba durante un mes y medio a Moscú… Estuvo casi diez años allí y volvió con otra familia. Cuando volvió, mi abuela lo mandó a «freír espárragos», claro.

—¿Sabes si tu abuelo intentó buscar y comunicarse con tu abuela?

—Esto me ha costado mucho reconstruirlo, y en parte lo he reconstruido gracias a Wile*. También hubo un momento, poco antes de que mi tía muriera, ya era muy mayor, y me fui a su casa y le dije: «Hoy hablamos». Se resistió, la mujer. Me hizo jurar que no diría a nadie de la familia que había hablado conmigo pero, claro, tenía que hablar porque yo era la única que estaba interesada en el tema, y tenía que saberlo. Así que, con ella y con otra tía mía, hija de mi abuela y de Ismael Simón, y con Wile he podido reconstruir qué pasó. Cuando Andreu Nin llegó a Barcelona se puso en contacto con mi abuela, aunque estaba con Olga, su nueva esposa, y con Ida y con Nora, sus dos hijas. Entiendió que no iban a reanudar la relación, claro, pero le dijo que quería ver a sus hijos. Mi abuela, enfadadísima, por supuesto; y mi tía dijo que no quería ver a su padre. Sé que un día mi tía quedó con él y lo mandó «a paseo», pero mi abuelo convenció a mi padre de que era oportuno que se siguieran viendo. Wile se acordaba, en los locales del POUM, de Andreu Nin presentando a mi padre como a su hijo. Lo que mi padre había relatado a mi madre es que Andreu Nin, como padre no fue nada, pero como hombre era alguien a quien valía la pena conocer, y tenía todo su amor y su admiración por esto… pero su padre había sido Ismael Simón, que lo había cuidado, que le había ayudado a hacer los deberes, que le había comprado los zapatos y que había estado con él. Pero que Andreu Niin era una fascinación, realmente. Y había mantenido esta relación a escondidas de mi tía y de mi abuela. Sin embargo, se sabía que mi padre era el hijo de Andeu Nin porque él era piloto de avión, y fue piloto durante la república y la guerra.

—Era muy joven en aquel entonces.

—Muy joven, sí. Mi padre empezó a volar con dieciséis años con el Joseph Canuda y los grandes aviadores, con la Pepa Colomet, que era una mujer que enseñaba a pilotos, pero mi padre era muy joven. Además falseó la edad. Esto resulta porque estaba en la lista, y además mi madre se quedó cobrando una pensión como viuda de aviador republicano. En aquella época, los aviadores iban a hacer cursos como pilotos de cazas durante la guerra, y todos los de la escuadrilla de mi padre fueron a Moscú. Alguien le preguntó a mi padre: «¿Cómo es qué tú no vas?». Y

---

* Wilebaldo Solano, *N. del T.*

mi padre respondió: «¿Cómo voy a ir? Saben que mi padre es Andreu Nin, y yo no volvería. No puedo ir a Russia a hacer nada y ni me interesa». Voló muy poco con aviones de caza justamente por no querer ir a los cursos, y lo que traspasó a mi madre y lo que mi madre nos traspasó a nosotros era que valía la pena conocer a aquel hombre, o sea a su padre. Así que seguí las «pistas» de las tías rusas, Ida y Nora. El día que vi el documental *Operación Nikolai*, me puse en contacto con la realizadora, Montserrat Armengou, y ella me dio el teléfono y la dirección de Nora. ¡También fue una gran emoción! Porque yo pensaba: «¿Qué hago?, ¿la llamo?». Imagínate que te llamen por teléfono y te digan: «Hola, soy la otra parte de la familia Nin, la catalana». Yo no sabía lo que ellas sabían. Y entonces pensé en escribir. Le escribí una carta, en catalán; como la había oído hablar catalán en el documental, le escribí en catalán y le mandé la carta. Era cerca de Navidad, y lo que yo no sabía es cómo la recibiría. Pasó mucho tiempo, más de un mes, y pensaba que ya no quería saber nada del tema. Pero resulta que Nora había ido a Londres a ver a su hija Silvia, y allí se había quedado un mes donde ella. Cuando llegó vio mi carta y parece que mi caligrafía se parece a la de Andreu Nin, esto la impactó mucho. Pero claro, el tema era un poco un tema tabú porque Olga, su madre, no quería que se hablara de nosotros y, bueno, me llamó. Yo estaba en casa y sonó el teléfono, contesté y me dijo: «Hola, soy Nora Nin». ¡Una emoción muy fuerte! Estuvimos hablando muchísimo rato, fue impresionante, y luego nos fuimos llamando, hablé con su hija Silvia y, bueno, era retomar el contacto con una parte de mi historia. Eran muchas cosas, porque Nora llamó a Ida, que es su hermana que vive en los Estados Unidos. Aunque Ida no quiere saber mucho, porque para ella todo esto es muy doloroso. Además, cuando conocí a Silvia fue fantástico, y Nora me decía: «Tienes que conocer a Silvia, porque además os parecéis en muchas cosas y os vais a entender. Claro, Silvia también ha ido a un liceo francés. Quieras o no, hay cosas de la familia que han pasado de alguna manera, y sí: tenemos cosas muy parecidas. Y esto que tú haces de mirar los libros, yo también en casa de Silvia lo hacía». En nuestras bibliotecas teníamos por lo menos un cincuenta por cien de libros repetidos, y la otra mitad debían de ser libros muy complementarios. Bueno, ella tiene libros en inglés y en italiano que yo no tengo, y yo tengo más en francés, catalán y castellano. Fue muy emotivo el empezar a explicarnos cosas, la una a la otra, con una caja de fotos por delante. Claro, ella tiene muchísimas más que yo.

—Quisiera preguntarte cuándo supiste realmente que tu abuelo era Andreu Nin y cuándo supiste quién era Nin.

—Esto lo fui descubriendo poco a poco con los años, empecé a buscar libros, a buscar información. Sabía que existía la Fundación Nin, pero me costó encontrar los documentos. Tal vez porque no tenía internet, no sé. Y las primeras veces que encontraba cosas que hablaban muy bien de Andreu Nin pensaba: «¡Ah! qué bien esto!». Además, en la familia a mí me decían que yo parecía una revolucionaria, ¡igual que mi abuelo! Luego empecé a pensar: «¡Cuidado, no puede ser tan héroe porque, fíjate, como padre no fue tal cosa». No quería caer en la trampa de idealizar a alguien muerto, quería saber cómo era de verdad, digo como hombre, así que empecé a ir con pies de plomo. Pero, no, lo que descubrí de él fue impactante. Y la historia se te llevaba porque incluso cuando leías críticas, cosas que venían de parte estalinista o fascista, veías que aquello cantaba, que no era sólido. Una amiga mía vio el estreno de *Tierra y libertad*, no sé si en Londres, y me llamó: «¡Tienes que ver esta peli, la tienes que ver!». Aunque en ella no se hable de mi abuelo, me quedé entusiasmada, y empecé a atar cables con lo que había leído de Orwell, *1984*, con *Homenaje a Cataluña*, del que tenía la edición completa que aquí estaba prohibida. *Tierra y libertad* fue una efervescencia y comencé a buscar y a buscar... Poco tiempo después salió *Operación Nikolai*, y esto fue como una bomba.

—Les tiene que haber costado mucho realizar este documental, mucho tiempo, mucha investigación...

—Mucho irse a Moscú a mirarlo todo, a abrir archivos, a buscar. Genovés ha dicho que ha sido lo más impactante que ha hecho en su vida como periodista.

—¿Ella es una periodista catalana?

—Sí, es catalana.

—¿Y cómo se le ocurrió realizar un documental de este tipo?

—No lo sé, no se lo he preguntado; además, cara a cara no nos hemos visto nunca. He hablado con ella por teléfono varias veces e, incluso después de haber hablado con Norma, la volví a llamar para contárselo y se puso muy contenta.

—¿Quién financió el documental?

—TV3.

—Iber Cerri y Dolores Genovés fueron a Moscú a investigar, y estaban con millones de papeles por allí y llegó un momento en el que estaban desesperados y ¡pam! empezaron a encontrar los documentos de la Operación Nikolai, que era cómo se llamaba en clave toda la historia para cogerlo. Y esto fue superfuerte. Le pasó lo que pasó a mucha gente cuando empezó a tirar los hilos de la historia del POUM.

—De repente encuentras algo...

—Y alucinas de cómo era aquella gente y de lo mucho que aguantaron. Pienso que como les cortaron la cabeza en el 37 no tuvieron tiempo de pervertirse realmente, ¿no? A veces lo he pensado porque quiero ser muy ecuánime, no sé.

—No tuvieron tiempo de meter las manos en cosas sucias.

—No, era gente que había empezado con unos ideales altísimos y que los mantuvieron. Y creo que con la muerte de mi abuelo se sintieron aún más obligados a mantenerlos. Esto ha sido algo muy importante. Ningún libertario no se ha bajado del burro nunca, y los del POUM son importantes porque han aguantado lo inaguantable. Además, tú los has visto, los has conocido, has visto cómo son, todos tienen este «algo» de abrirse y querer a la gente. Es algo mágico, con todo lo que le ha pasado es algo mágico. Además, acusados de traidores fascistas. Les tengo mucha admiración, y esto pone el listón muy alto.

—¿Qué es lo que más te ha impactado de la vida de tu abuelo?

—Hostia, muchas cosas; pero, con el ambiente que había en aquel momento, pienso que, cuando decidió entrar en el gobierno y ser consejero de Justicia, no me lo veo como alguien dispuesto a vivir con una pistola, y sin embargo hay una foto de él con una pistola. No sé, entrar en este mundo, vivir esta guerra y haber tenido la valentía de enfrentarse a Stalin sabiendo lo que ello significaba. Esto en cuanto a la vida pública, cuando le dijeron: «¡Eh!, te van a detener». Y él respondió: «No se atreverán». Pero sí, lo detuvieron, y cuando lo detuvieron él sabía muy bien lo que le iba a pasar, esto me impresiona. A Wile se le caían las lágrimas cuando me lo contó. Me impresiona mucho todo lo que debió sufrir entonces. A veces, si me voy a dormir pensando en esto, ya no duermo... tengo que levantarme y andar. No sé, es algo que me llega muy dentro. Luego, en cuanto a su vida personal: la muerte de sus hijas, porque tuvo más hijas con Olga y murieron muy pequeñas por una enfermedad congénita. Nora me ha contado los pocos recuerdos que tiene de su padre o las cartas de mi bisabuelas explicando su vida en Moscú, con las niñas y con Olga. Y pinta a Andru Nin como alguien bastante «casero»... y que se te muera un hijo tiene que ser el mayor sufrimiento que existe. No sé, muchas cosas, le doy muchas vueltas a esta época tan dura que vivieron, a sus debates con Trotsky en los que, por ejemplo, se peleaban bastante, por el entrismo y por otras cosas. Llego a pensar que fueron enemigos políticos; sin embargo, mi abuelo pedía asilo político para él, y las familias siguieron estando muy unidas... Y esto es un nivel muy alto de moralidad, ¿no? De alguna manera me siento muy chiquita y pienso, jolín, para mantener el nivel familiar... Además, de mi padre también hablan así.

—Dicen que era un hombre muy coherente.

—Muy honrado, muy generoso, muy idealista y muy recto. Yo siempre intento pensar que murió y lo han idealizado, porque no quiero crearme un héroe que no ha existido, pero recuerdo muy bien a mi padre, y yo era muy feliz con él. Mi hermano murió, y he quedado yo...

—¿Tienes otros hermanos?

—Tengo otra hermana por parte de mi madre, pero no es del mismo padre. A mi hermana también le interesa la historia, pero no se siente implicada. El otro día, en una exposición sobre el POUM, hice una foto a mi hijo, y salen los tres: mi hijo, Wilebaldo y Andreu Nin. Mi hijo estuvo un tiempo sin querer saber nada sobre el tema porque él ya tenía suficientes problemas, me escuchaba y me decía: «Mamá, a mí todo esto me queda lejos», pero ahora le interesa más. Él lo siente más lejos porque de alguna manera yo he resuelto el misterio, ¿no?

—Has ido descubriéndolo poco a poco, por etapas…

—Claro, han sido años. Yo he vivido con Franco; mi hijo Isaac, ya no, pero ahora sí que pone las orejas; además veo cosas en su comportamiento de esas que se pasan en la familia, que no sabes muy bien cómo, que no te las enseñan, que son como el aire de la familia… Me gusta que él también las tenga. Para mí, ha sido necesario poder reconstruir la historia porque, si no, era como si me faltaran piezas del puzle. Cuando murió mi padre, yo era muy pequeña, con lo cual ya me tenía una carencia; y cuando te enterabas de todo lo que había detrás y empezabas a aprender realmente qué era la guerra civil, qué había sido la posguerra, quieres saber de dónde sales… además, soy un poco «rara»…

—Saber que has tenido un abuelo tan heroico, ¿te ha cambiado en algo?

—Una vez unos jóvenes de la Fundación Nin me preguntaron: «¿Cómo se siente una al tener a un abuelo así?» Esto no es ningún mérito, yo no he hecho nada. El héroe, digamos, era él. Me siento distinta en que tengo una historia familiar muy rara, pero no he hecho ninguna «heroicidad». De alguna manera, tener un abuelo así es un peso, una responsabilidad, es como si no pudieras fallar en algunas cosas, en nada. Claro, soy la nieta de Andreu Nin, pero no quiero ningún privilegio por ello. Por esto, he sido tan discreta con la misma Fundación Nin, porque no quiero llegar, me planto y mando, no, no. Esto no es ningún mérito que tu abuelo, tu madre o tu padre sea no sé qué. Qué sí, que he visto de dónde venía, y esto es importante. Y estas ganas también se las tengo a Carrillo… ni sé bien qué quiero de él.

—¿Querías conversar con Carrillo?

—Quería encontrarme con Carrillo, pero Carrillo no ha querido hablar conmigo. No sé exactamente qué quiero de él, pero su silencio en cierta medida me indigna . Quería preguntarle: «¿Qué estabas pensando tú en "aquel momento"?, y ¿qué piensas ahora?» Todo el mundo me ha dicho que, si Carrillo hablará conmigo, me soltaría el discurso oficial y punto, y vete tú a saber qué le pasa de verdad a nivel personal, ¿no?

—Qué piensa realmente, qué debe de haber pensado, como persona, como hombre…

—Claro, como su partido era capaz de disponer de la vida de la gente de aquella manera. ¿Qué no lo veía? Aunque entonces se hubiera creído tanto que era necesario matar por el partido y todo, ¿cómo con los años no ha visto el daño que se hizo?, y ¿cómo no ha hecho una reparación pública de esto? Wile me dijo que le había pedido perdón, pero yo no he visto esa petición en público en ningún sitio.

—¿Wile se ha encontrado personalmente con él?

—Sí. Creo en los ochenta, esto María Teresa (mujer de Wile) lo sabrá.

—Debería hacerlo públicamente, ¿no?

—Por supuesto, esto es importante.

—A nivel personal no vale, no se trata de un asunto personal.

—Jamás he oído a nadie del PSUC pidiendo disculpas públicamente. Siguen zanjeando el tema. El día que me presentaron a Juan Saura, de Iniciativa y descendiente de toda esta gente, políticamente, se me quedó mirando así: «¡Ah!, qué bien, Andreu Nin». Pero no te dicen nada, y a mí de algún modo esto me indigna; me duele algo dentro de mí cuando pienso en tanto sufrimiento no solo el de mi abuelo, sino el de todos. Y no son capaces de decir: «perdón… nos equivocamos». Esto me duele de alguna manera. y no solo por la cuestión ideológica y política, sino por tantas vidas de gente destrozada por todo ello, sí que hay algo que me cuece muy dentro.

—Una especulación política y tal vez una pregunta retórica: según tú, ¿se habría podido ganar la guerra si no hubiese habido tanta represión?

—Mira, le he dado muchas vueltas a esto; además, con mi hijo estuvimos hablando este verano porque él me preguntó qué habría pasado si Franco no hubiera ganado, si Stalin no se hubiera metido y si poumistas y anarquistas hubieran seguido. Ya le había dado vueltas al tema, pero acabé pensando que era de ciencia y ficción, porque incluso en el supuesto de que la república no hubiera perdido la guerra y de que Stalin no hubiera tenido una «mano tan larga» y de que los anarquistas hubieran seguido la historia de las colectivizaciones con los del POUM y tal, es algo que el poder capitalista no puede permitir de ninguna manera. Y, si no hubiera sido Stalin, habría sido Estados Unidos… si hubieran sido los Aliados, ¡pam!, creo que se los habrían cargado igual, porque no se les puede permitir tal triunfo. El sistema capitalista no permitiría de ninguna manera que se vea que esto puede funcionar. Hay una cosa de Orwell que se me quedó muy grabada y que se explica en *Homenaje a Cataluña*: cuando él cayó en el batallón del POUM primero alucinó, pensó que estaban todos locos porque lo discutían todo y bloqueaban las decisiones, y así no se va a ninguna parte; pero un tiempo después se dice que han aprendido, que la gente ha aprendido a discutir y que esto es posible. Se aprende que, cuando hay que bloquear una decisión, se bloquea; pero cuando no, no, y se asume realmente que este sistema puede funcionar de verdad. Evidentemente, el capitalismo no permitiría esto de ninguna manera. Si no los hubieran chafado unos, los habrían chafado otros. Y, si no, otros. Estoy segura que esto: la economía mundial no lo puede permitir. Es lo que pasa con los ocupas…

—¿Qué es lo que más te fascina del POUM: las colectivizaciones, las milicias…?

—Las milicias fueron algo muy bueno, porque el sistema miliciano de anarquistas y poumistas era realmente un intento de ser horizontal de verdad. Y lo que nos contaba el otro día Teresa Rebull sobre las milicianas que fueron donde Mika Echebere a pedirle que estuviera con ellas porque en las milicias comunistas les hacían fregar y ellas no querían fregar. Allí hay algo que me gusta muchísimo: la pasión que tenía la gente del POUM, había muchos maestros, todo estaba basado en intentar educar, y estos intentos son muy profundos; así como tratar el tema de la prostitución: ¡jolín!, es que el malo es el cliente y el proxeneta, la puta tiene todo el respeto del mundo. Por favor, claro que sí; y cambiar esto no es fácil. Sin embargo, ya viste lo que contaron sobre muchos hombres que en casa seguían teniendo el mismo comportamiento. Estas cosas que de alguna manera han sido tan vanguardistas me impresionan mucho, y luego lo que hizo mi abuelo como Consejero de Justicia de poner la mayoría de edad para hombres y mujeres a los dieciocho años, de apoyar la ley del aborto…

—¿Cómo era antes del tema de la mayoría de edad?

—Las mujeres, a los veinticuatro, y los hombres, a los veintiuno. El fue el primer conceller que pasó la mayoría de edad a los dieciocho, que estableció una ley de divorcio igualitaria y una ley de aborto.

—Según tu opinión, ¿qué diferencia había entre poumistas y anarquistas?

—Creo que muy poca, hasta donde yo sé. Tampoco soy una superespecialista historiadora y tal, pero supongo que era el tipo de organización estatal, y donde había cierta diferencia era en las historias de las nacionalidades. Pero no los veo demasiado lejanos, la verdad. De hecho, cuando oyes hablar a unos y a otros, ellos tampoco se sienten muy lejanos. Quizás había menos tendencia a la acción armada por parte del POUM respecto a «algún» sector anarquista, porque a los anarquistas ahora los tratan como a aquellos que tiran bombas; y no, por favor, no era así, pero aun hay mucha gente que lo ve así. No lo sé muy bien, los veo bastante iguales; sin embargo, les costó menos transigir y entrar en un gobierno, a los anarquistas les costó más. Igualmente, mucha gente del POUM venía de los sindicatos; yo los veo muy parecidos. Tendría que mirárlos muy detalladamente; un día hice una especie de esquema de estos para intentar ver las diferencias.

—¿Has reflexionado sobre cómo los poumistas trataban a las mujeres? Realmente, ¿existía la igualdad de derechos entre hombres y mujeres en el mismo grupo político?

—La teoría era que sí, pero luego, escuchando a las mujeres, vimos que no era tan así. Por esto me gustaría saber cómo era mi abuelo en casa, porque quien cuidaba a los críos era mi abuela o Olga, él no estuvo; ellas eran militantes, pero quiénes cuidaron a las criaturas fueron ellas. Claro que es una dinámica que cuesta mucho y que, ya lo sabemos: cuesta muchísimo romper esto. Pienso que, sobre el papel, los hombres querían ser igualitarios, pero la educación muchas veces los ganaba; ellas debieron de batallar mucho y seguramente no lo consiguieron porque, mira, es que lo decían ellas. Aunque, al menos, ellas se daban cuenta que esto… no como las que dicen: «Sí, sí, vamos a fregar porque somos mujeres», sino que ellas se daban cuenta de los fallos de ellos. En una entrevista que tú tienes escrita en el libro, en la que entrevistas a un matrimonio, ella le «canta la caña» de alguna manera, y él aun se queja diciendo que es ella la que habla más. O sea, esto no lo vas a borrar así como así. Entre los anarquistas pasaba lo mismo, porque algunas, de Mujeres Libres por ejemplo, me decían que también se ha que vigilar el tema; sobre todo, a la hora de las relaciones íntimas; o sea, cuando eras pareja y había sexo de por medio, es allí cuándo les salía más el macho. Supongo que, mientras no existieran estas relaciones, debía de ser todo más igualitario. Además, la mayoría de mujeres no fueron al frente, se quedaron «detrás» y organizaron todo desde «detrás».

—¿Conoces cómo era el tema de las mujeres en el frente? Sabemos que en las filas del POUM estuvo Mika Etchebehere, ¿conoces a alguien que tuviera algo que ver con ella? ¿Solo la has conocido a través de los libros?

—Sí, por distintos escritos.

—¿Y qué idea te has llevado de esta mujer?

—De hecho, ella estaba allí con su compañero y asumió el mando de la milicia cuando murió su compañero.

—Ippolito Etchevehere.

—Primero, ya me chocó que llevara el apellido de él. En ello también encontramos algo de que todo no era tan perfectamente igualitario,

—Se casaron, sí.

—Ya, pero ¿por qué perdemos el apellido? Siempre llevamos apellidos de hombres. Las mujeres no tenemos nuestros apellidos. Vamos de apellidos de hombres a apellidos de hombres, pero en algún momento hay que pararlo; y ella por el motivo que fuera no lo paró. También debía de ser alguien que venía de mucho sufrimiento; era judía, no sé. Por otra parte, hay algo que me choca, aqnte yo he vivido en otra época y esto lo tengo muy claro, no sé qué habría hecho en el 36: que una mujer quiera ser soldado para mí es casi «antimujer» esto, porque irías a matar a los hijos y las hijas de otras mujeres, y a mí eso me choca. Imagino que, si yo hubiera estado en el 36, es probable; no lo sé, no sé lo valiente que habría sido… a lo mejor habría sido muy cobarde, pero quizás lo habría visto de otra manera, ¿no? Esto me choca: el querer combatir. Lo que pasa es que en aquel momento no era como ahora, como las tías que entran en el ejército casi imitando a los hombres y que quieren hacer una «misión humanitaria» en Afganistán. ¡Por Dios! O la mujer que quiere ser policía con el concepto de policía que hay actualmente; esto es querer imitar a los hombres, querer ser como los hombres que hay ahora, y yo no quiero ser como ellos.

—Claro, pero ser capitana de un ejército y de una milicia revolucionaria es otra cosa, esto es romper muchísimos esquemas.

—En aquel momento esto fue romper moldes, totalmente.

—Sí, ella ha escrito un libro en que habla de su historia.

—No lo tengo, y quisiera saber más sobre ella. Además, tardé en descubrir esto y, cuando empecé a entrar en todo el rollo del POUM, a parte de lo que decíamos no se habla tanto de las mujeres del POUM, y mira lo que hay detrás, pero tampoco se hablaba tanto. Me costó, me costó caer en Mika y en otras mujeres y ver lo que hicieron… hasta hace poco no sabía casi nada de ellas. Principalmente quería saber quién era mi abuelo como persona, iba muy a piñón, ¿no?

—Entre las mujeres a las que te tenido la posibilidad de ver y entrevistar, está la última que vio a Nin con vida.

—Ha muerto hace poco.

—¿Ha muerto Teresa Carbó?

—Sí, Teresa Carbó. Esta mujer delgadita ha muerto hace muy poco.

—Hace menos de siete meses, en junio, fui a verla y a filmarla.

—Ha muerto ahora, después de las jornadas de octubre, poco después. A finales de noviembre, algo así.

—Ella era de Palafrugell, de la Costa Brava.

—Sí, sí, ella fue la última. Todas fueron valientes.

—Hablando de personas valientes habrás pensado muchas veces en el valor que tuvo tu abuelo en no delatar a nadie, incluso bajo tortura.

Esto es algo que ha tenido viva la memoria del POUM, fue una herencia importante para todos los militantes que se quedaron. Según tu opinión, ¿qué motivó a tu abuelo a portarse de esta manera? Aunque, si él hubiera firmado algo, todo el mundo sabría lo había hecho bajo tortura; aún así, él no firmó.

—No sé, es porque hay que estar muy convencido de lo que crees y, pienso, que se trata de querer mucho a los demás. Para mí, en cierta medida, sí que es un acto de amor. Decía antes que suena ridículo decir esto, pero creo que realmente es así porque, si no estás muy convencido y no amas mucho a ti y a los demás, no llegas a esto. No aguantas, no. De alguna manera, tienes permiso para no aguantar.

—Te matarían igual, pero bajo tortura cualquiera puede firmar o hacer lo que sea para tener derecho a un poco de tregua… llegar a pactos con el enemigo, pero Nin ni esto hizo.

—Creo que es esta convicción tan íntima de tu dignidad, de tu valor como persona y el de los demás, de la dignidad de los demás, te hace aguantar algo así. No sé. No me puedo ubicar, ni imaginarlo, pues nunca he tenido que vivir nada así y espero no tener que vivirlo; no sé, no sé cómo llegó a aguantar esto, este convencimiento de lo que él creía era justo, y este amor por todos porque si no dices «¡paso del tema y hablo y punto!».

—¿Y todavía no se han encontrado el cuerpo de Nin?

—No, pero es que hay muchas versiones sobre esto; la última es que lo echaron al mar.

—Al mar diría que es un poco improbable, porque desde Alcalá de Henares…

—Esta información decía que lo llevaron a Valencia, y que allí lo cargaron en un barco. Tengo que volver a leerlo porque me costó leerlo y me impresionó mucho, pero vete tú a saber. Creo que acabará como la hija del zar, Anastasia; la leyenda era que si se había salvado, que no sé qué y no sé cuánto, y al final encontraron a ella y a su hermano, podía acabar siendo una leyenda. Pero, como no está enterrado en ningún sitio, es una leyenda, ¿no? A veces pienso que me da igual saber dónde esté; por una parte, me da igual porque no necesito ir a un cementerio a poner flores, y por otra, no hay derecho que sea así. No está bien que esté tirado como a un perro en una cuneta.

—Si ahora tuvieras la posibilidad de hablar a tu abuelo ahora, ¿qué le dirías?

—¡Ufff!! A ver, siéntate aquí que vamos a hablar tú y yo. Bueno, primero le preguntaría muchas cosas sobre su vida personal, cómo llegó, cómo evolucionó sus ideas y qué iba pensando y tal; luego le preguntaría sobre mi abuela y cómo vivió con mi abuela, cómo veía a mi padre y a mi tía cuando eran pequeños… si le gustaba cantar en la ducha, no sé, cosas personales. Y otra cosa que me impresiona mucho, que me gustaría saber: su amor por el lenguaje.

—Era traductor.

—Sí, traductor. Hablaba y escribía muy bien diferentes lenguas, y las traducía. Como yo también hago traducciones y tal, bueno, me equivoco y todo lo que tú quieras pero, entiendo la pasión por el lenguaje porque a mí también me fascina hablar distintos idiomas. También de esto me gustaría hablar con él porque esto pienso que ha sido una característica familiar que nos hemos ido transmitiendo. Con Silvia Nin, su otra nieta, hablamos sobre el tema. Le preguntaría qué pasó en Moscú en aquellos años, qué vivía, cómo conoció a Olga, quién era Olga, cómo fue con sus hijas, qué le pareció la vida rusa después de haber nacido en el Vendrell, como era estar en medio de Rusia durante invierno. O sea, desde cosas aparentemente muy trascendentes, a cosas muy sencillas. Claro, no faltaría la pregunta de por qué y cómo aguantó la tortura. Quisiera saber cómo era como persona, conocerlo… y a mi abuela, jolín. Mi abuela, la gran olvidada de toda esta historia, y debía de ser alguien de «armas tomar», pues ella sola que montó y llevó una escuela… tenía que ser una mujer superlanzada.

—¿Era maestra?

—Sí, era una maestra y montó una escuela.

—Y se puso contra todo y todos…

—Sí. No sé cómo vivió el hecho que él se fuera y no volviera, de que la dejara con dos niños. Quisiera saber qué pasó con Ismael Simón y qué sintió mi abuela cuando volvió mi abuelo y le dijo «¡hola!». Si has vivido con tus abuelos, puedes saber muchas cosas. Yo las siento pero, claro, me las puedo inventar, puedo hacer los personajes a mi medida y no sé exactamente quiénes son. Mi abuelo es el gran héroe, sí, muy bien; pero ¿y ella?, ¿ella qué? Ha desaparecido. Pones en internet Andreu Nin y te salen tres millones de entradas, pones María Andreu Pagès y sale en dos o tres entradas, a partir del momento en el que Pelai Pagès supo que ella se llamaba así porque yo se lo dije, y sale en algún artículo, pero no es «nadie»… Tenía una cara muy bonita, muy redondita.

—¿Tienes fotos de los dos juntos?

—No. Tengo una foto significativa, una foto de la madre de Andreu Nin, de mi bisabuela, y la dedica a sus nietos María Antonia y Carlos, a mi tía y a mi padre. Es la única con la que puedo contar. Se ve que rompieron muchas fotos, mi abuela y mi tía. Tengo algunas foto de mi abuela, muy pocas, y tengo fotos de mi padre y de mi tía de niños, pero no tengo ninguna foto de Andreu Nin con sus hijos. No sé si llegaron a existir o no tales fotos, o si mi abuela se las cargó, no sé. A veces me paso ratos intentando imaginar, habiendo visto fotos, a ver cómo eran, no sé. Ojalá tuviera a mi abuelo aquí, a mi abuela aquí, ¡anda que no! Y a mi padre, porque mi padre se murió y yo no tuve tiempo de preguntarle nada, era muy niña, no pude hablar con él.

—¿Cómo se murió?

—En un accidente de avión. Mi padre era piloto, estuvo represaliado mucho tiempo sin que lo dejaran volar por haber sido piloto de la república. Al final, cuando volvió a volar, no podía hacerlo en aerolíneas comerciales si no tenía horas de vuelo, saliendo a probar una avión chocaron contra un cabo eléctrico y murió. No he podido preguntarle nada, pero solo con ver los libros que tenía mi padre ya creo que era interesante hablar con él porque alguien que tuviera esto era alguien que pensaba,

Concha Pérez

Barcelona. Octubre de 2011.

En el 2011 vuelvo a vivir en Barcelona y allí encontré a Concha en una residencia de ancianos en la Barceloneta, a la orilla del mar. Conocida por periodistas de todo el mundo como Concha, *la Anarquista*, quiere que le cuente algo del movimiento libertario italiano; así, le hablé de Camiolo Berneri, de Mara Cagol y de Sacco y Vanzetti; ella me sonrió satisfecha y me dice que podemos empezar...

—Quisiera preguntarte si me permites que te filme.

—Claro que sí, no hay problemas. Estoy aquí en esta pensión pública y me encuentro muy bien. Aquí, quien puede pagar, paga, y quien no, no paga. Es algo que me parece muy, y además nos tratan bien.

—Me gustaría que me hablaras del clima político que se respiraba durante la revolución.

—En aquella época lo hablábamos todo... sobre anarquismo, sobre comunismo... lo discutíamos todo.

—Según tu opinión, en aquel momento, ¿qué diferencia había entre el movimiento anarquista y el comunista?

—Siempre ha habido grandes diferencias, porque los comunistas van dirigidos por un comité central, quieren una dictadura, y nosotros luchábamos por una libertad libre. No sé si lo habríamos conseguido, pero luchábamos por ello.

—Cuando empieza la guerra, ¿cómo lo viviste?

—Cuando empezó la guerram yo ya llevaba años luchando y militando en grupos anarquistas, tuvimos que militarizarnos; con libertad, pero militarizarnos a nosotros y a las fábricas, para que rindieran más. Yo estaba en un taller que luego convertimos en una fábrica de material de guerra. Allí tuvimos que trabajar mucho.

—¿Qué tipo de material de guerra se producía? Fusiles.

—Hacíamos balas. Tuvimos que echar a la dueña, que nos hacía sabotaje, y así la fábrica pudo funcionar. Hacíamos tres turnos, y siempre era mejor hacer el turno de la mañana, porque por la noche igual nos dormíamos y podía ser peligroso. Las balas tenían que estar bien hechas, tener unos agujeros, pasar por algunos aparatitos y todo.

—Entonces, tú trabajabas en la fábrica...

—Durante la guerra estuve siempre en la fábrica. Antes aquello era un taller en el que trabajaban doce o trece personas y, durante la guerra, llegamos a ser más de cien. También había una guardaría para los niños. Trabajamos bastante.

—Si te apetece, ¿puedes decirnos algo de tu vida sentimental? Estabas con un compañero...

—En aquellos tiempos tenía un compañero, éramos novios, digamos, y nos fuimos al frente.

—¿Durante la misma guerra? Y, para una mujer, ¿era posible marcharse al frente?

—Fuimos un grupo de mujeres, pero la mayoría fue para ayudar a sus compañeros; para ayudarlos, como si ellos no pudieran hacer sus cosas, ¿eh? Antes había esta mentalidad, y yo allí no fui para ayudar a nadie, fui allí a luchar como miliciana.

—¿Aprendiste a disparar?

—Nos fuimos antes a un pueblo de Aragón que se llamaba La Zaida y allí estuvimos mucho tiempo esperando atacar Belchite. Era un pueblo muy amurallado, muy fuerte, y lleno de tropas franquistas. Cuando tomaron el pueblo, yo ya no estaba, pero sí participé en un par de ataques. En Bichite los hicimos de noche y nos quedábamos en una montaña que había; por la mañana, la faena era para salir de allí, teníamos que pasar por una explanada muy grande y llegaban tiros de todos lados. No sé cómo pudimos salvarnos, casi nos quedamos atrapados. Mi compañero fue herido de un balazo en el brazo, y le corté la hemorragia para que no se desangrara; tenía otro balazo en los testículos, y aquello no lo pude curar... Tuve que dejarlo allí y fui a buscar a la Cruz Roja. Fue algo bastante dramático, porque el hombre gritaba «no me dejéis aquí, no me dejéis aquí...», y yo no podía hacer nada. Tuvimos que esperar hasta que llegó la Cruz Roja y se lo llevaron.

—¿Y cómo funcionaba la organización? Vosotros erais una milicia...

—Una milicia voluntaria.

—¿Había más chicas?

—Mujeres sí que había pero, como te decía antes, la mayor parte de mujeres estaban allí para ayudar a los hombres.

—Mientras tú luchabas directamente como miliciana...

Concha Pérez.

—Sí, y de milicianas había otras más.

—¿Cómo era la organización de la vida cotidiana: comida, ropa, las acciones militares…?

—Nos quedábamos en pueblos. Estábamos con la gente y, con ellos mismos, preparábamos la comida al grupo, a la milicia.

—¿Cuánto erais más o menos?

—Nos movíamos en grupos de unos diez o doce, pero todos los de la columna, digamos, éramos una «centuria». Allí, lo que hacíamos era vigilar, controlar a que el enemigo no nos cogiera por sorpresa y esperar la orden de ataque. A veces no nos daban la orden porque no había bastantes municiones, y teníamos miedo de empezar a disparar y que luego no quedaran suficientes municiones para aguantar el ataque.

—¿Para ti ha sido muy complicado ser miliciana o ha sido algo, digamos, «natural»?

—Para mí fue algo natural porque estábamos entre compañeros, yo estaba allí con mi propia pareja. Cuando nos fuimos al frente éramos novios y, cuando bajamos, ya éramos una pareja. Así que todo se fue desenvolviendo de un modo muy natural. Cuando nos fuimos a Barcelona, los compañeros del barrio ya nos habían buscado un pisito para nuestra intimidad…

—¿Y cuál era su nombre?

175

—Se llamaba Ramón Robles.

—¿Os quedasteis allí los dos hasta el final de la guerra civil?

—No, bajamos antes de que terminara la guerra.

—¿Sucedió esto por la orden de Durruti de que no quería a las mujeres en el frente?

—Durruti dio esta orden, es cierto, pero yo no hice ningún caso porque la orden estaba muy mal, y decidí quedarme. Nos rebelamos unas cuantas y nos quedamos en el frente.

—Supongo que también piensas que aquella no fue una orden justa y que era discriminatoria hacia las mujeres, ¿no?

—¡Claro! Era muy injusta. Las mujeres luchaban tanto como los hombres,

—Y en el frente, para según qué cosas, ¿te sentiste discriminada como mujer?

—No, para nada. Había mucho respeto del hombre hacia la mujer. No había ningún abuso de ningún tipo, no.

—Durante la guerra civil hubo mucha represión interna; por ejemplo, la represión estalinista durante y después de los hechos de mayo.

—Nosotros lo vivimos más en retaguardia, en el frente. Allí estábamos todos unidos y no pasó nada.

—¿Qué opinas sobre el hecho de que algunos anarquistas como Federica Montseny o García Olivier estuvieran en el gobierno? ¿Es algo que criticasteis o fue aceptado por el pueblo?

—A mí en aquellos momentos me pareció bien, nos convenía tener una fuerza social anarquista dentro del gobierno. Yo sí que estaba de acuerdo.

—En aquel momento, algunas mujeres anarquistas decidieron formar un grupo solo de mujeres llamado Mujeres Libres.

—Yo nunca pertenecí a Mujeres Libres. Cuando me lo propusieron dije que estaba en muchos sitios, que estaba en la Juventud Libertaria, en el sindicato y que ya no podía más. De todas formas, me encontraba mejor con compañeros y compañeras, todos juntos, que solo con mujeres.

—¿Qué tipo de trabajos realizaba el grupo de Mujeres Libres?

—Trabajaban más el tema de la libertad de la mujer, que a veces era como una esclava dentro de casa, aparte de todo lo demás, hicieron una buena labor; aunque yo no estuve, fue una buena labor.

—Se ocuparon de la prostitución, del aborto, de la educación…

—Y estábamos todos de acuerdo con esto, ¿eh? Cuando necesitaban algo, me tenían a su lado.

—Cuando se acabó la guerra, ¿dónde te dirigiste?, ¿dónde fuiste?

—Fue bastante trágico porque entonces nos fuimos todos para Francia, caminando, en Port Bou estuvimos dos días.

—¿Dónde te quedaste a vivir?

—Primero estuve en un refugio en el norte de Francia, en Le Val. Me quedé allí unos nueve meses.

—¿Llegaste sola o con alguien?

—Estaba sola, sola… Después nos hicieron bajar al campo de Argelès, y allí estuve más de un año. Estaba en una oficina mirando a la gente que entraba y salía; me pasaba todo el día así: escribiendo nombres de los que entraban y de los que salían.

—Esta era entonces tu tarea.

—Tarea voluntaria, ¿eh? No nos obligaba nadie.

—¿Cómo era la vida allí, en el campo de Argelès?

—La vida allí era triste, estábamos en malas condiciones; primero no había ni agua para lavarte; luego, poco a poco, se fue arreglando pero a principio fue pésimo. Dormíamos encima de la arena.

—Y no había ningún tipo de libertad, ¿no se podía salir del campo?

—Al principio, cuando entramos, no había nada, pero luego los mismos compañeros estuvieron haciendo barracones y otros servicios.

—Allí había de todo: anarquistas, comunistas, republicanos…

—Sí, había de todo.

—Y el gobierno francés os proporcionaba comida, ofrecía servicios…

—Más que el gobierno, a nosotros nos traían comida los cuáqueros americanos… se portaron muy bien con nosotros, y les estoy muy agradecida.

—¿Venían directamente ellos?

—Hacían que nos llegaran paquetes.

—¿Y os apoyaron durante todo el tiempo?

—Sí, durante todo el tiempo que estuvimos allí. Nos apoyaron más que nadie. Alimentar a tanta gente durante tanto tiempo no era una tarea fácil. Ellos conseguían que nos llegaran los paquetes, y nosotros los repartíamos a todos, nos llegaba mucha ropa también.

—Tras este año en el campo, ¿qué decides hacer? ¿Regresaste en Barcelona o seguiste viajando por Francia? Sé que en Francia conociste al padre de tu hijo, que te quedaste embarazada.

—Esto fue más tarde. En el campo me reclamó una amiga francesa, una amiga que conocía desde Barcelona y que trabajaba en la fábrica en la cual yo estaba; hicimos muy buena amistad, se vino a vivir a mi casa y luego se enteró de que estábamos en el campo y nos reclamó ella. Fue así cómo pude salir del campo, porque ella me reclamó. Esto fue después de un año de vida allí. Luego, resulta que el consulado de México solicitó unos castillos cerca de Marsella y los utilizó y administró para que nos quedáramos nosotros.

—Cuando saliste de Argelès, ¿te fuiste a vivir a un castillo cerca de Marsella?

—Sí, estuve un tiempo en casa de mi amiga, luego me fui al castillo. Había uno de mujeres y otro de hombres. Yo estaba en el de mujeres cuando un día por el altavoz pedían gente para ayudar en la enfermería; si eran enfermeras, mejor; si no, pedían a gente voluntaria. Así que me presenté, y allí es donde conocí al padre de mi hijo, que estaba de médico cuidando a los enfermos.

—¿De dónde era él?

—De Madrid, pero había vivido en Barcelona.

—¿Cómo fue vuestro encuentro?

—Pienso que me gustó mucho su manera de asisitir a los enfermos y creo que también le gusté por mi manera de ayudar. Estábamos los dos en lo mismo, y nos hicimos pareja.

—¿cómo se llamaba?

—Isidoro Alonso. Él fue mi segunda pareja. Mi primera pareja había sido un compañero con el que habíamos medio roto, y él estaba en un campo de concentración. Cuando conocí a Isidoro, ya habíamos roto del todo, ¿eh?

—Lo que sé es que él se fue a luchar contra Hitler y que tú te quedaste con el niño en el campo.

—Después de Marsella nos llevaron a un pueblo de los Alpes, y allí me di cuenta de que estaba embarazada. Pedimos volver a Marsella, porque no me encontraba nada bien, además hacía mucho frío, siempre había nieve... Cada mañana, cuando nos levantábamos, siempre había nieve hasta aquí, cada día, cada día... así que pedimos para volver a Marsella.

—Cuando regresaste a Marsella, ¿ya tenías el niño?

—No, nació allí. Me quedé unos meses con los cuáqueros y luego regresé a España.

—¿Y que hizo tu compañero?

—Él se unió a unos grupos que entraron en la zona ocupada por los nazis y se fue allí a luchar. Aquello fue un lío que no acabábamos de entender, era una misión un poco delicada. Él se fue y nunca supe nada más de él. Así que me vine para España sin saber nada de él, que murió en Alemania.

—¿Él también era anarquista o era republicano?

—Él era socialista. Tenía simpatías con el anarquismo, pero era socialista. Por esto, también discutíamos mucho, y de todas formas estoy segura de que no habríamos durado mucho, no. Demasiadas diferencias ideológicas...

—Y tu hijo, ¿cómo se llama?

—Ramón Alonso.

—Regresaste con tu hijo a Barcelona…

—Sí, no recuerdo bien el año, pero regresé a Barcelona.

—Durante el franquismo, ¿estuviste aquí?

—Sí, me habían quitado el piso; a mi madre también le habían quitado la casa antigua, de toda la vida, y había alquilado otro piso… Un desastre.

—¿Por qué decidiste regresar a España?

—Tenía un niño pequeño, también tenía nostalgia de volver aquí; había unos compañeros que habían regresado y me animaron para que viniera.

—¿A quién tenías aquí? ¿A tu madre?

—Sí, a mi madre con mis hermanas pequeñas.

—¿Fue muy duro?

—Fue duro, fue duro. Si me lo hubiera pensado mejor, no habría venido, no, porque en Francia me habría defendido mejor que aquí.

—Aquí viviste durante todo el franquismo con el miedo…

—A mí no me pasó nada porque no me denunciaron. Tuve la suerte de que no había ninguna denuncia contra mí. En cambio, a mi hermano y a mi padre los habían denunciado y venían a buscarlos muchas veces a casa. Por esto, mi padre se quedó a vivir en Francia durante muchos años; cuando pedía un permiso para regresar aquí, se lo negaban porque estaba denunciado. Él había sido de las patrullas de control, y a estos los fusilaban, no se habría salvado si hubiera venido.

—Desde aquí, durante el franquismo, ¿seguiste haciendo actividad política?

—Hombre, siempre hice algo, lo que pude… Tenía un puesto de venta de bisutería en el mercado de San Antonio, y allí guardaba muchos paquetes de compañeros; me los dejaban y luego se los entregaba a otros… cosas así. Tuve la suerte de que no me denunciaran, porque sí que me habían visto asaltar el convento.

—¿Qué convento?

—El convento de Loreto, aquí en Barcelona. En las barriada de Les Corts habíamos hecho salir a las monjas para que todo aquello fuera un comedor.

—¿Las monjas colaboraron?

—No, pero tampoco se portaron mal. Vinieron al comité donde yo estaba, las tuve que registrar. Me pusieron a mí porque antes había una pareja registrando y eran unos ladrones: se quedaban con lo que llevaban las monjas, así que luego me pusieron a mí.

—¿Las monjas dónde se fueron?

—Cada una se fue a un sitio diferente. Las acompañaban a coger el tren, se portaron muy bien con ellas; otras se quedaron en Barcelona. No se mató a ninguna, ¿eh?

179

—Entonces, tú participaste directamente en la toma de este convento.

—Hombre, claro. Y allí no se maltrató a nadie, no hubo malos tratos ni nada. Ellas se quedaron contentas.

—Pero durante la guerra civil se quemaron muchas iglesias, hubo muchos excesos...

—Bueno, era una guerra. Aquí también se quemó el convento, nosotros hicimos salir a las monjas y luego nos enteramos que alguien había hecho quemar el convento.

—Desde luego, la Iglesia no apoyaba a la república.

—Claro que no, siempre han sido antagónicos, la Iglesia siempre ha apoyado a la derecha.

—Tú personalmente, ¿conoces a casos de curas que hayan denunciado a anarquistas?

—Yo personalmente no, pero sí que sé de muchos casos. Sabía que se habían portado mal. Las monjas estas no, pero muchos curas sí... la Iglesia en general se portó muy mal con nosotros.

—Quería que me explicaras un poco cuál era la idea del anarquismo durante la guerra civil, la idea de la colectivización, ¿qué era esto? ¿No existía la propiedad privada?, ¿nadie era dueño de nada?

—Eso, y donde se llevó mejor fue en Aragón. Allí se colectivizó todo: las tierras, la distribución de los productos, los tiempos de trabajo... Todo el mundo tenía lo suficiente para vivir, y con lo que sobraba se compraba maquinaria. Nos portamos muy bien, hicimos que funcionaran hasta las fábricas; y los que ganaron fueron los dueños porque, cuando se acabó la guerra, las retomaron y funcionaban a la perfección. Así sucedió en la fábrica donde yo trabajaba: la dueña tenía dos o tres máquinas y, cuando acabó el conflicto, tenía muchísimas más, tenía máquinas de prensa y de torno, y esto fue el resultado de nuestro esfuerzo.

—Entonces, la idea del anarquismo es colectivizar las fábricas, las tierras, la economía entera. ¿Crees que es posible?

—Demostramos que era posible... En la fábrica dónde yo estaba nadie mandaba, había un comité, las decisiones se tomaban en asamblea y, luego, había una asamblea general.

—Aquí tengo un artículo que dice que el amor libre era una cuestión más teórica que practica.

—Esta es una entrevista que me hicieron y fue publicada. Es que con esto del amor libre se tergiversó todo, pensaban que las mujeres se irían con el primero que llegara, y no fue así. Yo tenía a mi compañero, la otra tenía al suyo, y alguna iría con alguno; algunas, pero no en general.

—Pero en todo esto siempre hay una doble moral, que existe también ahora, y es que el hombre podía irse con cualquiera, y una mujer, no.

—Los hombres siempre han tenido tal libertad, pero hay que distinguir entre libertad y libertinaje. Una cosa es ser libre, y otra cosa es irse con cualquiera.

—El hecho de haber tenido a una ministra, me refiero a Federica Montseny, ha sido importante también para las mujeres.

—Sí, influyó mucho, y ya tenía su camino abierto, ¿no?

—¿Cómo veían esta mayor libertad de las mujeres los hombres anarquistas? ¿Las apoyaban?

—En general las apoyaban; ahora, particularmente algunos, no. Algunos preferían tener a la esclava en casa. Algunos eran muy posesivos: mi mujer, mi mujer... palabra no se debería utilizar. Nosotras no somos de nadie.

—Entonces, tú siempre has militado, tanto durante la guerra como durante el franquismo.

—Claro, y ahora también. Si hubiera algo, yo estaría en ello, en algún grupo, en algunas cosas; bueno, estoy en el ateneo, a mi edad ahora no estoy para ir a fiestas...

—¿Qué edad tienes?

—Ahora tengo noventa y cinco años.

—O sea, tu fe anarquista no ha cambiado.

—No, más bien se ha reforzado.

—El anarquismo está mejor desarrollado aquí en Cataluña, también porque aquí habéis podido llevarlo a la práctica.

—Sí, aquí se formaron muchos ateneos libertarios donde acudieron muchas mujeres. A los sindicatos, las mujeres no iban mucho, pero a los ateneos sí que iban. En algunos momentos, casi había más mujeres que hombres.

—¿Tú tenías hermanos o hermanas?

—Tenía una hermana mayor, que tuvo meningitis de pequeña y no quedó muy bien, y un hermano, que era cuatro años mayor que yo.

—¿Te apoyó tu hermano en tu militancia?

—Sí, claro. Él era un militante como yo, él militaba en Sants, y yo me quedé en Faros.

—Antes me hablabas de lo que hacía tu padre durante la guerra civil...

—Sí, él estaba en patrullas de control.

—¿Te enteraste de lo que pasó durante las jornadas de mayo cuando hubo represión contra los militantes del POUM o es algo que no viste directamente?

—Sí que lo viví porque por casualidad me hirieron en una pierna. No sé quién fue, porque se liaron a tiros. Yo estaba en Les Corts y los teléfonos no funcionaban; estaba desorientada porque no sabíamos lo que pasaba, y entonces me mandaron a mí al comité regional que estaba en la vía Layetana a ver lo que sucedía. Me iba sola cuando una amiga se ofreció a acompañarme, y un italiano que siempre estaba haciendo inventos nos dijo: «Os llevo con mi coche». Cuando vimos el coche, casi me desmayo: parecía un tanque. Y de tanque, nada, ¿eh? Subimos al coche o al tanque aquel y, cuando llegamos a la vía Layetana, nos dispararon por todos lados... de la jefatura, los compañeros nos disparaban porque no nos reconocían. Todos pensaban lo que no era, y disparaban a lo loco. Al italiano le dispararon en la cabeza; no murió pero estuvo mucho tiempo en el hospital. Yo tuve varias balas en la piernas, algunas las sacamos, otros trocitos se quedaron. Hace poco se me cayó un trozo que he tenido todos estos años metido en la pierna.

—Entonces, estuviste herida durante los hechos de mayo, vaya. Y todo fue terrible durante aquellos días.

—Fue una cosa que no está clara. La Telefónica la tenían los anarquistas, y luego la querían los comunistas. Hubo muchos muertos y heridos. Además, acusaron a los del POUM, que en aquel momento tenían un lío con los comunistas. El POUM ha sido un partido más libre, más trotskista; luego mataron al líder Andreu Nin y desaparecieron, fue un desastre.

—Según tu opinión, si no hubiese habido este desastre la guerra, ¿habría sido posible ganarla?

—No sé, yo creo que estaba perdida. Después te vas enterando de que había acuerdos entre varios países en contra de la república; ya no podíamos ganar. Trabajábamos con mucha ilusión pero no sabíamos lo que pasaba. Tenían que ganar ellos, y ya está. Con todo lo que había en contra no era posible que ganásemos.

—¿Piensas que hoy en día sería posible una sociedad anarquista?

—Sería posible, claro que sí, pero cada vez lo veo más complicado. La gente no lo quiere, y hay que tener una mayoría a favor. La gente ahora es más conformista, no lucha por lo que cree y ya no cree en nada. En aquella época también. En la fábrica donde yo trabajaba había una minoría que no quería la revolución. Hay que luchar contra el egoísmo, contra tu casa, tu vida, tu esposa, tu familia... Hay quien no quiere compartir lo que tiene. No es tan fácil como pensábamos. Es un gran ideal, yo lo llevo aquí, pero una cosa es pensarlo y otra cosa es llevarlo a la práctica.

—¿Estás muy orgullosa de tu anarquismo?

—Claro. No pudimos hacerlo, pues mala suerte; pero lo intentamos. Estoy muy orgullosa de lo que intentamos hacer. La gente no respondió, pero lo intentamos.

—Si volvieras a nacer, ¿cambiarías algo de tu manera de ser?

—Yo volvería a hacer lo mismo; como mujer y como todo.

—¿Tienes contacto con algunas mujeres del grupo de Mujeres Libres?

—Ahora no, pero ellas siguieron militando en Francia. Pepita Carpena, Concha Pérez… mataron al padre de Concha cuandoera chiquita, durante la guerra, y ella quería tomar su lugar. Pero no la dejaron ir. Ella quería ser miliciana, pero luego entró en el grupo de Mujeres Libres. Fue la secretaria del grupo, hizo una labor muy buena.

—Fue un trabajo increíble, veinte mil mujeres organizadas…

—Las he conocido a todas, lo que pasa es que yo tenía mucho trabajo y cada una hacía lo suyo. Yo estaba luchando en el frente, y me ubicaba mejor allí.

—Superaste psicológicamente la barrera que tenemos al pensar que podemos matar a alguien, incluso a un fascista durante una guerra de liberación.

—Hombre, por suerte no maté nunca a nadie, pero he disparado. Hay balas que no sé dónde han llegado, pero una guerra es una guerra: ellos disparaban, y nosotros también disparábamos.

—Pienso que para ti, como mujer en una España de los años 30, no tiene que haber sido simple coger un fusil y disparar.

—No fue simple, no. Pero donde iban los compañeros iba yo.

—Después del padre de tu hijo, del hombre que murió en Alemania, ¿has tenido a otros compañeros de vida?

—Hombre, sí. He tenido a uno que ha sido mi compañero durante los últimos treinta años.

—¿No crees en el matrimonio?

—No, en matrimonio no, ¡qué va! Yo he tenido parejas, pero no me he casado nunca.

—¿Qué opinas de que ahora en España se puedan casar también los gays y las lesbianas?

—Creo que la libertad tiene que ser para todos.

—En otras partes del mundo, esto no es posible, hay muchos prejuicios.

—Aquí también, ¿eh? Es que donde está la Iglesia hay prejuicios. Ellos hacen todo lo que quieren, pero su propaganda es ir en contra a los gays, es como una cuestión de moral.

Alicia Hilda Maturel Castillo

Bolonia. Junio de 2011.

En la ciudad de Bolonia encuentré a Alicia, que me habló de Fidel y de la lucha de su pueblo por la libertad: «En Cuba hace falta ver cómo estábamos antes y cómo estamos ahora; las casas que hemos construido, los campos que hemos cultivado; tenemos la mejor salud y la mejor educación del mundo, y antes ni siquiera teníamos un sueño para el cual luchar».

—Hola, Alicia, quisiera preguntarte dónde naciste y en qué año.

—Nací en un pueblo que se llama San Luis, pero me reconocieron el Santiago de Cuba, en el 1927. En aquella época estaba Batista al poder, que también dio un golpe de Estado. Cuando entró Fidel, con la revolución, yo tendría unos 25 años.

—La viviste de pleno, la revolución.

—Sí, y mi hermana que aun vive, trabajaba por la revolución clandestinamente. Como era peligroso, siempre estaba la policía por allí. Mi hermana estaba con unos compañeros, y todos trabajaban en el hotel Habana Riviera. Recaudaban bonos y dinero para mandarlos a la sierra, a los compañeros. Uno de aquellos se llamaba Julio, el apellido no lo recuerdo.

—Entonces, el Habana Riviera era un hotel.

—Sí, pero era grande y allí trabajaba todo el mundo, no solo los camareros: albañiles, mecánicos, pintores… es un hotel muy grande que está en el centro de La Habana. Ellos trabajaban allí. Julio conocía a mi hermana que vivía en una casa de inquilinato donde el último cuarto era de ella, tenía un patio donde había una cisterna de agua. Claro, nadie podía pensar que allí se guardaban bonos y escritos sobre Fidel, que estaba en la sierra, y estrategias y cosas así. Nunca lo descubrieron, pero cuando ya empezaron a decir que Fidel iba a bajar decidieron re-

Alicia Ilda Maturel Castillo.

gistrar todas las casas. Mi hermana cogió miedo porque, en la cuadra donde vivía ella, había muchos estudiantes; así que llamó a Julito y le dijo: «Ven aquí a coger este material y este dinero. Tengo miedo porque estoy sola aquí». Así que quemó todos los papeles y lo único que salvó fue el dinero. Y es verdad que cuando fueron a registrar no encontraron nada, pero ya sospechaban de ella y, si la hubiesen detenido, la habrían matado.

—¿Cómo se llama tu hermana?

—Melva. Mi hermana dijo que había tenido que quemarlo todo porque, si hubiesen descubierto material bajo el colchón, la habrían matado, cierto. Julito le mandó a otro compañero para que se llevase el dinero, y luego nunca más supo de él. No sé si se fue, si lo mataron, no sé. Mi hermana nunca más supo de él. Cuando Fidel entró, la consigna era saya negra y blusa roja… yo me quería morir porque no sabía que mi hermana tenía esta ropa guardada. Cuando dijeron «entra Fidel», se puso la saya negra, se puso el pullover rojo y salió corriendo hacia la Universidad. Aquello fue terrible. Yo le decía: «Melva, te van a matar», y ella respondió: «No, aquí no van a matar a nadie». Y allí ya empezamos la revolución; todo el mundo se fue uniendo, se hizó el Comité de Defensa de la Revolución, y así continuó la cosa hasta ahora que somos revolucionarios, del partido, y que seguimos con la revolución. Entonces yo me entregué a la revolución.

185

Estaba en los comités, hacía guardias, trabajé unos treinta y pico años en un hospital. Allí todo el mundo era revolucionario y, si no lo era, se convertía. Era el único hospital infantil pediátrico que había en La Habana. Allí empezó a trabajar mi hermana, y luego entré yo como empleada y me fui superando, trabajé en varias salas, trabajé en el departamento de bacteriología, luego pasé a reumatología hasta que me jubilé. Trabajé en aquel hospital treinta y cinco años, y fui muy activa. Tenía una lista donde anotaba a todos los que participaban en las actividades; si algunos no podían por los hijos o por otra cosa, yo les decía: «Vale, esta vez te vale, pero para la próxima vez tienes que participar, ¿eh?» Y participábamos en todas las actividades del partido. Yo no dejo mi partido ni dejo mi pueblo. Mi país es mi país. Mi Cuba es mi Cuba, mi revolución es mi revolución. Pido todos los días salud para Fidel y para todos los revolucionarios buenos que lucharon para que a la gente pobre que vivía en solares malísimos les dieran casa y una vida más digna, todo, todo, todo...

—¿Por qué fue necesaria la revolución?

—Porque el pobre seguía viviendo en los solares, no tenían colchón, se morían enfermos, dormían en el piso, aquello era un desastre; luego, el hospital era otro desastre, era terrible; no sé si la gente que tenía que ver con esto lo sabía o no lo sabía, sé que vivían en esta condiciones. Y los que vivían en el solares pasaban hambre, pasaban sus necesidades y pasaban de todo. Cuando empezó la revolución a funcionar, allí se arreglaron estas casas y parecían una belleza, aquello fue una maravilla. Estas personas enfermas con sus camas limpias, sus camas con colchones... La Habana vieja, que aquello era el desastre, la cogió Eusebio Leal, y quien la vio antes y la ve ahora no la reconoce. Y se sigue arreglando y se sigue haciendo. La gente que tenía dinero lo tenía todo, pero el pobre, no. Los hospitales infantiles, como donde yo trabajaba, antes eran terribles. Llamaron a este hospital Pedro Borral Astorra, como a un estudiante de Medicina que murió por la revolución.

—Durante la revolución, ¿cambió mucho la educación?

—Completamente. Allí la escuela es gratis. Te dan los libros, y quien no los tiene va a la Biblioteca José Martí, que es una maravilla, muy bella y limpia. Enfrente tienen la Plaza de la Revolución, fantástica. Desde los kínder, todos los niños van a la escuela; esto sí, con uniforme, uniformados. Con su pantaloncito rojo y su camisetita blanca, no le falta de nada a estos niños: primaria, secundaria y preuniversitaria, y el que no tiene libro, ya te digo, va a la biblioteca.

—Los estudiantes hacen un trabajo en el campo.

—Voluntario, ¿eh? El que está adelantado en Medicina ya lo mandan al hospital; al que estudia Ingeniería lo mandan a tal fábrica; allí todo está organizado.

—¿Hubo muchos ataques de los Estados Unidos?

—Siempre quisieron tumbar a Fidel, pero Fidel es un hombre muy inteligente. Sus barcos, bastante cerca de la isla, tiraban sus bombitas, cogieron a presos que se llevaron a Guantánamo… No sé hasta cuándo van a estar allí, y esto que algunos tienen sus razón para estar allí, pero otros no. En Cuba hay buenos estudiantes que serán buenos médicos, buenos abogados, buenos ingenieros.

—Después de la revolución, ¿cuál ha sido el país que más ha apoyado Cuba?

—Primero fue Rusia y, cuando había necesidad de cuestión alimentaria, allí estaban los rusos.

—¿Tu marido de qué se ocupaba?

—Era mecánico, así que cada vez que daban un golpecito a algún coche, incluso a los de la embajada, llamaban a mi marido y él lo arreglaba. Vivíamos como pobres, pero bien, ¿eh?

—Hoy en día critican Cuba porque dicen que no hay tanta libertad. ¿Qué opinas?

—Mira, siempre ha habido libertad. Allí, a quien se porta mal lo cogen. Al que fuma drogas lo detienen de inmediato. De drogas, nada. Habrá, pero si se enteran le registran la casa y, si encuentran algo, ya sabe lo que le cuesta.

—Durante la revolución, ¿no ha habido privilegios para algunos? ¿El mismo Fidel u otros del partido han tenido cosas que el pueblo no ha tenido?

—Bueno, allí se cambia según su nivel. Pero hay muchos a los que Fidel ha tenido que sacar porque han querido aprovecharse de lo que había, y con Fidel no se puede. Fidel es una persona correctísima, una persona muy humana y una persona que se da cuenta de todo.

—Para ti que vives en Italia, ¿qué diferencias notas con la vida que llevabas en Cuba?

—Aquí no veo bien la cultura. Aquí no te dan los buenos días cuando se levantan; ni buenas noches, ni buenas tardes, ni buenas nada… pasan sobre usted y, si la tienen que tumbar, la tumban, allí no. Allí, desde los niños chiquitos que van para la escuela y se encuentran a un policía lo saludan y le dan la mano… no porqué me lo han dicho sino porque lo he visto; esto lo he visto yo. Esto, en Cuba. Y aquí los viejos, los jóvenes, los que viven aquí no tienen esta educación. No saludan, también son un poco racistas con los extranjeros y te miran mal, pero nosotros así no somos. Amamos a la gente de todos los países y, cuando se meten conmigo, les digo: «Oye, qué yo soy cubana y tengo mi educación de Cuba. Y ustedes no tienen ninguna porque pasan por arriba de las personas y por una acera donde no pasan dos, te empujan.

Tienen boca, digan: permiso». ¿Te crees qué contestan? No, no. No contestan, siguen andando. Si te tumbaron, te tumbaste. A cualquier persona mayor le puede dar un mareo y caerse y, hasta que no venga la policía, no te levanta de allí.

—Mientras que en Cuba esto no sucede…

—No, no… la humanidad es diferente: si a usted le pasa algo, le tocas al vecino de al lado: «Oye, no me siento bien», y él rápido: «Vamos para el hospital». Allí no todo el mundo tiene teléfono o celular, no; pero tocas la puerta a un vecino y te ayuda. Si es algo grave, se va al hospital; si no es grave, el vecino te ayuda, te da agua, te pone alcohol, te medica, lo que haya que hacer. Aquí no. Usted se cae y se puede morir allí, no te levanta nadie hasta que no venga el servicio público. En esto aquí la educación está perdida. Te lo digo yo. Mira, mi madre murió muy joven, y a mí me criaron mi tía y mi abuela. Mi padre trabajaba en el campo y venía todos los meses a traernos dinero para los gastos, y un saco de harina y un saco de fruta. ¿Qué te parece?

—Después de la revolución, muchos cubanos se fueron de Cuba, ¿no?

—Los de Batista, sí, claro. Otros se fueron porque les metían miedo, otros porque no querían perder sus privilegios. Hay cambios con una revolución, ¿no? Si más cosas no se han hecho es porque no se ha podido. Son muchas cosas las que hay que hacer. Se han arreglado muchas cosas en el campo, en estas casas que eran de guano, se han construido buenas escuelas, como la escuela maravillosa en la Isla de la Juventud, y se estuvieron haciendo más escuelas. Eran muchachos del campo que no sabían escribir, que no sabían hacer nada. Hicieron una escuela de costura que se llama Betancourt y allí metieron a coser a las chicas que no sabían hacer nada, pobrecitas. Hicieron de todo. Se hicieron muchas cosas buenas que nunca había hecho nadie. Nunca.

—¿Qué se produce en Cuba? ¿Azúcar?

—Sí, azúcar que luego mandaban a Rusia… caña, tabaco, café… Y la gente con su trabajo voluntario a recoger café, a recoger malanga, papas o tabaco. Poníamos mallas para que no entraran los bichos y luego entrábamos unos cuantos a quitar todos los bichos que viéramos para que el tabaco fuera de primera. Allí era todo trabajo voluntario y permanente. Mis hijos me los cuidaba mi hermana, y yo le decía a mi marido «tú no te preocupes que son nada más que quince días», y nos íbamos al campo. A preparar comida para todos, a limpiar baños, literas… Y cuando terminábamos esto teníamos reuniones, cantábamos, nos acostábamos temprano y veíamos todas las cosas que habíamos hecho durante el día. Todos los días. A los quince días terminaba este grupo y entraba otro grupo.

—Lo que me cuentas es increíble porque hay que luchar contra el egoísmo de cada uno, pienso qué difícil sería hoy en día hacer un trabajo voluntario, ¿cómo es posible que la gente trabaje sin ganar un centavo?

—Lo único que teníamos era el desayuno, la comida y la merienda. La merienda nos la llevaban al campo. Los hombres nos llevaban el cubo de refresco, el pan con lo que hubiese, y comíamos y bebíamos contentos cantando, sacando malanga, sacando esto, arrancando la mala yerba, no había egoísmo alguno. Y a quienes hacíamos este trabajo voluntario, luego nos daban un estímulo, unas semanas en la playa, semanas en hoteles con todo, te llevaban con los camiones, y yo me sentía feliz. Después era todos los domingo a donde fuera. Cuando el café estaba maduro, que se estaba cayendo, entonces ponían tres o cuatro camiones, y yo allí me llevaba a mi hijo chiquito de cuatro o cinco años, le daba una latita de leche condensada vacía y le decía: «El café que caiga en el suelo, tú me lo vas echando aquí». A nosotros nos daban una canasta, y lo metíamos en la canasta. Esto era todos los domingos voluntarios. Cuando era el tiempo de sacar papas, a sacar papas. Maranga, maranga. Así era. Pero nos daban el estímulos de una semana en un hotel o en la playa.

—Y la felicidad de haber contribuido al desarrollo del país.

—No había egoísmo. Aquí todo es dinero. Si tú no tienes dinero, no eres nadie.

—Pero con el tiempo ha cambiado Cuba, porque las nuevas generaciones no han vivido todo esto, ya tenían la revolución preparada, han querido dejar la isla, irse a vivir al extranjero, el sistema capitalista siempre entra, ¿no? Y hay que probarlo.

—La gente viene para acá, pero luego extraña lo suyo y dice: «Si allí hubiera este trabajo, yo no tendría que venir aquí a hacer nada de esto». En Cuba estudian todos los que quieren, y gratis. Mi hija es química y mi hijo es contador, pero mi hija vive aquí y nunca ha podido tener un trabajo fijo, ni por lo que estudió ni por nada. Trabajó menos de un año en la región porque es una muchacha que está preparada, y trabajó en el correo, pero no era fijo. Aquí, trabajo fijo no hay. Allá no. No es que allí haya un sueldo grande, pero como las cosas no son tan caras, el sueldo alcanza. No se paga esta cantidad de luz o de gas, no se paga tanto el agua. El cubano de verdad jamás se olvida de su país. Y, al que habla mal de Cuba delante de mí, lo pongo como un zapato, porque la educación que hay en Cuba no la hay en ningún otro país.

—También han dado becas a muchos estudiantes latinoamericanos.

—¿Becas? ¡Cantidad! Allí hay muchos estudiantes extranjeros, y ellos se encuentran felices y contentos, ¿como no?

—Se dice que hay mucho machismo en Cuba, ¿no? El hombre cubano, revolucionario, más o menos sigue siendo un macho...

—Los hombres cubanos tienen su educación, tienen su cultura, tienen todo pero... son machos. Machos y leales porque, gracias a ellos, Fidel ha hecho lo que ha hecho. Él no tiene que desaparecer jamás. Yo daría mi vida por Fidel. Somos muy humanos, si usted no tiene azúcar para su café, usted toque la puerta: «Alicia, ¿tienes un poquito de azúcar para mí?». «Sí, claro». Y se lo doy. Nos ayudamos los unos a los otros. Aquí, habiendo tantos indigentes por la calle, lo tiran todo a la basura.

—Con la revolución se arregló el divorcio, el aborto... porque esto antes no se tenía, ¿no?

—En Cuba quien se quiere divorciar, se divorcia. Lo que no se permite es hacer cosas mal hechas, como el robo, las drogas, cosas así. Pero el divorcio o el aborto sí que están permitidos.

—¿Todavía sigue el embargue económico de los Estados Unidos?

—Ellos siguen con el embargo, y la gente que sigue en Miami no tiene trabajo. Ellos dicen «aquí estamos peor que en Cuba», pero se fueron y no pueden entrar. Yo no dejo mi país por nada, y mi hija tampoco. Ella se casó con un extranjero y va y viene de Cuba.

—¿Dónde vive ahora tu hermana?

—Vive en Santiago. Ella es peor que yo, con el tema de la revolución. Ella se cree que es la mamá de Fidel. ¡Cuidadito quien hable mal de Fidel con ella!

—La revolución ha cambiado mucho tu vida...

—Totalmente. Yo soy revolucionaria desde que nací. Cuando era chiquitita tenía unos amigos que no tenían nada y siempre que podía les compraba unos juguetitos, una pulsera, algún detalle. A un amigo, que se llama Julio, hasta comida le dábamos. No tenía el pobre, y siempre que me tocaba la puerta algo le daba, y le lavaba la camisa. Si veo que alguien pasa hambre, yo le doy. Ahora, cuando voy a Cuba, me llevo un par de maletas llenas de ropa y visito a mis amigas que no tienen. Un pañuelito, una camiseta, un detalle. Y me dicen: «Tú no te olvidas de nosotros, ¿no?». Y yo: «No, ¡jamás!». Luego voy al hospital a visitar a mis compañeros que quedan vivos, a otros que siguen trabajando, a otros que se retiraron. Y mi jefa, esta me escribe siempre.

—Alicia, si volvieras atrás, ¿hay algo que no harías?

—¿Algo que no haría? Haría más... cuando hubo la revolución, yo quería irme para la sierra, esta era mi idea; pero había toque de queda, a las once ya no se podía estar en casa con la luz encendida, hasta te podían pegar un tiro. Yo sentía esto: Fidel está en la sierra. Allí, a quien llegaba hasta el cementerio, que era, desde aquí digamos, cuatro seis cuadras, lo mataban. Me acuerdo de que un día mataron a uno, lo amarraron al caballo del policía y lo arrastraron por todo el pueblo. Aquello fue para mí lo más atroz de mi vida. Hay, cuando vi esto, ¡qué dolor, qué dolor! Rebelarse a Batista era peligroso. Si sabían que eras un revolucionario, te mataban. La gente que Fidel se llevó a la sierra era gente buenísima.

—Estaba también el Che, ¿no?

—El Che era un ídolo. Fidel lo quería mucho, como ese no hay otro, porque nadie arriesga su vida para hacer esta revolución sin tener necesidad. Ha dado su vida para todos: para el pobre, para el rico, él ha ayudado a todos. Allí todos se han hecho abogados, médicos, profesionales… ¿Con qué? ¡Con la revolución! Y Fidel ha dado la posibilidad a los cubanos y a los que no son cubanos, a todo el mundo le ha dado la oportunidad de estudiar. Esto es muy grande… este hombre no debe de morir jamás.

Conclusiones

Un libro de entrevistas es siempre un libro abierto; abierto a quien lo lee y a quien lo ofrece al vecino, abierto a quien se hace preguntas y a quien se da respuestas, abierto a quien se lo lleva en la playa y a quien lo tira al mar. Yo lo he realizado con todos los límites y los instrumentos que tenía y he entrelazado mi vida con la de tantas otras mujeres que me han permitido crecer y me han estimulado para luchar por un mundo mejor. No lo he querido recargar con una meticulosa introducción histórica que explique la diferencia entre mujeres anárquicas, franquistas o republicanos durante la guerra y la revolución española. Tampoco he hablado de la revolución cubana, que todos nosotros, en alguna forma, conocemos bien. Las palabras de las protagonistas son más que suficientes para darnos un cuadro histórico, humano y personal de aquella que fue su revolución, y de la que, espero, sea también la nuestra.

Las barricadas, no hay necesidad de buscarlas en la calle: si queremos, las montamos en nuestros corazones y las desmontamos cuando tengamos la necesidad de hacerlo. La revolución, para nosotras, es un hecho cotidiano, porque todo lo que hacemos desde que abrimos los ojos hasta que los cerramos es un acto que nos pone en contacto con el mundo y con nosotras mismas en el mundo. Todas las mujeres entrevistadas se han presentado solas, sin que nadie lo hiciera por ellas y, si algo falta, ojalá sirva para estimular al lector o la lectora a que busque lo que necesita para compensar su curiosidad. Sin una introducción estructurada, también las conclusiones pueden parecer inútiles. Podemos preguntarnos si se habría podido vencer la guerra si nadie hubiera boicoteado la revolución, o si las mujeres hubieran tomado el poder cuando los hombres luchaban en el frente. Como sabemos, la historia no se hace con los «si» ni con los «más»; las cosas habrían podido ir de otra forma, pero fueron como fueron, y lo que nos interesa es analizar el pasado para proyectarnos hacia el futuro.

Mi tarea ha sido recoger parte de una memoria histórica que se habría podido perder. A parte la guerra, la represión y el destierro, nuestros grandes enemigos son la indiferencia, la apatía y el olvido. En el 1996 ya acabé mi trabajo de investigación histórica sobre las mujeres y los hombres del POUM, pero sentía que todavía algo faltaba: una investigación que hablara de las mujeres españolas y que fuera dirigida a todas las mujeres del mundo. Con los medios que tenía desde Milán me desplacé hacia la Cataluña en un período en el cual coincidir con alguien era una empresa titánica. En el marzo de 1997, en Barcelona conocí Marta Vergunyos, y con ella partí hacia Francia para realizar mi trabajo de investigación. Concluimos una primera oleada de entrevistas: a Pepita Carpena, a Blanca Navarro y a Sara Berenguer. Luego, en Madrid busqué a Suceso Portales, y en 2002 fui a vivir en Perú. En el 2008 volví a Europa y publiqué un libro de historia oral sobre el POUM y otros dos, autobiográficos, sobre el feminicidio y mis viajes en Latinoamérica; mientras tanto llevé conmigo, entre una mudanza transoceánica y otra, unas cajas llenas de cintas con las voces de las revolucionarias españolas entrevistadas. De vez en cuando, me la miraba en la librería de mis casas de Cuzco, Lima, Tumbes, Madrid, Barcelona, Bolonia, Moscú y París y, cuando tenía un poco de tiempo libre, las transcribía; pero traducirlas, corregirlas y encontrar un editor dispuesto a publicarla no ha sido empresa fácil.

En el 2011 con Marta Alier busqué en los Pirineos a Cristina Simón, y con Marta Vergunyos en Francia visitamos a Teresa Rebull y Teresa Carbó, que nos acogieron en sus casas con un abrazo y una canción de protesta. Regresada a Bolonia, en 2012, decidí acabar mi ciclo de entrevistas con una mujer cubana que había vivido la gloriosa revolución castrista, y el artista peruana Maca'n me empujó para poner la palabra fin a este libro de entrevistas. Así, para no traicionar a estas mujeres y para no traicionarme a mí misma, he realizado este trabajo de investigación que ahora está en vuestras manos. Haced lo que queráis: lanzadlo como un adoquín, ponedlo bajo de una mesa que se tambalea o quemadlo para protegeros del frío, pero buscad, si es posible, la manera de hacer algo para honrar a estas mujeres que dieron su vida por un sueño de amor y libertad.

Isabella Lorusso y Cristina Simón Nin.
Ceglie, 17 de noviembre de 2013.